這樣事和誰細講

章詒和

目錄

自序

二〇〇九年，過得格外小心。小心，是因為這一年隔三差五就遇到敏感日，從「五四」到「六四」再到「十一」，管它是吉日還是忌日，一律敏感，且高度敏感。這不，又添了「三一四」、「七五」等新的敏感日。政府搞得挺累，百姓過得也挺累。在一個「人民當家作主」的國度，上上下下、裡裡外外都神經兮兮的。這樣管理國家，管理者不比我們聰明，也不比我們幸福。

書裡，我寫了千家駒先生。其中有這樣一段文字：千夫人楊音梨本是知識婦女，證婚人還是胡適。但她幾十年來，活得像個小媳婦。「文革」中，隨丈夫受盡折磨。千家駒每日歸來，她的第一句話就是：「今天機關沒有事吧？」聽到一句「沒有事」，才放心地去做晚飯。楊音梨每日揀煤渣，街道鄰里也白眼相看。患病的她經常對丈夫說：「真想找個地方讓我大哭一場，我的病就會好了。」後來，夫人走了，千家駒恨自己無力保護妻子，恨了一輩子。這個細節，給我們描述出整個中國社會的精神氛圍和國人的生存狀態。不客氣地說，在很長的一個時期，我們官府幹的事情，就是如何監管和便於監管百姓；而對知識分子幹的事情，就是讓他們不斷處於恐怖狀態。今天的情況，改善多了，但是，內心的不安全感並未徹底消除。過去經歷種種災難和不幸，改頭換面地傳承繁衍下來。大家或小心翼翼，或圓滑處世。民族和個人是一樣的，都有自己的生命之途。我們民族很偉大，也很悲哀。從思想意識到政治制度到心理情愫，有一條堅韌的臍帶維繫著內在連續性。沒有一個國家能滅絕它，也沒有一個國家能改變它。中國只有從內部生發出的力量，才能逐步導致它產生實質性變化，達到洗心革面，煥然一新。而我們每一個人，就屬於這力量的一部分。

從《往事並不如煙》（香港牛津版為《最後的貴族》）到《這樣事和誰細講》，我寫的幾乎都是中國民主同盟的上層人士。其中有政治家（羅隆基、史良），學者（千家駒），報人（儲安平），文人（張伯駒），藝人（馬連良）以及交叉黨員（李文宜），另外還有臥底（馮亦代）。自歎沒有本事，寫不出一部盟史來。這些零星人物榮耀過，恥辱過，高尚過，卑鄙過，但更多的是失落和挫折。他們的經歷、表現和命運，也許多少能夠讓人們找到中國民主黨派的興衰軌跡來。寫作，在我是很痛苦的，因為它們已是我生命中的一部分，字字連著血和肉。書內〈滿腔心事向誰論〉一篇，斷斷續續大約寫了六年，每次都由於傷心過度而擱筆。這類文章，未必有人閱讀，遂有「這樣事和誰細講」的感歎。它是清人王慶瀾所作散曲中的一句，讀來很「水」，想來有味，便拿來做了書名。

眼下的生活有如北京的車流，只是向前開去，看不到方向。我懷念從前那農舍與四合院在黃昏時分冒出的炊煙，淡淡的，最有人間氣息，令我溫暖又悵然。

我也相信好日子在後面呢，可惜的是髮如雪，鬢已霜。

二〇〇九年八月十三日於北京守愚齋

心坎裡別是一般疼痛

——父親與翦伯贊的交往

一九四二年秋，我出生在重慶北碚李子壩的半山新村。[1]新村有兩幢二層小洋房，每幢可居住兩戶人家。第一幢裡，一號住的是莊明遠，二號住的是鄧初民。第二幢內，三號住的是我們全家，四號住的是翦伯贊夫婦。所以，章、翦兩家是緊挨著的鄰居。如果說，從娘胎裡出來，我第一眼是認識了父母的話，那麼，我的第二眼就是認識了翦伯贊。

一天，在溫暖的陽光下，母親、姨媽和戴淑婉（即翦夫人）把我抱到院子裡，仔細端詳。母親突然發現我的左眼角有個小小的黑點兒，以為是早晨沒把臉洗乾淨，便讓姨媽抱著我，自己跑到臥室找了塊濕毛巾，給我擦洗。可那黑點兒，怎麼也擦不掉。翦伯母看了，跑回自己的房間，舉著一把小刷子出來，對母親說：「可能是毛巾太軟了，我拿乾淨刷子試試。」

母親用兩隻手，將我的頭固定住，戴淑婉就用小毛刷在我的眼角蹭來蹭去。結果，黑點兒依舊。還是從事幼教事業的姨媽看出來了，說：「這是塊記！」

後來，小黑點兒變成了一片樹葉形狀，顏色隨之越來越淡。父親（即章伯鈞）和翦伯贊還對它做過討論。

父親說：「女孩子的記掛在臉上，不如長在屁股上。」

翦伯贊瞪著眼睛，說：「小愚的記掛在臉上，有什麼不好！還不容易搞丟呢。丟了，也好認。」

父親笑了。

以後，我長成了大姑娘，翦伯贊見到我，也還要扳起我的腦袋「辨認」一番，嚴肅地說：「記，還在，這是小愚！」

山色入江流不盡，古今一夢莫思量

抗戰期間的重慶稱為陪都，黨、政、軍、學、文各界菁英，於一九四〇年前後不約而至。天下之士，雲合霧集。起初，翦伯贊居無定所，在重慶市內搬來挪去。是父親的安徽老鄉陶行知介紹他來半山新村的。

乍聽房子建在半山，山高坡陡，上下要走三百個石階——體力欠佳的翦伯贊有點發怵。可陶行知說：「房子雖在半山腰，但你有好鄰居呀。」

「誰住在那裡？」

「緊挨著你的鄰居是章伯鈞。還有鄧初民。」

「去，去，我去。」為好鄰居而不惜爬山，翦伯贊立即搬了過來。新村三面環淺山，一面臨路（由北碚至重慶的公路）。四周樹木稀疏，梯田層疊，大多種植水稻和紅薯。翦伯贊制定了一個山路行走方略：上山時，每走三十臺階，歇一次，共歇十次；下山時，每走五十臺階，停片刻，需停六回。經反覆實踐很有效，亦不覺其累。於是推廣之，父親效仿，果然靈驗，儘管行走、間歇的規範性遠趕不上翦伯贊。

翦伯贊和父親都是活躍人物。父親忙著抗日民主運動，忙著把第三黨的人拉在一起，建立中國民主同盟。翦伯贊除了撰寫《中國史綱》之外，還擔任馮玉祥的歷史教員，還到陶行知的育才學校講課，還應郭沫若主持的文化工作委員會之邀去做學術講演。但兩人再忙，也總要湊在一起聊天。搞政治的父親，偏偏喜好文史哲。史學家的翦伯贊，偏偏不能忘情於政治。結果，兩人常以不同身分做同一件事情。翦家若有史學界的朋友來，父親是一定跑去摻合。去時揣上一包香菸，既不看看裡面還剩幾支，也不管煙絲有多劣質。抽到煙霧繚繞，山窮水盡時，聚會才算結束，各自散去。

一九四三年，辛苦寫作的翦伯贊有了收穫，先後出版了《中國史綱》第一卷和《中國史論集》第一輯。翦伯贊的詩寫得不錯。他常與郭沫若、柳亞子、田漢相互唱和，這讓站在一邊不會作詩的父親，欣羨不已。當然，翦伯贊也有敗筆。最大的敗筆，就是他在《群眾》週刊上發表的〈杜甫研究〉。「此文刊出，讀者大嘩。」「對杜詩的誤解以及這樣那樣的硬傷，不勝枚舉。」[2]有人寫了文章，一一指出其中的失誤。聰明的翦伯贊不作答辯，保持沈默。第二年，郭沫若寫出〈甲申三百年祭〉，以紀念明朝滅亡三百週年。一個月後，翦伯贊拿出了〈桃花扇底看南明〉。他還寫了極富革命戰鬥性的〈評實驗主義的歷史觀〉，文章意圖明確，是為批判胡適而作。

半山新村的房子是我家的住所，也是中華民族解放行動委員會（即中國農工民主黨前身，又稱第三黨）中央機關之所在。許多第三黨骨幹分子來這裡接頭工作，開會議事。母親大鍋大鍋地煮飯，有時還請嬌小玲瓏、卻能幹萬分的戴淑婉過來幫著燒菜。可到了晚上，住宿便成了問題。像楊逸棠、郭則沉、張雲川這樣一些朋友就跑到翦家或鄧家去住。周恩來也爬過三百臺階到我家，和父親相商要事。那時的周公與民主人士在一起，說到高興的事，他要哈哈大笑；遇到麻煩，他會緊鎖濃眉；言至傷心處，他要落淚。在重慶只待了數月、身體一向欠佳的林彪也曾登門，態度謙和而禮貌。徐冰（即邢西萍）則是常客，也是食客。米再糙，菜再次，他都不計較，有酒即可。如無，他便要瞪眼，還時不時罵上一句：「王八蛋。」

「你怎麼又吃又罵，這王八蛋是指誰呀？」母親問。

邢西萍笑著解釋道：「我罵東洋鬼子呢！都是他們搞得大家吃不上一頓好飯菜。」

飯菜做好，父親就要對母親說：「快去把老翦叫來。」

那個時候中共和民主黨派之間的關係，頗有「肝膽相照，榮辱與共」的味道。

在半山新村，父親創辦了中華民族解放行動委員會中央刊物《中華論壇》，自任主編。發刊詞裡，他闡明尊重思想言論自由，維護和發揚民主的信念與態度。這個半月刊既是第三黨的輿論宣傳工具，又具有面向社會的學術性質。為此，父親常常是自己出面向學者約稿。最踴躍的投稿人，就是隔壁鄰居翦伯贊。他的〈南明史上的永曆時代〉、〈論王莽改制及其失敗〉、〈學術與暴力〉、〈春秋之義〉、〈兩漢的尚書台與宮廷政治〉、〈略論搜集史料的方法〉等學術論文，皆經父親之手，刊於《中華論壇》。每次交稿，翦伯贊一定要讓父親「審閱」，父親則拱手相謝。

每期刊物出來，父親定拿數冊給翦伯贊，請他轉送學界朋友。翦伯贊在《中華論壇》還讀到鄧初民的〈歷史、歷史記載、歷史科學〉、〈略論清代的學風與士氣及其文化政策〉、〈中國民主運動的兩條路線〉，周谷城的〈論民主政治之建立與官僚主義之肅清〉、〈英國民主運動之發展〉，侯外廬的〈康有為在民國初年的反民主理論〉、〈「五四」文化運動與「孫文學說」的關係〉、〈我對「亞細亞生產方式」之答案與世界歷史家商榷〉，胡繩的〈猛回頭「警世鍾」及其作者〉，施復亮的〈撲滅烽火求生路〉，祝世康的〈當前的經濟問題〉、〈戰後經濟民主化管理的我見〉，陳家康的〈真知與真情〉，吳澤的〈名教的叛徒李卓吾〉、〈劉伯溫論元末〉、〈個人領袖英雄的歷史作用論〉，石嘯沖的〈環繞地中海的美蘇鬥爭〉、〈看國際形勢〉、〈國會選舉的美國政治動向〉、〈評印度局勢〉，吳晗的〈論中立〉，夏康農的〈正視瀰天的戰火〉、〈論中美商約棒喝下的第三方面〉，茅盾的〈關於呂梁英雄傳〉，秦牧的〈牛羊陣〉、〈西園庵的掛綠〉等等。幾期下來，《中華論壇》很受知識界中的左派人士的歡迎，稱它是「民主政治的號角」。

一九四四年的七月，日軍攻陷了圍困四十七天的衡陽，直逼常德、桃源。十一月十九日桃源淪陷，那是翦伯贊的家鄉。二十六日常德亦失守，夜不成寐的他，寫下著名的〈常德、桃源淪陷記〉：

「桃源，這個具有神奇傳說的地方，是我的家鄉。在這裡，我度過了我的幼年時……

「常德，這座洞庭湖西岸的古老的城市，在這裡，我度過了我的中學時代。「靜靜的沅江，灰色的城牆，古舊的廟宇，舊式門面的商店，各式各樣的手工業作坊，用石板鋪成的大街小巷，自有城市以來，也許沒有什麼改變。如果說這裡也有近代的裝潢，那就是有一座西班牙天主教堂的鐘樓，聳立在這個古城的天空——然而，這兩個小縣城，被攻陷時死者兩萬有餘，傷者五千，被強姦的婦女七千多，財產損失不計其數。」

父親閱後很激動。對翦伯贊說：「把稿子給我吧！把它登在《中華論壇》[3]上。」

在眾多的馬克思主義史學家裡面，翦伯贊的文筆算是好的。對他的文章質量該如何評判？一九二八年周佛海主編《新生命》雜誌，翦伯贊積極投稿。輔助主編的薩孟武將他的文章歸入二等，即「內容好，而文字稍差。」對這樣的稿件，薩先生總是親自動手。後來他在自己回憶錄《中年時代》裡說：「現在大陸頗負盛名的翦伯贊，他的文字大有問題，每一篇都由我修改。大約他至今還不知道修改者為誰。」[4]俗話說，勤能補拙。幾乎每日都堅持寫作的翦伯贊，文筆是越來越好的。

在重慶的幾年，父親白日東奔西跑，夜裡伏案奮筆。凡由父親署名的政論文章，不求他人代筆。翦伯贊很佩服，對母親說：「伯鈞是個幹大事的人。」

那時還真有件大事，就是成立民主政團同盟（即中國民主同盟之前身）。它由三黨、三派以及社會賢達（即今日之無黨派民主人士）組成。醞釀籌建期中，針對同盟的綱領、章程、領導人選等諸多棘手的事，只能以溝通，調停，甚至妥協的方式去解決。在這個過程裡，父親是個中堅力量。每遇難題，常和翦伯贊研究、商量。而翦伯贊在應對現實政治方面，表現出燮理陰陽的智慧。父親很佩服，說：「說老翦是個歷史學家，那是低估了他！」

一九四六年一月，舊政協在重慶國民政府禮堂召開，出席會議的有國民黨、共產黨、民盟、青年黨和無黨派人士共三十八人。民盟由張瀾、羅隆基、張君勱、張東蓀、沈鈞儒、張申府、黃炎培、梁漱溟、章伯鈞九人組成代表團。父親與羅隆基兩人是憲法草案組成員，並擔任國民大會組成員。在二十二天的會議期間，工作量大，要動腦筋的事情也多，這就需要延攬仁人志士。身為民盟中央常務委員兼組織委員會主任的父親，提議聘請翦伯贊擔任民盟出席政協的顧問。此議獲得通過，在一月十日給他發了聘書。[5]

「山色入江流不盡，古今一夢莫思量。」那時，民盟發起者不知道翦伯贊是中共黨員，而身分隱蔽的翦伯贊也就從重慶半山新村起步，長期周旋於民盟、中共之間，成為一個統戰高手。從這裡開始，他既要徘徊於歷史科學的殿堂，又要穿梭於現實政治的廟廊，腳踩兩個不同的社會文化圈子。為靠攏、聯絡中國的名流高士、俊傑賢達一起抗日並對付老蔣，共產黨要的就是像翦伯贊這種複合式、應用型的高級人才。對翦伯贊而言，身為史家而心繫革命或者說心為史家而身繫革命，無論判定為前者還是斷定為後者，其性格的複雜性，也就此註定。未來命運，也就此註定。在中國，歷史和現實的分歧，學術和政治的衝突，由來已久。在國民黨統治時期，這個分歧和衝突或許還難以凸顯，可到了「人民當家作主」的年月，翦伯贊則無時無刻不在體味這種分歧和衝突了，隨即也陷入了不可排遣、更不可抵禦的思想矛盾和現實擠壓之中。我覺得，共產黨對中國文化學術圈的思想滲透，對中國思想文化菁英的政治拉攏，開始於陪都重慶，梳理於一九四七年的上海，完成於一九四八年香港。共產黨的思想滲透與政治拉攏，既通過中共的直接宣傳以及毛澤東、周恩來等負責人的直接出面進行，也是靠翦伯贊等統戰高手以「潤物細無聲」的方式來操作的。

父母哪裡顧得上姐姐和我，常常是白天把我倆放在紅薯地裡。餓了，兩人就用手挖紅薯吃。一直待到天黑，眼巴巴望著通向公路的石階，淚汪汪地等著。時近黃昏，面帶倦色的母親出現在遠處。我立刻舉著沾滿泥巴的手，哭個不歇。哭完又笑，因為母親回來，我和姐姐就有香噴噴的米飯吃了。

我人小肚皮大。一天到晚，總有饑餓感，跑到廚房去翻，啥也沒有。在忍無可忍的情況下，我偷偷溜到翦家的廚房。哈！居然讓我發現一筐籮的鍋巴。鍋巴又硬又冷，可我瞧著它就要流口水。用手掰了一小塊兒，塞進嘴裡——天哪！又香又脆，實在是太好吃了。我又掰，再掰，反覆地掰，且越掰越大。後來，索性就拿一整塊了。再後來，就幾塊幾塊地拿。這樣，我幾乎每天都要溜到翦家的廚房去，看看有沒有鍋巴。如有，則必偷。

一天，母親叫我到她和父親的臥室去。進門，就見戴淑婉坐在籐椅上。平時的她總是笑咪咪的，今天的臉上怎麼一絲笑容也沒有了？——鍋巴！忽然想到了鍋巴，那萬惡的鍋巴，害得我去偷吃它！還沒開審，我的臉就紅了。

母親向戴淑婉努努嘴。

翦伯母問：「小愚，我放在廚房的鍋巴，是不是你偷吃了呀？」

我站她跟前，羞得擡不起頭。

「你說，是不是偷吃了！」母親的追問，比戴淑婉的聲音嚴厲多了。

我點點頭，眼淚就流了出來。

母親厲聲再問：「你為什麼要去偷吃別人家的東西？」

「我餓，翦伯母的鍋巴又太好吃。」說到這裡，我放聲大哭。

戴淑婉，我的翦伯母，一把將我摟在懷裡。

母親的眼圈也是紅紅的。

抗戰勝利後，我們一家人去了上海，住愚園路聯安坊（現為上海市長寧區政府所在地）。翦伯贊一家，先去南京，後到上海，住愚園路中實新邨。因國共內戰爆發，政治形勢緊張，章翦兩家雖同住一條馬路，但不能像在重慶那樣朝夕相處、隨意走動了。

翦伯贊與妻子食宿於斗室，樸素簡單，工作卻是千頭萬緒。祕密黨員的翦伯贊和中共上海工委書記華崗保持聯繫，參加祕密活動，傳達中共的指示，執行各種任務。即使再忙，他也不廢棄史學研究，坐著黃包車到大學授課的同時，繼續寫著《中國史綱》。一九四六年夏，他出任大孚出版公司總編輯，出版了《中國史綱》第二卷和《中國史論集》第二輯。與此同時，翦伯贊撰文繼續批判胡適，發表了〈正在氾濫之史學的反動傾向〉等文。他對北平一些注重考證、潛心學問的老史學家作出批判，提出在今天的形勢下，「研究與運動不可偏廢」，並號召學者應該把學術研究和反內戰、反獨裁、反老蔣的政治運動緊密地結合起來。他還與張志讓、周谷城、夏康農、吳澤、鄧初民等名教授發起成立了「上海市大學教授聯誼會」。不管別人怎樣看待他，但雙重身分的翦伯贊是必須這樣去做，一心二用，一心必須二用。年行半百，頭髮半白。忙，窮，累，病，他都齊了。

文人論政，離不開報紙刊物。一九四七年五月，父親在上海創辦了《現代新聞》。五月三日他以四川北路一三一四號為社址，舉辦了第一次座談會。父親邀請了沈鈞儒、馬敘倫、翦伯贊、丘哲、夏康農、王卻塵、張絅伯等人，座談題目「現階段的民主運動」，是父親定下的。他在開場白裡講：「《現代新聞》週刊是聯合編譯社發行的一個刊物。由兄弟擔任主編，預定五月六日創刊。出版的用意，是大家感到中國民主運動到了最艱苦的階段。我們這一個刊物，正想對於民主運動盡一點小小的力量，內容特別著重民主主義理論的研討與民主運動實況的報導，但它不是哪一黨哪一派的東西，而是民主政黨、民主團體、民主人士共有的園地……」

沈鈞儒和馬敘倫建議大家針對「民主」兩字來討論。說，在現階段的民主運動背景下，很有必要先把「民主」這兩個字弄清楚。跟著，這些民主運動中的活躍者熱烈爭論起來。第一個講話的是張絅伯，他認為，從封建的社會產生的政治，自然是專制獨裁。我們中華民國三十五年的歷史，只是一個偽民主的舞臺罷了。翦伯贊是最後一個講話的，他說：「民主的定義很簡單，就是以人民為主……目前的政府，表面上說自己是民主政府，其實是獨裁政府，因為在二十世紀的今天，穿著龍袍實在太不像話，不能不假裝民主，一方面來壓迫中國人民，一方面來欺騙外國友人。民主是假的，獨裁是真的。大家應該集中力量，對付化裝了的假民主政權。它的化裝民主，好像殯儀館的屍體擦了胭脂一樣，擦了胭脂，仍舊是屍首。我們要求的是真民主，只要人民一天沒做主，就不是真民主，不管哪一個政黨來執政，只要能辦到人民做主這一點，我們都擁護它。如果國民黨辦到這一點，我們也擁護它，否則我們便反對它。」

座談會開了沒兩天，南京發生了震驚中外的「五二〇」血案，國民黨政府使用暴力對付請願遊行的學生。學生對社會動盪局勢的關注和參與，形成了一種以學潮為形式的鬥爭勢態。有人指出學運是共產黨在背後組織的。上海的知識界、文化界聯手發表了〈對目前學生運動的主張〉、〈對學生運動的意見〉兩個聲明。「聲明」說：「學生的主張，就是社會的主張，他們代表了一般的人民發出了迫切的呼聲。如要說他們有背景，整個社會和國家就是他們的背景。如要說他們受了什麼勢力的策動，整個人民的愛國赤忱，就是策動他們的勢力。（學生）此次行動亦極正確，對於奄奄一息之我國我民正呈現出一線生機。有識者正宜愛護之不遑，何忍任意栽誣而橫加摧折！」——翦伯贊不但在聲明上簽名，並連續寫出〈學潮平議〉、〈為學生辯誣〉、〈陳東與靖康元年的太學生的伏闕〉三篇文章。

〈陳東與靖康元年的太學生的伏闕〉一文，說的是北宋末年發生在京城汴梁的一次太學生運動。那時，金兵南下，包圍了汴梁。宋欽宗準備投降，罷黜主戰派李綱。二月初五，即京都被圍的第二十九日，陳東率太學生和京城居民十萬餘人拜伏於宮闕，向皇帝上書要求革除奸佞，起用主戰派李綱。欽宗迫於壓力，恢復了李綱等人的職務，金兵撤退——翦伯贊在分析了這場古代學運的起因、經過與結果之後，寫道：「學生在請願的當時，總算平安度過，但當時的權奸並沒有忘記昨天的仇恨。當請願隊伍解散以後，他們便開始對付學生……太學生率眾伏闕，意在生變，不可不治。」這樣的結局，是必然的。此後，不斷發生迫害太學生的事情，陳東被殺。翦伯贊說：「靖康元年的太學生伏闕，已經是八百年前的歷史，但二月五日卻是中國知識青年應該紀念的一個日子，陳東『也是八百年前的人物，但是這個人物也是中國知識青年應該學習的人物』。」文章登在七月一日出版的《大學月刊》上。

一九四七年，上海已是一片白色恐怖，民主人士成為迫害目標。據說單在十月分，上海、杭州、北平等八個城市，就有二千多人被殺，六萬人列入黑名單。危險比死亡還要可怕。民盟中央常委、西北總支負責人杜斌丞遇害的消息傳來，父親徹夜無眠。他把形勢估計得很嚴重，立即命令母親把我和姐姐終日關在家中，不准出門。父親經驗老到，他一向認為：在中國進步是點點滴滴的，艱辛又緩慢；但要倒退起來，那肯定比坐飛機還要快了。果然，十月二十二日民盟總部被特務包圍。二十三日，中共上海地下黨通知翦伯贊轉移香港。

父親走得晚些。怕我扭住他不讓走。走的當日，特意帶著我去看電影《一江春水向東流》。這是我生平第一次看電影，興奮萬分。看到電影裡的好人受氣受苦，我淚流不止，完全忘記了身邊的人和事。等出了電影院，竟發現父親沒有了。我嚎啕大哭，跌坐於地，誰勸都不行了。

天氣更冷的時候，母親帶著我們也偷偷去了香港。

一九四七年年底至一九四八年，中國當代政治文化菁英數百人，雲集香港。我們一家先住柯士甸道，後搬至勝利道。翦伯贊先住在山林道，後遷居尖沙咀防海道。一到香港，他即與胡繩會面，接上組織關係。在繼續統戰工作的同時，他在香港達德學院講授中國歷史，並兼任《文匯報》「史地週刊」的主編。父親到達香港的頭等大事，就是為恢復民盟而忙碌，幾乎天天不見人影。那時的我和姐姐，做了培正中學（兼設小學）的一名學生。

一九四八年四月三十日，中共中央在發布紀念《「五一」勞動節口號》中，向各民主黨派、各人民團體及無黨派民主人士提出，召開新政協，籌備建立民主聯合政府。

五月五日，民革的李濟深、何香凝，民盟的沈鈞儒、章伯鈞，民進的馬敘倫、王紹鏊，農工的彭澤民，致公黨的陳其尤，救國會的李章達，以及蔡廷鍇、譚平山、郭沫若等人，聯合致電毛澤東，表示擁護「口號」裡的號召，共商建國大計。月光斟滿了志士的酒杯，詩請激蕩著文人的胸懷。他們覺得已然望見了光明。

五月八日，翦伯贊在香港《華商報》舉辦「目前新形勢與新政協」座談會上，做了題為〈擁護新政協的召開〉的發言，出席的民主人士和有聲望的文化人多達數十人。這是中共香港工委展開新政協宣傳活動的一個重要內容。

在中共南方局的運籌下，父親和翦伯贊在這一年先後乘船離開香港。

如何同枝葉，各自有枯榮

等我再見到翦伯贊夫婦的時候，已是在一九四九年秋季的北京了。兩家人，都住在北京飯店二層。我家住二〇四號房間，是套間；翦氏夫婦住二〇一號房間，是單間。

戴淑婉見到我，劈臉即問：「小愚，我家的鍋巴好不好吃呀？」

「好吃，好吃，我還要偷吃！」我嚷嚷著，一頭扎到她的懷裡。

全家大笑。

翦伯贊剛安頓下來，即讓吳晗陪同，拜訪北京大學的向達、俞平伯，輔仁大學的余嘉錫等著名學者、教授。這是禮節性拜訪，彼此客客氣氣。

父親說：「這是老翦的高明之處。」

「你為什麼說他高明呢？」母親有些不解。

「當然高明哪！你想呀，他從前批判那些不問政治、專心學術的人，現在這些人都要和自己共事了。再說，他的『史綱』被不被這些人承認還是個問題。」

翦伯贊從香港轉來北京，並沒有進入北大、清華、北師大、輔仁的歷史系任教，而是被燕京大學的社會學系聘為教授。那時的北京大學歷史系教授及講師有鄭天挺、向達、楊人楩、朱慶永、張政烺、余遜、鄧廣銘、楊翼驤、汪籛、胡鍾達等十餘人。這些人聚攏起來，即為胡適校長在任時的全班人馬；分散開來，個個皆為飽學之士。一九四九年前，這些人不喜歡國民黨，也不想沾共產黨。現在共產黨來了，為了保住飯碗，恐怕也得湊上去學點馬列主義吧。他們讓時任北大歷史系系主任的鄭天挺，去請馬列主義史學家來校座談。

應邀而來的賓客是郭沫若、翦伯贊、杜國庠、侯外廬。來聽講的是北大歷史系全體教師。賓客本該主講，胡適舊部理應恭聽。誰知半路殺出一個青年教師，對這四位來賓的學識頗不以為然，便針對奴隸制社會問題，引出對西方史學的長篇論述，竟旁若無人地講了一個多小時。會後，翦伯贊大怒。出門憤然道：北大的會是在唱鴻門宴，幕後導演則是向達——北大一個小小講師，居然不把郭、翦放在眼裡，這深深傷害了翦伯贊的自尊心。

紅色政權初立，翦伯贊認為自己義不容辭的責任是推動史學界學習馬克思主義。一九五〇年冬，他經過充分準備，發表了〈怎樣研究中國歷史〉（一九五〇年十一月《新建設》）大塊文章，把個史學研究一下子提到立場、觀點和思想方法高度。翦伯贊說：能夠揭示歷史真理的只有無產階級。又說：今後研究中國歷史，要建立以勞動人民為中心的新的歷史觀點。還說：要用辯證唯物主義的方法；要學會透過現象看本質；要學會從階級矛盾中去尋找歷史的變革。「暮雨迎，朝雲送，暮雨朝雲去無蹤。」對此，超脫政治的歷史學家私下裡有頗多議論。有人針對翦伯贊「回敬」一篇，也登在《新建設》上。文章提出的第一個問題就是：無產階級能不能揭示歷史真理？

為宣傳毛澤東對中國歷史的基本觀點，翦伯贊馬不停蹄，又寫出《論中國古代的封建社會》（一九五〇年十一月北京《學習》），《論中國古代的農民戰爭》（一九五一年二月北京《學習》）。父親看了，笑著說：「老翦這是在拚命運用馬克思主義理論了。」

在〈論中國古代的農民戰爭〉一文裡，翦伯贊認為，由於農民起義對封建統治階級的打擊，使得新上臺的統治者執行休養生息或輕傜薄賦的政策。毋庸置疑，這是統治者的一種讓步。為了穩妥，他向范文瀾請教。范告訴他：自己一九四〇年到延安後，知道陳伯達早就採用了「讓步說」。可能是因為翦伯贊的文章寫得好，影響力大。從此以後，「讓步說」就成為翦之說。豈料這個「讓步說」後來被認為是「反馬克思主義觀點」，叫他吃盡苦頭。知道內情的史學家對翦伯贊很同情。邵循正在「文革」中曾感慨道：「翦伯贊在解放以前不知道什麼是『讓步政策』。他知道『讓步政策』是范文瀾告訴他的。」[6]又說：「當時大家合寫的《中國歷史概要》第一稿裡的古代部分，范文瀾所改定的幾處，都加上了『讓步政策』。」[7]

一九五二年一月，中共在全國展開了「三反」運動。它落實到民主黨派和高等院校教授群體，便成為一個反覆檢查個人政治立場、學術觀點和工作態度的思想改造運動。身為燕京大學哲學系系主任，同時又是中央人民政府委員兼民盟中央政治局委員張東蓀成為了運動的重點、民盟的焦點和社會的看點。在燕大與他一起列為改造對象的還有校長陸志韋，以及宗教學院院長趙紫宸。在這三個人裡，張東蓀的分量最重。對他的批判和處理，由中央統戰部、公安部直接掌管，毛澤東親自過問。

運動一開始，張東蓀就輪流在燕大歷史、哲學、國文、心理系（又稱小文學院）檢討，一次又一次，次次通不過。這也毫不奇怪，民主觀念浸入骨髓的他，從來就對檢討、檢查之類的做法非常反感，認為這是中共控制思想、侵犯人權的行為。鑒於張東蓀的「檢討不老實坦白」和「對群眾的批評置之不顧」，燕大以節約檢查委員會名義在二月二十九日，舉行了全校師生員工批評張東蓀大會，討論他的三次檢討。大會長達五個小時，共有二十五人發言。發言的內容都事先安排好了，主要是對其清算歷史。大會上，有兩個人的發言引人注目。一是擔任燕大教務長的無黨派人士翁獨健，這個哈佛大學畢業的大蒙古史專家的發言，太令官方失望。總共不到二百字，文質彬彬地講了不足五分鐘，懇切希望張東蓀「真誠向人民低頭認罪」。另一個就是已經有權代表歷史系教師發言的翦伯贊。他辭鋒凌厲，暗含殺機，指認張東蓀所謂的「中間路線」完全是幌子，思想上是「一貫反蘇、反共、反人民的」。揭露其敵視馬克思主義的言行是發言的中心主題。看來，根據上面的指示，這個發言是早有準備了的。

翦伯贊列舉了以下事實，作為例證：

㈠張東蓀在一九三一年出版的《道德哲學》一書裡，就說「資本主義不會滅亡，共產主義不能實現。如實現則勞動者就都會餓死」。「把馬克思主義列為學說，乃人類之奇恥，是思想史上的大汙點。」㈡在一九三四年出版的《唯物辯證法論戰》一書裡，張東蓀說「馬克思派的企圖不但不會成功，其結果只弄成既非科學又非哲學的東西，終謂四不像而已」。㈢一九四六年出版的《思想與社會》一書裡，張東蓀說「無產階級專政是不民主的，結果必變成少數人的專制，而決不是無產階級專政」。㈣張東蓀私下裡講「解放三年來，一直覺得不自由」等言論。這樣一來，翦伯贊就為張東蓀的歷史問題定下了「四反」（即反蘇、反共、反人民、反馬列主義）基調。伴隨翦伯贊等人系統的揭批，是不斷響起「徹底肅清反動親美思想！」「馬克思列寧主義萬歲！」的口號。中國民主同盟「燕大」分部的全體盟員立即要求上級撤銷張東蓀在盟內外的職務。與此同時，《新燕京》校刊特意把張東蓀在《唯物辯證法論戰》（一九三四年版）一書的題辭——「如有人要我在共產主義與法西斯主義二者當中選擇其一，我就會覺得這無異於選擇槍斃與絞刑（柯亨語）。」重新刊印，公之於眾。

硝煙瀰漫，人心駭然。疲憊不堪的張東蓀大為驚駭。他致函民盟中央（張瀾、沈鈞儒）表示如果群眾還不滿意他的檢討，自己願意再作一次更深刻的交代。其實，張東蓀心裡也清楚——哪裡是群眾（包括翦伯贊在內）不滿意他。

不久，在張瀾家裡，中央統戰部部長李維漢、副部長邢西萍、由沈鈞儒和父親陪同，與張東蓀談話。張既表示悔悟，也說明許多揭發並非事實。接著，經過民盟中央召開的第二十五次會議，一致決議撤銷了張東蓀的盟內職務。張東蓀又開始了檢查，一次又一次，次次通不過。突然，他的問題從「四反」變成了「特務」，由「思想改造」變成了「叛國罪行」。別說是翦伯贊、章伯鈞，就是張瀾、沈鈞儒也驚呆。

至今張東蓀案件的內幕，誰也不清楚，可以說連公安部長羅瑞卿都蒙在鼓裡。唯有一人是明白的。他，就是毛澤東。

和知識分子的思想改造一樣，像燕京大學這樣的教會學校也是必須改造的。改造的辦法就是打散，拆掉。

「如何同枝葉，各自有枯榮。」令父親萬萬沒有想到的是，一九五二年在官方進行高等學校的院系調整過程裡，鄭天挺被調到南開大學，清華歷史系資格最老的雷海宗，也被弄到了南開。接替鄭天挺出任北大歷史系系主任的，不是別人，正是翦伯贊。

作為翦伯贊的老友，父親為他高興，但同時又很替鄭天挺惋惜，對母親說：「鄭天挺從二十年代起，便在北大任教。三十年代，就任北大祕書長。抗戰勝利還是北大祕書長，兼任史學系主任。史學功底比老翦深，可南開的學術環境怎麼能跟北大比？可惜呀，他搞的不是馬列主義史學，位子自然要讓給老翦了。」

記得中學畢業的我決定報考大學文科的時候，父親還說：「除了報北大歷史系，你還可以報南開歷史系嘛，那裡有個鄭天挺。」

我問：「他的學問有什麼好？」

父親說：「他的學問是遵循嚴格的治史之道訓練和積累起來的。特別是清史研究，如果你要想知道清朝的禮儀、習俗，皇室的氏族血統和八旗兵之類的問題，就去請教他。」

父親還拍著胸脯說：「要是考上南開歷史系，我就修書一封，讓你去做鄭天挺的入室弟子。」

「幹嘛要入室？」

「入室弟子和一般授課，質量是大不一樣的。」

鄭天挺前腳剛走，翦伯贊即到北大赴任。上任之初，曾擔心自己領導不好這樣一個由三部分人（胡適舊部、蔣廷黻舊部、洪業舊部）合成的北大歷史系教師隊伍。但翦伯贊是統戰高手，有調和鼎鼎的功夫。很快，系裡的工作就上了軌道，大家相處也還不錯。經過院系調整，包括北大在內的高等院校之所以按照中共的意志恢復秩序，其深層原因就是通過政治思想改造學習運動，批判親美、崇美、恐美思想運動和「三五反」運動，高級知識分子已無人存有抗拒新領導的膽量和勇氣了。

後來，父親就鴻門宴一事問向達。向達大叫冤枉，說：「誰敢給這四個人設鴻門宴！何況，我也不會去當舞劍之項莊哇。」父親認為向達講的是老實話。

翦伯贊在行政領導工作方面還是順利的，無論老、中、青，他都能善處。但是在教學業務方面，則顯現出和北大老教授的分歧。一九五二年秋季，系裡討論如何編寫中國古代史教材講稿。他主張按照自己的《中國史綱》的框架模式去編寫，任何朝代都先講經濟基礎，再談上層建築；在上層建築領域，先講政治，再說軍事、科技、文化。不少北大歷史系教師心裡是反對的，覺得憑空地先講一些經濟現象，反倒使歷史的脈絡變得模糊不清，應當把政治、經濟、軍事、文化等社會的各種因素糅和在一起，做綜合性論述。為了讓翦伯贊放棄自己的主張，聰明的鄧廣銘搬出了由史達林親自定稿的蘇聯官方頒布的一個關於怎樣講授歷史的決議來。那上面明確寫道：不要把歷史講成抽象的社會發展史，而是要嚴格依照歷史的年代順序，具體講授那些豐富又具體的歷史事實，歷史現象，歷史問題，歷史人物等等。「蘇聯老大哥的權威畢竟高於翦伯贊的權威，這場爭論就因此而結束了。」[8]

把寬闊宛轉的歷史之河，拉扯成一條乾巴粗直的社會發展線，其教學效果可想而知。我的一個畢業於五十年代北大歷史系的朋友說：「那時，老師講中國古代史，總是經濟基礎、階級鬥爭、農民起義那一套。講文化很少，甚至不講。但也有例外，鄧廣銘先生講唐史，就介紹了元稹的《會真記》，還興致勃勃地吟誦了其中的詩句──『自從別後減容光，萬轉千回懶下床。不為旁人羞不起，為郎憔悴卻羞郎』。同學們聽得都入了神。我當時就把這首詩記住了，一記竟是四十多年。」在馬克思史學家將一部豐厚歷史削成一棵僵硬樹幹的時候，鄧廣銘的授課無非是修復出糾纏的枝葉罷了。

翦氏夫婦搬到北大燕東園後，父親去探望過。回得家來，父親高興地向我們描述了他的居所，說：「共產黨給他的待遇不低呀！一幢小樓，有專車，有炊事員，有保姆，有祕書。我看，這是官員的規格，不像是教授的待遇。」父親又生發出另一番感歎：「中共對知識不見得重視，受重視的是政治。對人的評價也多是政治性的。」其實，中共給他的待遇還真是從政治出發。只不過那時的父親，不知道翦伯贊是中共黨員。

院系調整後，在知識界緊接著進行批判胡適、批判俞平伯的《紅樓夢》研究、批判胡風的運動以及「肅反」運動。北大處在這些運動的中心，高級知識分子誰也別想跑掉。歷史系曾舉行過許多次的學術批判會，在教師和研究生裡搞揭發和自我檢查。對於這樣一系列帶有思想清洗和政治迫害性質的運動，身為系主任的他大多限於政治表態。運動的領導組織工作，均由系黨總支負責。由於社會事務多，翦伯贊不常到系裡來；由於身體不好，也沒有開設專業課。但他始終堅持黨性原則，對政治運動的態度也是積極的。他腳踩政治、學術兩個圈子，竭力維護和保持兩者之間的平衡。這特別體現在對青年教師的培養上。他一方面引導他們學習馬列主義的具體理論，另一方面則強調對歷史資料的廣泛蒐集。幾年下來，到了反右前夕，他領導的歷史系已經有了一批業務優秀的教學人才和骨幹。

也就從這個時候開始，翦伯贊不能從容不迫且又遊刃有餘地協調、化解政治需要和學術良心之間的矛盾了。他畢竟是個史學家。歷史的思辨能力賦予他洞察現實的眼光，善良的本性讓他保留著正直；而維族血統帶給他的倔強，又驅動著翦伯贊發出了屬於自己卻並不怎麼符合政治要求的聲音。一九五三年他在作「訪蘇（聯）報告」時，說：「在衛國戰爭的嚴重時期，蘇聯的博物館工作者，也沒有停止科學研究工作，他們仍然積極進行考古的工作，研究藝術上的問題，並且不斷地提出爭取學位的論文，舉行學術性的專題報告。」——顯然，翦伯贊的這番話是針對中國高等教學機構和研究機構因政治運動而業務停擺的情況，有感而發。一九五四年十月二十二日的一次院級領導會議上，他說：「關於學習蘇聯教學方法的問題，我原則上是同意的，但不是同意立刻按蘇聯辦法全部實行，江（隆基）副校長提出的變通之法，我倒是贊成的（按：江隆基提出北大各系貫徹蘇聯教學法可分成三種類型——1.全部實行；2.部分實行；3.暫不實行）。有人說我工作做得少，但我夜裡常常工作到十二點。不是為北大工作，也是在為國家工作。現在學校工作安排得太多了，影響了經常性的研究和教學工作。例如目前就有調整工資，修訂教學大綱，批判胡適，成立教學研究會等工作，使群眾感到一個運動接著一個運動。我建議：第一，不要為突擊性工作影響經常性工作；

第二，不要因為外來工作影響本位工作；第三，不要因為未來的工作影響目前各種教學工作。就好像天天研究如何吃飯，而實際上沒有飯吃或吃得很少一樣。」[9]又說：「領導希望我們一步登天，學習蘇聯要『愈像愈好』。」「如果給了我們木船，我們還要汽船，那是我們保守。但如果不給船，要我們泅水過去，那就是領導冒進了。教務處說我們過去對教學的專門化注意不夠是一個偏向，但我認為過去根本沒有力量搞專門化。」[10]他的這個談話，有人作為高校動態彙報上去。

一九五六年夏季，翦伯贊等人參加了全國人大代表在湖南省的視察。他專門考察了長沙市的文化教育工作，看得相當認真，但是越看越生氣。身分卻非同一般的章士釗也對湖南文教、農村方面的工作不滿。於是，一個主唱，一個附和，二人在座談會上大講一通。

翦伯贊的整個發言[11]，可謂開門見山。他說：「我對文教工作大為不滿。這方面缺點是省領導忙於經濟建設，放鬆了對文教工作領導所造成的。例如，《新湖南報》就很少關於文化、藝術、教育等方面的報導，很單調（章士釗插話，說：對，對，我們要知道的，報上都沒有）。新華書店盡是宣傳品，自然科學書籍實在太少，連近代史資料都沒有一套。考古和文物發掘、管理方面，文化局就沒有管。文物發掘工作者發掘了七百箱文物，發掘後就封箱，所以考古工作者反映，這些文物是『出土入土』。中山圖書館有五十萬冊書（一說六十萬冊），由於圖書館書庫不夠，分散在長沙、岳陽等地六、七處地方，有二十萬冊放在烈士公園一個要倒塌的潮濕房子裡，有的放在河邊潮濕的房子裡。湖南省文物管理委員會保管的一部分宋版、抄本等極有價值的書，因為沒有房子放，放在走廊上，任憑風吹雨打，一部分已經完了。據我瞭解，還有大批珍貴文物進了造紙廠和造銅廠。中山圖書館每月買書經費只二千多元，買不了好書，書庫又少。圖書館幾乎成了看連環畫的兒童閱覽室。因此，好像湖南人只要吃飯、吃肉，不要文化一樣。」說話的時候，章士釗在一旁不住地點頭。他又接著說：「從教育方面來看，師範學院師生們反映圖書不夠，科學研究工作沒有條件。小學更糟糕些。我看了一個最壞的小學，牆壁出水，地下出水，光線不好，沒有操場，廁所靠近教室，許多小孩子因為沒有一角六分錢買藥，一肚子的蛔蟲。其他中學、小學有的也不像學校的樣子。」

一向喜歡民間藝術的翦伯贊談到湖南地方戲情況，竟激動起來。他說：「戲劇工作最糟糕。藝人們反映，沒有從人民政府那裡得到一點幫助（指私營劇團），得到的只是輕視和侮辱（章士釗插話，說：是，是）。省文化局一個副科長曾對藝人說：『戲子、王八、吹鼓手，都不是好人。』有的戲院都快倒了，下雨天真的不敢去看戲。有的化裝室面對廁所。藝聯戲院藝人住的宿舍是一間大而潮濕的房子。一個房子住幾對夫婦，中間以蚊帳為界。有個劇團演《文天祥》，主角沒有宿舍，睡在走廊上。一個得獎的年青女演員金國純，很有天才，但每月收入只有十五元。這十五元她要買旦角用的粉、紅。每月吃不到肉和蛋。有個清唱館，平均每人每月收入四元。這個清唱館名為公私合營，但公家卻未管過。為什麼不管呢？可能是其中有些過去是妓女（章士釗插話，說：因為文化局幹部認為跟她們接觸是可恥的）。就是妓女也要管，這並不可恥。總的來說，在戲劇界存在三個矛盾：國營與私營的矛盾；幹部與群眾的矛盾；藝術與生活的矛盾。這是領導上對藝術的政治教育作用瞭解不夠所致。」

繼而，他提及湖南的少數民族情況。翦伯贊是維吾爾人，對中國的民族問題既有歷史研究，又保持著現實關懷。故此番視察，他去了有維族居住的地區。看後，心潮難平，語調沉重地說：「常德有一千多個維吾爾族人，有一個維吾爾清真寺，現在成爛泥坑。維吾爾人很傷心，曾經請示上級修理，但沒有批准。這說明憲法上規定宗教信仰自由是假的！這次我去看了，心裡很難過，但還是向他們解釋了。有一個伊斯蘭教小學，是我小時候讀過書的地方。它現在和我以前讀書時一樣，沒有增加過一片瓦、一根柱頭，維吾爾人民說：不但沒有添加，還有『五不』來限制。『五不』就是不增加班次，不增添房屋，不增加經費，不增加教員，不增加學生。這簡直是要我們維吾爾族永遠落後。這個『五不』實在不應該。常德專署專員問我：『這次撤區併鄉，桃源楓樹鄉維吾爾族民族鄉是否也可以撤銷？』我堅決反對！撤區併鄉不要太機械化了。我到老家桃源楓樹鄉去了。我去時，農民包圍了我。我只接見了解放前後都是貧農的人。我一問生活，大家就哭，說沒有飯吃，吃樹皮、野菜、菜餅、糠。原因是去年定產太高，徵收公糧後就缺糧。貧農就連糠也買不到，因為幹部說：『糠不賣，要餵豬！』（章士釗插話，說：人還不如豬）。全鄉有三分之一的人沒有飯吃。現在已經餓死了一個人。我問他們為什麼不找幹部，他們說怕幹部「戴鋼盔」（即扣帽子）。有個老農民說：『滿清時候的官還讓我們說話，現在幹部反而不准我們講。』（章士釗插話，說：現在還不如滿清啦）。我在鄉里給群眾解釋了黨的政策，說共產黨、毛主席是好的。農民說：『共產黨、毛主席好是好，就是吃不飽。』我看到的人，都是哭臉。鄉里的房子越來越少，雞犬無聲。過去是機杼之聲相聞，現在一切副業都取消了。鄉幹部作風太惡劣，得罪了所有的貧農。我看一定要撤職。他們給黨帶來了太不好的影響，應該加以挽回——上面的話，我發誓，沒有一句誇大了的，而且我說的時候還沒有農民那樣激動。因為，我沒有他們那樣的情緒。當然這些話，我也不會拿到群眾中去講。」最後，翦伯贊說：「我看有些人就有大漢族主義，不然，為何來個『五不』呢？有大漢族主義，就會有狹隘的民族主義。雖然，兩者都是反動的，但狹隘的民族主義是為了抵抗大民族主義產生的。取消民族鄉，我就堅決反對。我要向中央民委反映這個意見。我是維吾爾族，我就有這種民族性格。」

翦伯贊講完後，章士釗作簡短補充：「文教部門我是同翦老去的。他講的話，我都同意，只是繁簡不同。總之，忙於經濟建設，頭緒紛紜。」言罷起身，語氣很重地說：「官僚主義很嚴重，簡直就是無政府狀態！」

這個分量很重的視察發言，被很快整理成材料，寫進了「內部參考」。

須知道雲翻雨覆難開口，水盡山窮急轉頭

一年後，毛澤東發動整風運動，請民主黨派和知識分子針對中共存在的官僚主義、教條主義和宗派主義提出批評意見。五一節的前一天，北京五十多個科學家濟濟一堂，由國務院副總理聶榮臻主持，請大家暢所欲言。會上，呈現出一派「早春天氣今已過，東風到處百花開」的繁茂景象。動

物學家秉志、植物學家胡先驌、哲學家馮友蘭、考古學家夏鼐、經濟學家巫寶三等人都搶先發言，把個金岳霖急得直冒汗。見已經發過言的一位植物學家還想做補充發言，坐在他身邊的翦伯贊忍不住了，猛地大叫：「金岳霖先生想發言！」這一叫，管了用。聶榮臻請金岳霖發言。這位哲學家起身先向翦伯贊鞠躬致謝，會場一陣笑聲。翦伯贊也做了發言。他認為「當前黨與非黨之間的牆，是宗派主義的情緒，共產黨員應當先動手拆牆」。[12]又說：「學術界的教條主義很嚴重，而官僚主義的表現在求急效而不能堅持，口號喊得響而無具體辦法。中科院不重視資料工作，關於中國歷史的某些問題，我們還要看外國人作的資料。」[13]

從四月二十五日到五月四日，北京大學召開了黨內外主要幹部會議，請一部分教授與會。教授們的意見大多集中在高校中黨與非黨關係存在的問題上。翦伯贊是個積極參與者。最引人注目的是著名的化學系教授傅鷹。傅先生的態度表現出令人吃驚的冷峻與坦然。他首先對北大的「三反」運動中一些幹部簡單粗暴的作法提出批評，說：「我和邢（其毅）先生談天，要是進來一個黨員，我們倆就不說了，彼此會心一笑，然後說點給他們黨員聽的話。因為保不定以後再來『三反』運動，還讓你上臺受大家責難。」[14]關於高級知識分子的思想改造問題。傅鷹說：「我對思想改造非常討厭。因為人要有不對地方才需要改造，而我從來沒有發現自己在大的方面有什麼不對。我愛中國也不比別人差。我對中國的貢獻就靠化學。我同意『你吃思想飯，我吃技術飯，井水不犯河水』這樣的看法。」「去年（一九五六）我還有些思想改造的要求，我今年和去年就不一樣，就沒有改造的要求，也沒有改造……再說，學化學的人思想上不可能有唯心的成分。」[15]他的話剛落音，邢其毅立即表態，不贊同傅鷹的意見，說：「黨的領導是重要的，思想改造也是必須的；『三反』運動是使自己認識自己的面目，『三反』再來，我也無所謂。」[16]

傅鷹的臉上毫無表情，心裡卻清楚與自己私交不錯的邢其毅為什麼要講這樣一番話。翦伯贊不同意傅鷹的言論，把他說的「知識分子無需改造」的觀點視為一個嚴重的問題。

一個月以後，整風變成了反右。共產黨和民主黨派的「蜜月」正式結束。民盟、農工這兩個民主黨派，被毛澤東確認為運動的中心。身兼兩黨要職的父親，自然被置放在運動中心的中心。六月八日《人民日報》發表了題為〈這是為什麼？〉的社論，當父親還在對著社論發呆的時候，第二天的報紙，刊出了翦伯贊的長文〈擁護大鳴大放，反對亂鳴亂放〉。標題，就能看出他的鮮明態度。翦伯贊反對「只許非黨人士鳴，不許共產黨鳴」；反對「把現在的政府說得比國民黨政府還壞」；反對「把共產黨員說成是監視人民的便衣員警」。他認為有「亂鳴亂放」的現象，說：「我在國民黨統治下生活了幾十年，我下過地獄，見過魔鬼，我嘗過地獄的痛苦，受過魔鬼的迫害，我就感到新中國的可愛。比起舊中國來，新中國已經是天堂。」[17]翦伯贊用毛澤東的話作為文章的收尾：「一切離開社會主義的言論都是完全錯誤的！」

六月十五日下午，北京大學學生會舉辦教授演講會，請翦伯贊和地質地理系主任侯仁之談談對整風反右運動的看法。侯仁之先講。他對這場運動打了個比方，說：「我們是坐在一隻開往社會主義的航船上，舵手就是共產黨。現在整風消除『三害』，就是為了使舵手更好地掌舵，更好地前進。但是，在目前我們遇到了風浪，有人想打翻我們的舵手，掉轉頭來往回開……這是考驗我們的時候，每個愛國青年都應當站穩立場，團結在黨的周圍，對反黨、反社會主義的言論展開鬥爭。」[18]翦伯贊則針對整風運動中北大出現的一些問題發表演講。他說：「絕大多數同學的意見是正確的，但是也有一部分是錯誤的。錯誤的意見有兩種：一種是善意的……，另一種是動機不好、別有用心的。他們只強調黨的錯誤，否認國家建設的成就。我們必須和那些別有用心的右派分子劃清界限，展開尖銳的鬥爭。」[19]他要求大家繼續大鳴大放，說：「共產黨是不會收的，我們要繼續大鳴大放，還要大爭。」[20]與侯仁之相比，翦伯贊在政治上老到多了。

父親已被搞的焦頭爛額，外面受批判，回家寫檢查。疲憊不堪地坐在沙發上發愣。愣上一陣子以後，又自語：「我怎麼就錯了？我這是錯在哪裡呀？」

無人回答。

一個下午，父親對母親說：「健生，我想請民盟的一些人，來家裡坐坐談談。」話說到這裡，被母親一口打斷：「你還要座談什麼？」

母親的激烈，令父親吃驚。他瞪大眼睛，似乎想以同等激烈回敬母親，但很快平靜下來，苦笑著說：「你不要那麼急呀，聽我把話講完。」

「你說吧。」母親恢復了往昔的平和。

父親起身，站在母親的面前，說：「現在，大家都說我錯了。我呢，也口口聲聲說自己錯了。可我從心裡想不通，我為什麼錯了？我今年六十二歲，年過花甲。讀了書，留了洋，在政界搞了幾十年，也算得上是會思考、能想問題的人吧。可我現在怎麼也看不透老毛搞的這個反右！更想不通章伯鈞怎麼就錯了？講老實話，胡愈之的講話，吳晗的發言，我都用心聽了，通篇哪有一點道理，不是帽子棍子，就是扯歷史舊帳。連『右』的事實都排列不清楚，更不要說分析我之所以『右』的原因了。要我檢討容易，我現在不是就在天天檢討、處處認錯嗎？但我自己還是要想通問題。做不到全通，也要爭取想個半通。所以，我想請幾個人來，專門給我提提意見，幫助幫助我分析問題。你看怎麼樣？」

母親同意了。接著，母親和他一起商量到家裡來提意見的名單。當然，這裡面不包括積極投入反右運動並領導民盟中央反右運動的史良、胡愈之、吳晗、鄧初民等人。

幾天後的一個晚上，他們來了。有周新民，楚圖南，郭則沉，薩空了等八、九人。自聽到父親要開這個「意見會」的決定，我暗中也給自己做了決定——一定要偷聽這個意見會，聽聽他們是怎麼給我爹提意見的。

太叫人失望了。我躲在客廳玻璃隔扇後面，從隔扇看去——個個呆坐著，呆到連眼珠都不轉一下，好似廟裡無言對坐的泥塑菩薩。站了半天，終於聽到薩空了的講話。

他乾咳一聲，說：「伯鈞，我來給你提一條意見——你的政治生活不夠嚴肅。你我的交往很久了。你的知識，見解，氣度和能力，我是知道的，在座的也都清楚。就民盟這個範圍來說，你最突出的表現和成績，是在發起組織民盟和民盟被國民黨宣布非法以後，這麼兩個階段。那時的你不怕風險，艱苦奮鬥，謙虛謹慎，也很能團結人，為了抗日反蔣和共產黨並肩作戰。新中國成立後，你當上了中央人民政府委員、政務院的政務委員、交通部部長、農工民主黨的主席、民盟的第一副主席、《光明日報》社長，後來又當上了全國政協副主席。還在許多對外機構任職。我看你變了，首先是產生了驕傲情緒。覺得這個不如你，那個也不如你。驕傲的骨子裡是個人主義思想。你總以為自己是最正確的，是最被中共信任的。從前你和羅隆基長期不和，這裡面有政見分歧。應該說在建國以後，你和他的政見基本上是一致的。但為什麼還鬧矛盾？這就是個人主義對付個人主義了。羅隆基原本就驕傲，但凡不是留學英美的，他一律看不上眼。現在你覺得自己的地位比他高，好像共產黨也更信任你。於是乎，你也驕傲起來。民盟只要討論問題，特別是人事問題，你倆的私心就來了，鉤心鬥角。」薩空了呷口茶，繼續說道：「驕傲情緒改變了你的工作態度以及日常作風。在重慶，在上海，在香港，你是最能幹的，也是最能吃苦的。現在呢？東搞搞，西搞搞。在交通部待上一陣子，又去民盟開會。開完了，你對別人講：『我還有個小攤子，需要去收拾。』民盟的朋友都知道，你所說的小攤子，就是指農工。農工，這是一個政黨！伯鈞，你怎麼能把它叫做小攤子呢？很不嚴肅。所以，我建議你通過這次政治運動，今後能嚴肅起政治生活來。」

郭則沉立即附和，說：「空了的意見，我很同意。他不講，我也會提這個意見。你的不嚴肅性還表現在愛逛舊書店，愛玩古董上。我看你對這些事情的熱情比對交通部、民盟或農工的熱情都要高。自己的工資花乾淨了，還跟公家借錢買古書和字畫。伯鈞，有句老話叫玩物喪志。你快到玩物喪志的地步了。」

此後，即使有誰講話，或零零落落，或支離破碎，再無人提出什麼像樣的意見。

周新民大概是最後一個講話的。他的態度有些猶疑不決，語句不很流暢地說：「伯鈞，現在你要大家給你提意見，恐怕一時也說不好。依我之見，關鍵問題還在於你的立場和態度。批判會上的發言是比較激烈的，但你要正確對待，細心體察別人的用意——忠言逆耳嘛。」

顯然，這番講話是總結性的，也是暗示性的，暗示著——散會。

會散了。大家一致不讓父親送客，每個人匆忙離去，消失在夏夜庭院的濃蔭之中。茶几上擺放的玻璃茶杯裡的茶水，幾乎都是紋絲未動：滿滿的，亮亮的，綠綠的。前來收拾杯盤的女傭直心疼，不停地叨嘮：「早知不喝，我還不沏呢！可惜了的好茶葉。」

父親苦悶而沮喪，目光散淡又灰暗。其實，父親真的是想聽取意見，內心隱藏著被理解的渴望，但民盟的這些老友什麼也沒給他。他感受到的是敷衍、搪塞和冷漠。父親太可憐了。我不能躲在旮旯看著父親那可憐的樣子，便一腳從玻璃隔扇跨進了客廳，趴在他背後，摸著他的頭說：「爸，你們剛才的會，我都偷聽了。」父親沒責怪我，只是把我的手從頭頂拿開。

父親的氣度一向如山如海，思量事情皆出之以冷靜。這次可大不一樣了，無名的惆悵，難堪，焦灼都一起朝他侵襲過來。他歎了一口氣，對母親說：「健生，你聽見了吧，他們提的都是些什麼意見——私心，個人主義，工作不嚴肅，買古書，玩古董。好！這些我都承認，但這個缺點同反黨反人民反社會主義有什麼直接聯繫？兩者的性質完全不同呀！」

母親無以為答。

我猛地站到父親的跟前，大聲說：「爸，他們在這裡講得不痛不癢，就是想在批判會上說得你又痛又癢。」

父親笑了。說：「調皮是小愚，正經也是小愚。」

父親笑了，就好。

第二天的晚上，我在父親的書房玩。

他對我說：「去把你媽媽叫來，有件事要商量。」

母親來了，站立在大寫字臺一側。問：「什麼事？」

父親說：「想叫翦伯贊來一趟，請這個歷史學家分析分析我現在的問題。健生，你看怎麼樣？」

「好，太好了。」母親十分贊同。我特別高興，又能見到從娘胎裡鑽出來就認得的翦伯伯了。

洪祕書馬上聯繫，得到的回話是：一定來，但最近很忙，具體會面的日子，通過電話商量。

這話，已經讓父親很知足了。一有電話鈴響，父親就豎起耳朵聽，聽聽是不是翦家打來的。隔了兩、三天的樣子，翦家的電話來了，說是當日下午來看章先生。父親按捺不住興奮！內心積攢了無數的話，無數個問。他自己要問個徹底，也要翦伯贊說個明白。

翦伯贊下午沒有來。父親坐不住了，東張西望，來回轉悠。後翦家打來電話，說：晚上才能來。這樣，父親又催著開飯。於是，全家早早地圍坐於餐桌，頂著盛夏火一般的夕陽，大汗淋漓地吃著晚飯。父親一句話不說，三刨兩扒地把半碗米飯吞下，甩下筷子走了。那樣子比情人約會還著急。

在銀白的月色下，庭院中的假山、影壁、柳樹葉、馬尾松，呈現出怪異的姿態，花也格外地香——那是兩棵高高的洋槐散發出來的。門鈴響了。聽到這聲音，不知怎地我一整天的喜悅，突然沒有了。而這時的父親，眼睛裡閃著光。

父親事先跟母親和孩子都打了招呼，誰也不准「參加會晤」，尤其是我。父親事先也跟洪祕書交代了：翦伯贊來，引至西屋。西屋是啥屋？是父母的臥室，從不接待客人。雖有兩張單人沙發，是供父母歇腳的。

不參加會晤，偷聽總可以吧。我躡手躡腳地溜到西屋，躲在磨花玻璃門後面。在明亮的燈光下，翦伯贊那極其漂亮的淺灰色西服和極為鮮豔的絳紫色領帶，差點沒讓我因吃驚而大叫！恐怕父親也沒見過老翦穿這套行頭。我想：端正正，新嶄嶄的，翦伯怕是來和父親告別的吧？再不，就是剛參加了什麼重要的外事活動，來不及換裝了。

父親把民盟、農工以及交通部從整風到反右的過程敘述了一遍，又把自己從整風到反右的表現講解了一回。再把前兩日在家裡召開的「意見會」的情況介紹了一番。翦伯贊仰頭閉目，靠在沙發上。精神顯然不夠好，但父親的每句話，他是聽進去了。

接著，父親問：「老翦，我不明白為什麼自己突然成了政治上的右派？而且，這個右是用反黨、反人民、反社會主義做注解的。」

翦伯贊不回答，眼睛卻睜開，望著雪白的天花板。

「老兄，我請你來，就是想求得一個答案。沒有答案，有個合乎邏輯、合乎事實的解釋也可以。」

翦伯贊仍未開口。

「老翦，你知道嗎？自從六月八號的《人民日報》社論登出來以後，我就不停地在檢討，承認自己犯了嚴重的政治錯誤。但是，在我的內心，沒有一分鐘是服氣的。在思想上，沒有一分鐘是想通了的。」

翦伯贊還是默不作聲。

父親有些激動了，站到他的面前，說：「我不揣測別人怎樣看待我，也不畏懼老毛會怎樣打發我。但我自己必須要把問題想通——」

翦伯贊唰地站起來，和父親面對面，帶著一股兇狠的表情，說：「你能做個老百姓嗎？或者像個老百姓，稱他為毛主席嗎？」父親愣在那兒。

「我叫他三聲主席，再三呼萬歲，他也不會視我為百姓。」父親的語氣凝重。

「講對了。你的問題如果能從這裡開始想下去，就想通了。」

父親驚問：「為什麼？」

「伯鈞，你知道自己現在的地位嗎？」說這話的時候，翦伯贊解開西服上衣的紐扣，在房間徘徊。不知怎地，我覺得他此時很激動。

「我知道——部長，兩個民主黨派的負責人，還有政協副主席。」

翦伯贊直視父親，說：「不，你現在是一人之下，萬萬人之上。搞明白了嗎？」

「我不這樣看自己。」

「你是不是這樣看，已不重要。事實如此。」

「事實如此，那又怎麼樣呢？」

翦伯贊一手扶牆，背靠著父親。聽到這個問話，猛地轉過身來，正色道：「你怎麼還不明白？愚蠢到非要叫我說穿？」

「要說穿，我現在是最愚蠢的。」

「我問你，『一人之下，萬萬人之上』是個什麼含義？」

「什麼含義？」

「含義就是你們的關係變了。從前你和他是朋友。現在是——」說到此，翦伯贊有些遲疑。

「現在是君臣關係？君臣，對嗎？」父親毫不猶疑地替他把話說完。

翦伯贊不說對，也不說不對；不點頭，也不搖頭。

始終站立的父親，緩慢地坐進了沙發。自語道：「懂了，全懂了。我們只有『信』而無『思』，大家只有去跪拜……」

「須知道雲翻雨覆難開口，水盡山窮急轉頭。」翦伯贊的三言兩語，像只古舊卻依然管用的探海燈，在父親眼前放射出一縷光明。在光照下，毛澤東掌舵的社會主義政治艦艇浮到了水面，面目獰惡可怖。而父親和羅隆基立於船之顛，還在歡呼雀躍。殊不知航道已改，四周皆為絕壁懸崖。

父親狠狠拍著沙發扶手，說：「可笑之至，愚蠢之至！我居然還請民盟的朋友來提意見。」

翦伯贊很快結束了談話，並告辭。

臨歧握手，曷勝依依。翦伯贊愴然道：「半山新村的日子沒有了。」

父親說：「我很感謝，很感謝。」

君臣之說，讓我感到父親的未來定是凶多吉少。自古中國文人的抱負都依附於君主，但對君主的認識和君臣關係的構成和矛盾，又是他們事先缺乏充分準備的。包括像父親、羅隆基這樣的政治型文人，對現代君臣關係也都存有想像的成分。他們是在挫折中剔除想像的。原來自己不是工具，便是點綴。

是夜，月色如鏡。我懂事了，也失眠了。夜深了，只見父親披衣而起，走到庭院，惶然四顧。明知眼前一片汪洋，卻無所之。

翌日，父親吃早飯時，情緒頗好。對母親說：「希望已絕，人倒安心了。」

我聽不大懂，遂問：「什麼希望？」

「還想當個左派的希望呀！」說這話的時候，父親臉上竟泛出微笑。

又過了兩日。晚飯後，見父親沒有到庭院乘涼，搖扇。便跑到書房去看他，想拉他到院子裡散步。

我一把將父親看的德文書闔上，用嘴對著他的耳朵悄聲說：「爸，我要告訴你一件事。」

「什麼事？」

「那天翦伯伯和你在西屋的談話，我都聽見了。」

「你怎麼聽的？」

「還是偷聽的唄！」

父親無責言，亦無怒色。

我又說：「爸，翦伯伯會不會把那晚上的談話，彙報給統戰部？」

如冰水激膚，父親的手有些顫抖。他用一片憐愛的目光打量著我，說：「也許會，也許不會。你想的這個問題，我居然沒想到。」

我說：「我們同學裡面，就興思想彙報，而且專門彙報別人。」書房裡寂無聲息。與父女為伴者，煢然一燈。

我和父親甚親，而心甚戚。

說話坦誠，而結局殘忍

父親注意到，在七月十四日—二十四日中國科學院連續召開批判反社會主義的「科學綱領」（即章〔伯鈞〕羅〔隆基〕以民盟中央名義制定的《對於有關我國科學體制問題的幾點意見》）座談會上，一些被視為散布右派言論的科學家，在檢查中都不約而同地說自己或是上了「章羅聯盟」的當，或是被真正的右派利用。針對這種情況，七月十六日翦伯贊發表談話，指名道姓地說：「現在許多右派分子，都說『自己被利用了』，『被拉下水了』。我認為曾昭掄、錢偉長不能說是被利用，他們在（民盟）提出的反動科學綱領上起到了主動作用……」[21]他又說：「我們這些高級知識分子（包括我在內）在大鳴大放期間都說了一點，走了點火，雖然大小程度各有不同，是不是都算右派呢？不是的。我的動機目的是要搞好研究工作，對黨提些意見，雖然過分一些，偏激一些，不要緊，只要動機是好的，不是想搞垮黨，搞垮社會主義，相反的是想搞得更好，那麼言者無罪，而且今後還可以講……」[22]

運動初期，翦伯贊的談話，語調還算平和。

七月三十日，新華社記者採訪了江澤涵、黃昆、梁思成、翦伯贊等七位北大、清華的知名教授，請他們談談對這次反右鬥爭的體會。翦伯贊說：「有些高級知識分子認為自己年紀大了，在學術上有一點成就，能做多少工作就做多少算了，再學政治也學不下去。有些搞自然科學的人，以為他們所研究的東西，與政治無關。其實，不喜歡學政治課，就是一種政治表現，即厭惡馬克思主義的表現……有些高級知識分子對思想改造有些不服氣，或者有抵觸情緒。這些人說：『我是一個有學問的人，你搞你的社會主義，我又不反對。為什麼還要別人來改造我？』這是錯誤的。思想改造是一個平等的事，不是誰改造誰，而是自己改造自己。」「通過這次反右鬥爭，可以看出知識分子在目前特別需要改造，因為有不少知識分子過去受的都是資產階級教育。解放幾年來，去掉一些，但還保留了很多。這些資產階級的思想如果不去掉，就會像右派分子一樣，『身在中國，心在英美』，如何能為社會主義建設服務？」[23]第二天，中央各大報紙都刊登了他的講話。北大教授看後都說：這是翦伯贊對兩個月前傅鷹發表的「知識分子無需思想改造論」的回敬與批駁。

俗話說，公道自在人心。這話是對的。但在中國，人們似乎也只能把公道揣在心裡，不能說出來了。「啼得血來無用處，不如緘口過殘春。」杜荀鶴的這句詩坦誠又殘忍，就像傅鷹——說話坦誠，而結局殘忍。

隨著運動進入高潮，翦伯贊的態度也漸趨強硬。特別涉及史學界的右派，他不僅強硬，而且激烈。九月十八日，在由郭沫若主持的社會科學界批判右派的大會上，翦伯贊在長篇發言裡，指認史學界「有少數資產階級右派分子和具有右派思想的人，他們一直是在不同程度上抗拒馬克思主義，反對共產黨的領導，反對社會主義。這些人在過去幾年中尚有所顧忌，在章羅聯盟發動向黨向社會主義進攻的前後，就明目張膽地發表了各種謬論，並假借學術名義對共產黨進行政治性的攻擊活動，徹底暴露了他的本來面目」。[24] 接著，他把揭發批判的矛頭，直端端對準了學術威望很高的雷海宗、向達以及榮孟源。

專攻中國近代史研究的榮孟源是個來自延安的老革命，他反對「以論帶史」，主張編年史要繼承中國的歷史傳統，做到「直言無隱」。他在〈建議編撰辛亥革命以來的歷史資料〉一文裡寫道：「目前辛亥革命以來的歷史，除原始資料之外，多是夾敘夾議的論文。論文固然是必要的，但以論文來代替一切，那就妨害了歷史科學的研究。」翦伯贊認為榮孟源的觀點必須批判，是由於牽涉到史學研究的方向和方法問題，其實，這個問題也牽涉到翦伯贊自身的治學之本。因為一些史學家認為「他（指翦）的史學思想大體上是重論（理論）輕史（史料）的，無論是批『封建主義史學』還是批『資產階級史學』，其字裡行間都瀰漫著『以論帶史』的氣息。」[25]

翦伯贊批判的重點對象是同校同系執教的向達。他毫不留情地揭批向達對黨的領導的攻擊性言論。揭發向達把中國科學院一些行政幹部比喻成「張宗昌帶兵」，「既是外行又不信任人」；形容「科學家是街頭流浪者，呼之則來，揮之即去」。「而現在的史學界之所以奄奄一息是和范文瀾的宗派主義分不開的。」尤其不能讓翦伯贊容忍的是向達提出的解放後「歷史學只有五朵金花」的觀點。向達所指的五朵金花，就是中國歷史分期問題，資本主義萌芽問題，農民戰爭問題，封建土地所有制問題，漢民族形成問題。翦伯贊說向達討厭這五朵花，「原因很簡單，就是因為這五朵花是馬克思主義歷史學開出來的花朵。」或許是為了進一步揭示向達鄙視靠馬列做學問的「陰暗心理」，翦伯贊舉例證明，說：「北大老教授湯用彤在《魏晉南北朝佛教史》再版時做了個後記，說自己『試圖用馬列主義的觀點指出本書的缺點』。向達看了則說：『這是降低身分。』」這裡需要說明的是，向達所指的史學「五朵金花」，無一不滲透著翦伯贊的心血。

再來說國學大家雷海宗。那時的中國奉行「一邊倒」的外交政策。蘇聯什麼都是對的，老大哥的什麼東西都是好的。而雷海宗，這個在西南聯大就出任歷史系系主任的教授卻不買帳。他說：「蘇聯和整個社會主義陣營的社會科學太薄弱，太貧乏。」「蘇聯歷史科學水平之低，是驚人的。蘇聯學者的著作，在資本主義學術界看來連評論的資格也夠不上，可以說不是科學作品。……最近六十年來，世界（指資本主義世界）的社會科學仍在不斷地有新的發展，不斷地增加新的材料，對舊的材料不斷地有新的認識、新的解釋。但這些對我們社會主義陣營的社會科學界來說，等於不存在。我們今天仍滿足於六十年到一百年前馬克思和恩格斯在當時的認識條件和資料條件下對問題所說的個別的語句。」「中國知識分子一言不發的本領在全世界的歷史上，可以考第一名。」[26]又說「解放後出的書（指史學方面的書）沒有什麼可看的，內容貧乏，邏輯混亂。沒有什麼學術價值，讀了使腦筋僵化」。「目前，我們的教育方針太籠統太概念化，不從實際出發，因此不能培養教育出完滿健全的學生。解放後，雖然禁止了對學生的體罰，但今天對兒童、青年在精神上的虐待卻很嚴重。」[27]在私營工商業實行全行業公私合營時，雷海宗聽說某些商場毀了一些無用的舊書，言道：「這是中國的第二次浩劫，是第二次焚書坑儒。」[28]讓雷海宗沒想到的是：《人民日報》刊登他的談話，加了一段於他很不利的按語。這是一個極其嚴重的信號！到了反右，雷海宗首當其衝。

南開大學歷史系的反右運動，因為有了個被點名的雷海宗而搞得異常火爆。有關領導擬定了一個為期兩年的批判計畫，計畫以批判雷海宗的資產階級學術思想為重點，題目分為「馬克思主義歷史科學和資產階級歷史學的根本分歧」、「批判雷海宗的反動歷史觀」、「蘇聯歷史科學成就」、「新中國歷史科學的成就」等。還有人提議：「這項工作中必須貫徹群眾路線，把對雷海宗資產階級學術思想的批評，形成一個群眾性的批判運動，既有專人準備，又有群眾的廣泛參加，使每個人都投入到鬥爭中去。」[29]雷海宗一次次被批判，有一次他暈倒在會場，三輪車夫把他送回了家。批判會的規模也越搞越大，校方甚至讓剛入學的新生也參加，為的是接受階級鬥爭教育。會場如狂風暴雨，在風雨中，只聽見一個人的聲音：「我叫雷海宗，反蘇反共二十多年……」

翦伯贊一向關注全國史學界的走向和風氣。他從雷海宗、向達、榮孟源的言論，感到這些人是一股抵制以馬克思主義觀點方法來研究歷史的力量與動向。這對翦伯贊而言，自屬於大是大非，不可放過。從一種權威理論的自負出發，也要責無旁貸地為馬列主義史學進行規範性解釋，翦伯贊理所當然地指責他們。雷海宗的言論，被翦伯贊認為是「帶著舊史學所屬的階級利益和最惡毒的敵意，向馬列主義史學進行了瘋狂的公開的進攻」。「學術研究是一回事，假借學術研究的名義，進行反共反社會主義活動又是一回事……，史學界的右派分子和具有右派思想的人所進行的活動，實質上不是學術活動，而是章羅聯盟反共反社會主義的政治陰謀的一部分。不是學術上的唯物與唯心之爭，而是為了根本改變歷史科學的方向、替資本主義的復辟鋪平道路。」[30]《光明日報》對這個批判會做了詳細報導。父親讀了，直搖頭。對母親說：「老翦全變了，怕要保護自己過關吧！」又道：「何苦要借政治批判為自己的學術研究正名呢？指責向達看不起自己的馬列主義史學，能證明什麼政治問題？這樣就能擡高馬列主義史學？我看效果是適得其反。倒叫那些老學者更瞧不起他了。」

十月十一至十四日，中國科學院社會科學部舉行批判大會，再次批判史學界右派分子向達、雷海宗、榮孟源和陳夢家，有京津兩地的史學工作者近三百人參加。會議由哲學社會科學部副主任潘梓年打炮，連續舉行了三天的大會，共有三十一人發言。會上，向達、榮孟源和陳夢家作了檢查，雷海宗沒有出席。會議由翦伯贊總結收場，他說：「史學界應該把反右派鬥爭當作當前的主要任務，特別是對直到現在還毫無幡悔之意的雷海宗，要繼續進行鬥爭，不獲全勝，絕不收兵。」[31]

與翦伯贊的表現相反，當雷海宗的右派言論揭發出來，北京大學教授羅常培、游國恩乘著到天津出差的機會，特地去看望了他，表示慰問。游國恩以俞平伯的經歷來寬慰情緒低落的雷海宗。羅常培則說：「現在有些領導幹部對黨中央、毛主席提出的『百花齊放、百家爭鳴』的政策體會得很不夠。這是非常不幸的。《人民日報》發表陳其通等人的文章，對雷先生的意見加按語，都說明了體會政策不夠。雷先生研究世界史的時間很長，算不得權威也可以說是個專家。這些年他對馬克思主義做過一些歷史上的研究，占有一定的資料，作為學術研究來說，可謂不可多得。」[32]天津高等院校的許多教授、學者也對雷先生受批判表示了不滿。天津大學教務長潘承孝和土木系主任張湘琳認為批判雷海宗影響了學術爭鳴。中文系教授邢公畹則說：「中國的學術界的水平很低。目前爭的、鳴的實際上都很膚淺，能形成學術流派的東西就更少。雷先生是『一家』。但他和馬克思主義不是『一家』。因此，問題也就出來了。現在的人可以分成三類。一類是少本錢、成不了家的人，他們只有隨大流，講的話都是報紙上或領導方面來的；一類是自己有見解，但是不多、不深，經不住風雨，別人一說他的論點不符合馬克思列寧主義，就改變主見；一類是下過工夫，掌握了材料的人，而這類人想做事往往卻要遇到困難。因為懂得他們和尊敬他們的人很不普遍。」[33]鄭天挺到北京，代表南開大學歷史系報告了天津史學界批判雷海宗的情況。但自己回到天津，便愁眉苦臉地對同事說：「我怎麼想，都覺得雷先生是思想問題。」[34]誰承想，這個同事又把鄭天挺以及邢公畹等人私下的議論彙報上去，這使得雷海宗的處境更為艱難。

雷海宗宣布戴上右派帽子。回到家裡，對夫人說的第一句話就是：「對不起你。」第二天，人就躺倒了。後來的幾年，只在《歷史教學》上發表一些教學參考性文章。一九六二年，雷海宗去世。噩耗傳出，令所有聽過雷先生課的人，無比哀痛和惋惜。這個學貫中西、博大精深的右派教授，同時能開「西洋近古史」、「西洋文化史」、「中國商周史」、「中國秦漢史」、「史學方法」等四、五門課程。這個從不備課、從不講究教學法、想講什麼就講什麼的右派教授，以磁石吸鐵的力量吸引著無數青年教師和學生。學問好、資格也老的同行劉崇鋐先生都極其推崇他，稱其為大學問家。並對自己的學生說：「要好好聽雷先生的課，他講的歷史課，有哲學意味。我做不到這一點。」[35]

去世的那年，雷海宗五十五歲。

反右運動收場以後，父親在全國政協禮堂碰到了向達。面帶歉疚之色的父親，說：「都是我連累了你們這些做學問的人。」「伯鈞先生，你怎麼這樣說？不過我成為右派，你那位老友是很出力的。連『鴻門宴』的事，都翻出來了。」

父親吃驚不小，翦伯贊對向達所表現的狹小氣度，是萬萬沒有料到的。父親繼而又問向達戴帽處理的情況。他告訴父親，自己是降職降薪。無黨派人士的向達，在史學界的地位很高：北京大學一級教授，北京大學圖書館館長，中國科學院歷史研究所第二所副所長兼學部委員。一場「反右」下來，職務統統「擼」光。

「也好，我今後專心做學問吧。」這是與父親握別時，向達說的最後一句話。

說者平淡，聽者沉重。好在向達很快就摘了帽子，據說周恩來是打了招呼的。消息傳出，父親高興了。說：「共產黨到哪裡去找向達這樣的高級人才？」

我問：「他怎麼個高級法？」

父親扳著手指說：「向達精通中外交通史，西域史，唐史，敦煌學，還能編蠻書，搞翻譯，對中國美術、壁畫也是很有研究。」

「共產黨把這樣的人都搞掉，好像不太划算。」

父親哈哈大笑，說：「我的小女兒不錯，會想點問題了。這個問題現在還看不出來，時間久了。共產黨就會發現運動過後，剩下的是些什麼人。」

「剩下什麼人？」

父親瞪大眼睛說：「剩下業務上的平庸之輩，政治上的應聲蟲。」害怕父親再捅婁子的母親沒有反駁，狠狠地「掃」了父親一眼。

總之，一九五七年夏季的翦伯贊在思想上是必須堅守比冰還冷、比鐵還硬的黨性原則。在行為上，他必須義無反顧地積極投入：在公開場合表態，給黨報寫批判文章，在批判會上發言。儘管那時的中國高級知識分子已經看見隱藏在「開國氣象」後面的霸道，對一系列思想改造、政治學習產生反感與抵觸。但是這場領袖親自出面、執政黨衝鋒在前的反右運動，他們只能放棄公開的抵觸和反感。為了保護自己、保全家人，他們或表示歸順，或接受洗禮。反右鬥爭使民主黨派全線崩潰，使知識分子悉數繳械。反右運動協助毛澤東完成了共產黨對學術的絕對領導權，達到了使當代社會科學尊奉共產黨政治思想原則與紀律的目的，並滿足了統一中國大陸知識界的意志。因為對於像毛澤東這樣一個來自農村的領袖來說，光有民間信仰和底層擁戴是遠遠不夠的。在強大而急切的政治需要面前，人們被迫地卻又是清醒地、積極地卻又是有限度地棄置良知。身為史學家的翦伯贊，恐怕已經認識到對黨的忠誠在本質上，意味著程度不同的出賣——既出賣了無辜者，也出賣了自己。如果說，把一場政治運動比做一個大合唱。翦伯贊即使無意於做一位出色的歌手，也必為歌者——為黨而歌。歌裡，承載著他內心的情感和思慮。歌裡，還帶著心靈的顫抖。也許在強權環境裡，人性的微妙和思想的複雜在於一個人獨自在政治舞臺上，扮演著悲與喜的雙重角色，並於一瞬間完成善與惡的交替。

一九五九年秋，父親和翦伯贊重逢在東安市場裡面的吉祥戲院。這是反右之後的第一次會面。那晚演出的是福建莆仙戲，戲名叫《團圓之後》。寫的是一個書生金榜題名，衣錦還鄉，本該闔家歡樂，不想悲劇卻由此開始。戲的結尾，是滿臺的絕望和死亡。我和母親看得唏噓不已。父親也很不平靜。

母親邊擦淚邊退場，忽聽後面有人在叫：「健生。」

回頭看去，是翦伯贊夫婦，他們的一個兒子跟在後面。

我第一個迎了上去，大喊：「翦伯伯！翦伯母！」

翦伯母和母親相擁在一起。

翦伯贊趕忙和父親握手，問：「伯鈞，好久不見了。你的生活怎麼樣？」

「還好。」父親答。

「還好，就好。」

北京的秋夜，天空如洗，月色如銀。他們並排而行，說著話，親切又悠閒。母親有意落在了後面……

答案就在心裡

反右鬥爭的勝利，為中共確立在意識形態領域的絕對領導和馬克思主義理論的思想權威起到了決定性作用。這時，周揚適時提出了編寫高等院校文史各學科通用教材的任務。馬克思主義史學家的翦伯贊，自是這方面工作的重要領導者。這也使他的學術活動達到了高峰。這部教材取名為《中國史綱要》，是一部力圖將歷史唯物主義融會其內的中國通史。出版後，受到周揚等人的稱讚。與此相適應，翦伯贊也取得了在史學界近乎權威的地位。官方任命他為中共北京大學黨委委員和副校長，並公布其中共黨員的身分。翦伯贊是在一九三七年由呂振羽介紹參加共產黨的。為統戰工作的需要，一直隱瞞著身分。一九四九年後亦如此，只與李維漢夫婦保持單線聯繫。在江隆基調入北大任黨委書記兼副校長後，即由江隆基和他進行組織聯繫。其實，他剛進城暫時在燕京大學社會學系任教，由於說話比校長陸志韋還硬氣，已有不少人懷疑他是個中共黨員，有的學生背後管他叫「新疆攝政王」。

自一九五八年以後，國家的政治經濟形勢進入了極其嚴峻的時期。個個放衛星，人人空肚皮。教育界則以行政方式推行「教育為無產階級政治服務、教育與生產勞動相結合」的方針。學生視教師為對頭。資格越老，學問越好的教師，就越是死對頭，搞「拔白旗」、「批白專」運動。把老師搞倒了，學生自己編教材。典型的事例，就是北大中文系學生編寫的《中國文學史》。倒退之行與激烈之態，無不受到官方默許和鼓勵。中山大學的王季思教授曾對我和其他搞戲曲史論的同事說：「（一九）五八年大學裡掀起學生寫教材的熱潮。人們常說荒唐夢，這樣的事比夢還要荒唐。北大王力先生極為不滿，私下裡講：『現在教育界的情況是，教授不如大學生，大學生不如中學生，中學生不如小學生，小學生不如幼稚園。』想想吧！這是多麼可怕的愚昧。」

在官方的「古為今用、洋為中用」和「厚今薄古」的方針指引下，史學已將其本質抽剝到一種「武器」的特性解釋。各種各樣的觀點及做法，接踵而至。有人主張要以階級鬥爭為紅線貫穿中國歷史；有人提出要打破封建王朝體系，以農民起義為綱；有人要求「以論帶史」。乍一看，還以為史學界的學術思想十分活躍，實則，它已成為另一場政治狂飆的前奏。翦伯贊是主張教育為政治服務的，但他絕不能容忍教育如此低級地伺候於政治，服務於某項政策。翦伯贊是主張學術要運用馬克思主義觀點、立場，但他絕不能容忍學術如此卑賤地跪拜於權力。對於那時的教育革命和史學革命的種種做法，他有投入，有參與，有調適，但也有不滿，有抵制，有排拒。其思想衝突非常激烈，內心變化也十分複雜。畢竟政治難以取代常識，環境無法窒息心靈。可以說，到了六十年代，翦伯贊的思想發生了極其明顯的大轉折。他實在有必要針對超出常識範圍的許多荒謬觀點與不良學風，做出正面的回應。於是，在一九六一年五月，他在審閱北大歷史系編寫《中國史綱要》書稿的基礎上，撰寫了〈對於處理若干歷史問題的初步意見〉一文，大膽表達了個人觀點。

毛澤東說「在中國封建社會裡，只有這種農民的階級鬥爭、農民起義和農民戰爭，才是歷史發展的真正動力」。在這個根本性的問題上，翦伯贊主張應該歷史主義地對待農民戰爭。他說：「農民反對封建壓迫、剝削，但沒有、也不可能把封建當作一個制度來反對。農民反對地主，但沒有、也不可能把地主當作一個階級來反對。農民反對皇帝，但沒有、也不可能把皇權當作一個主義來反對。……農民建立的政權，只能是封建性的政權。」[36]並進一步說：「王朝和皇帝是歷史的存在，是不應該塗掉的，用不著塗掉的，也是塗不掉的。」[37]「要歌頌勞動人民，但歷史學家不是詩人，除了歌頌以外，還要指出他們歷史局限性，指出他們生產的保守性和落後性。」[38]翦伯贊對「史學革命」後的無產階級史學研究及教學，可謂痛心疾首。他的評價是：「內容豐富多彩、具體生動的歷史變成了單調、僵死和乾燥無味的教條，變成了一片沙漠……愈空洞愈好，愈抽象愈好，愈枯燥愈好，在有一個時期似乎成了一種風氣。」[39]「總起來說，片面性，抽象性，簡單化，絕對化，現代化，是這幾年歷史教學和研究中突出的缺點。」[40]對這樣的意見和觀點，翦伯贊是知道輕重與利害的。所以，他對「初步意見」文稿字斟句酌，恐有閃失和差錯。每次加印，他又要重新檢查一番，且叮囑於封面加印「內部參考，請勿引用」八個字。一些大報和雜誌要求發表，都被謝絕。同年十二月，北京歷史學會舉行年會，這次年會規模空前，有千人參加。會議由吳晗主持，翦伯贊就以〈對於處理若干歷史問題的初步意見〉為底稿，做了學術演講。講完後，吳晗來看他。說：假如再來一次運動，翦伯贊的觀點準會變成批判的對象。[41]

此後在北京、南京、上海、蘇州等地，翦伯贊不厭其煩地大講「歷史主義」，說「除了階級觀點以外，還要有歷史主義」。他批評有的人為了表示站穩立場，「把中國古代歷史說得一團漆黑……簡直用階級成分作為評論歷史人物的標準。很多歷史人物之所以被否定，不是因為別的什麼原因，就是因為他們出身於地主階級。」[42]翦伯贊後來越來越不隱晦自己的觀點了。他多次參觀和審查歷史博物館的陳列，常常是大發議論，甚至是邊看邊議。他說：「要通過具體歷史實際來提原則理論，不要以理論原則來套歷史實際。」[43]官方博物館給誰陳列畫像，一向屬於重大問題。對此，翦伯贊說：「現在博物館的歷史人物畫，沒有一張是歷史畫。」[44]他還建議：「乾隆皇帝也應加入，沒有他就否定了疆土。即或左宗棠也可考慮一下，沒有他則新疆早已脫離祖國。……所提朱熹，我以為應當進去，當時他的時代是容許他唯心的。」[45]翦伯贊極為稱許的歷史人物是玄奘。他動情地說：「玄奘這麼一個最大的翻譯家，不僅是空前，而且到現在為止，還沒有一個人像他那樣翻譯過那麼多。他是最大的冒險家，最大的思想家，唯識論在印度壓倒一切。這個人胸襟開闊得很，智慧很高，膽子很大，毫無名利思想，到死前二十七天還在翻譯。找個美術家，好好畫一畫。玄奘像，頭應該大。現在的像，既不夠大知識家，也不夠冒險家，這樣又很庸俗無用。玄奘的說明，看不出他是唐代的一個高僧。我以為這是人所共知的事，用不著避諱。說他是一個高僧也不貶低他。宗教不一定是壞事。」[46]

思想狀態已經發生微妙變化的翦伯贊，很想效仿司馬光，編寫一部像《資治通鑑》那樣的史著。著手如此浩大的編纂工程，當時北大歷史系有的是人手，沒有的是環境。毛澤東站在政治巔峰，整日價呼風喚雨，把知識分子批來鬥去。哪裡有一絲清靜與片刻安寧？一九四九年前的翦伯贊能夠腳踏政治、學術兩個圈子。可到了上個世紀六十年代，他已經無法將政治與學術協調在一起了。正是在外部鬥爭與內心矛盾糾纏交織的背景下，父親和他在內蒙的一座新興城市，作了最後的會晤。

一九六一年的夏季，不知出於什麼原因，中央統戰部請了一大批高級知識分子去內蒙的海拉爾市避暑。其成員的政治面目各色各樣，有左派骨幹，有右派頭目，有純粹學者，還有統戰幹部。父親被容許攜家人前往。海拉爾的夏季，氣候宜人，風景大佳。觀嬌綠之草色，聽雲端之鳥鳴，心曠而神怡。別人成群又結隊，父親則獨來又獨往。即使有個別熟人在走廊、花園、餐廳裡相遇，也無非是一張冷漠的面孔，重複著陳腐的套話。父親索性一個人看書，一個人散步，行所當行，止所當止。右派中唯有龍雲常來閒聊。抗戰的往事，是他們永恆的話題。後來登門的是中共幹部閻寶航，張大帥及其諸公子是二人持久的談資。

一日下午，突然有人敲門。母親邊說：「請進！」邊去開門。

見翦伯贊立於門外，全家都傻了。

「翦伯伯！」我跑過去拉著他的衣袖，不放。

「伯鈞，聽說你來了，我特地來看你。」

父親喜出望外，興奮不已，像分離很久的兄弟驟然晤聚。是呀，現在人人都忙活著緊跟形勢、渴望著脫胎換骨，有誰還記得含淚滴血的故人。

翦伯贊告訴父親：前不久，國家建立了一個民族歷史研究工作指導委員會。經李維漢提議，受烏蘭夫邀請，組團訪問內蒙古。他同時獲知中央統戰部組織了一批高級知識分子和民主人士來這裡避暑，便要了個名單。一看，上面有章伯鈞三個字，便決定要來看一看。

父親問：「你還要看誰。」

「誰也不看。」說罷轉向我，問：「小愚，還記得我家的鍋巴嗎？」

我還沒來得及回話，母親的眼圈驀地紅了。

「記得，記得。」我說：「翦伯伯，我怎麼會忘了呢？」

「記得就好。」翦伯贊笑了，又問父親：「這幾年，你的情況怎麼樣？」

「如老僧守廟。」

翦伯贊點點頭，他或許能體味出這僧人般空寂底下所隱藏的失落、恥辱、容忍，以及被極度壓制的自由意志。

「民盟的情況呢？」

「你以為民主黨派還有起色？人在世間，夢在天上。幻想是逐漸滅亡的。而令我最痛心的事，莫過於看它生長，又看它滅亡。」緊接著，父親提高了音調，說：「這個問題，你應該去問李維漢。」

翦伯贊對母親說：「健生，這次和你們一起來的還有許多老朋友呀，大家又見面了。」

父親不等母親開口，即道：「我和健生還有什麼朋友？包括潘光旦、費孝通在內，無不是前車剛覆，戒心猶在。可憐！我能體諒他們。中國從古至今，都是專制的大舞臺。何況老毛從來自操威柄，一路強攻過來。把大家都弄成弱者，剩下的那個強者又有何用？現在又興搞什麼大躍進，放衛星，趕英超美。只有無知者才信這些毛氏奇蹟。知識分子中即使有人不滿，充其量也只能是腹誹耳議罷了。老翦，你是個史學家，該思考和研究這些問題。現在不思考、不研究，將來發生的事，恐怕連思考的時間和研究的餘地都沒有了。反右對民主黨派而言，就是個大教訓。」

翦伯贊聽父親這樣的議論，一句也不反駁。

客廳裡出現了停頓的寂靜。我面對著翦伯贊而坐，發現他竟也老了許多，頭髮更白了，擡頭紋像刀刻一般，眼睛深陷，目光透達而憂鬱。

我想打破這個沉悶的局面，便問：「翦伯伯，你好嗎？」

「我不好！什麼都不好！」他說話聲音很高，嚇了我一跳！而且口氣惡狠，目光怨毒。猶如一鍋沸水渴望著橫溢和宣洩。

我又說：「我當初考大學的時候，報考的第一志願就是你的北大歷史系。」

話剛出口，胸揣怨火的他，大聲喝道：「學什麼歷史！考什麼歷史系！現在歷史系的學生連句子都斷不來。青年教師也不會教書，一無史料，二無理論，三無口才。教育一塌糊塗，史學一塌糊塗，社會更是一塌糊塗。我看，沒有什麼事情是好的。」

父親說：「聽說，北京大學也要搞人民公社，把個大學辦成科學、教學、生產、軍事、勞動的聯合基地。老翦，是這樣嗎？」

「什麼基地？都是放屁！現在搞得學生不像學生，教授不像教授。」都啞默了，誰也找不出話題來。父親激動得圍著沙發踱來步去。

突然，翦伯贊直聲對我說：「小愚，你出去。現在我有很多問題想不通，要和你父親談談。」顯然，面對高舉三面紅旗的社會喧囂和歷次運動形成的政治盛景，他感受到的是慘厲與不安。引起內心痛苦的，可能遠不止這些。

父親向我擺手，我乖乖地出去了，拿著一本小說，坐在庭院安放的木椅上，等著，想著。大約過了一個多小時，翦伯贊從招待所的大門匆匆走出。

我趕忙跑回房間。母親正在收拾喝剩的茶水，父親則一語不發地瞧著窗外出神。

我問父親：「你和翦伯伯談得好嗎？」

「好。」

我想，一次會晤並不那麼重要。重要的是翦伯贊已經在光彩的照耀和周遭的破敗對比中，找回了自己。偉大而優雅的文化所具有的決定力把他從政治需要的從屬關係中，剝離出屬於學者自己的本質。像晨曦夢回時的一彎曉月，散發著清朗、遼遠和莊嚴。

其實，翦伯贊無須和父親交流，他對問題是想通了的，是有答案的。答案就在心裡。他要找個談話的對手——大右派、老朋友章伯鈞就是他最好的談話對手。

夕陽下，故宮驚落花

有人把翦伯贊一生的史學研究，分為在野期（一九四〇—一九四九）和在朝期（一九四九—一九六六）兩個階段。認為他在野期的史學研究，以史料學的探索最富學術意義。在朝期則是一手改造舊史學，一手建立切合中國現實的馬克思主義的新史學。正如前面所提到的——由於他的史學活動，無論是批封建主義的史學，還是鬥資產階級的史學，其字裡行間都瀰漫著「以論帶史」的氣息，故而受到專業史學家的冷淡。他剛到燕京大學，有的教授曾以輕蔑的口吻，故意大聲問道：「誰是翦伯贊？我們沒聽說過。」到了三年大饑荒時期，也就是與父親海拉爾會晤的前後，翦伯贊文章的鋒芒已更多地指向了「左」派幼稚病。他在一九五九年至一九六三年寫出的三篇文章（即〈目前歷史教學中的幾個問題〉、〈對於處理若干歷史問題的初步意見〉、〈目前史學研究中存在的幾個問題〉）明確提出片面性、抽象性、簡單化、絕對化、現代化是氾濫於歷史教學和史學研究中的嚴重缺陷。而他所倡導的「歷史主義」雖志在與馬克思主義階級觀點相結合去解決中國歷史上的具體問題，但治史當從史實出發，史家當根據史實、按特定歷史條件研究分析歷史的論述，無論其精神實質，還是實踐效果，都是「出類拔萃，遠非郭（沫若）老、范（文瀾）老所能匹敵」。[47]

就在此刻，毛澤東掀起了一場對修正主義的批判熱潮。批判的矛頭有意回避蘇聯老大哥，拿南斯拉夫鐵托和義大利共產黨領導人陶里亞蒂開刀，拋出了〈陶里亞蒂同志和我們的分歧〉等大塊批判文章。周揚隨即在中國科學院哲學社會科學部委員會召開的第四次擴大會議上，代表官方發出了在社會科學領域反修防修的戰鬥號召。很多知識分子以革命者姿態投入批判熱潮，充滿戰鬥性，也充滿表現欲。這時冒出個戚本禹來，這個在中共中央辦公廳工作的幹部，寫出了〈評李秀成自述──並與羅爾綱、梁岵廬、呂集義等先生的商榷〉的文章。他把歷史當作工具以配合政治需要，一口咬定太平天國領袖李秀成是叛徒。這令翦伯贊十分反感。他哪裡曉得毛澤東正需要揪出一個歷史上的叛徒，來扳倒身邊的劉少奇。翦伯贊尤其反感戚本禹輕率的學風，文章通篇都是推論，自作聰明恰自證其淺薄；他更反感戚本禹那盛氣凌人的態度。翦伯贊忍無可忍，在中國科學院哲學社會科學部近代史所召集的座談會上做了長篇系統發言。他這樣講道：「只是根據李秀成在幾天之內匆匆寫出的供詞，就推論他一生革命都是假的，太不公平。毛主席說，不苛求於孫中山的缺點，我們也不應苛求於李秀成。如果李秀成被否定了，中國歷史上的農民起義領袖中就沒有幾個英雄了，整個中國通史都需要改寫了。」[48] 憤怒的翦伯贊還給周揚送上一封信。[附件]

中宣部基本肯定翦伯贊的觀點，覺得「自述」是李秀成個人歷史上的一個汙點，他的功績仍予肯定。就在戚本禹打算寫檢討的時候，毛澤東卻在〈忠王李秀成自述〉原稿影印本上，批道：「白紙黑字，鐵證如山，晚節不保，不足為訓。」消息傳出，包括中宣部在內，無不驚詫。無法言說的困惑和重創，讓翦伯贊全身冰涼，一片茫然。

一九六六年「文革」爆發，導火索是史學家吳晗寫的一齣京戲《海瑞罷官》。吳晗是應馬連良的約請而作。由於從來沒寫過劇本，他很賣力，費時一年，七易其稿。一九六一年一月上演。據說，毛澤東曾將馬連良召入中南海，聽他演唱，還請吃晚飯。席間，毛澤東稱讚這個戲，說：

「海瑞是個好人，劇本也寫得好。」[49]得到這個評價，吳晗是再得意不過。誰能想到，十分紅處便化灰。為搞掉劉少奇，毛澤東用戲發難，態度一百八十度大轉彎。一九六五年二月，江青到上海組織姚文元等人寫批判文章。

一九六五年十一月十日，上海《文匯報》發表的姚文元批判文章〈評新編歷史劇《海瑞罷官》〉，在知識界激起波瀾。雖有附和者，但是毛澤東在反右運動中的「引蛇出洞」對中國文人的刺激太深、也太痛，多數人不敢輕舉妄動。當然，也有幾個書呆子發表了不同看法，如北大歷史系教授齊思和，社科院民族所所長翁獨健，翦伯贊也是一個。他怒氣衝天，在家裡接受上海《文匯報》記者採訪時，厲聲道：「辦報紙，辦雜誌，寫文章，搞批判，這些事我都幹過。要辦好這些事，應當有一個原則，就是出以公心。批判吳晗是為了什麼？是因為他反黨反社會主義嗎？是因為他要為地富反壞右翻案嗎？姚文元的父親姚蓬子是叛徒，是拿 CC 派特務錢的，他有什麼資格批判吳晗。」[50]這話帶有「出身論」色彩。但大家都知道，翦伯贊真是氣壞了，也真是打骨子裡蔑視這個姚文元，非要揭一揭他的老底兒不可。翦伯贊堅持為吳晗辯護。說，「如果這樣整吳晗，所有的進步知識分子都會寒心。」[51]「見一葉落，而知歲之將暮；睹瓶中之冰，而知天下之寒。」翦伯贊偏偏不知深淺與冷熱，此後的混亂、疼痛、驚駭都從這裡開始了……

一九六六年三月二十四日，戚本禹、林傑、閻長貴點名文章〈翦伯贊同志的歷史觀點應當批判〉在《人民日報》和《紅旗》雜誌同時刊出。父親拿著報紙，一看標題就讀不下去。他搖著報紙對母親說：「什麼戚本禹、林傑，還不是毛澤東幹的！」遂又補充道：「老翦的死期到了。」

母親說：「文章不是還稱翦伯贊為同志嗎？」

「往下看嘛，很快就不會叫同志了。」

果然！聶元梓的大字報，吹響了文化大革命的號角。北大歷史系第一個揪出來批鬥的人，就是翦伯贊。罪名是「黑幫分子」加「反動權威」。向達、邵循正、周一良、鄧廣銘、楊人楩等人也都劃為「牛鬼蛇神」，統統打入牛棚。他們被打罵，被侮辱，被抄家。在暴力面前，一切都是赤裸裸，幾乎沒有人敢、也沒有人能施以援手。歷史在很多時候並不偉大，它由人性中最卑劣的弱點構成。一貫無所失去的無產階級先鋒隊，剎那間都變成無所顧忌的打手，扒手，造反派，在造反中無比自私、貪婪、殘忍。

向達是右派，算有「前科」，受罪受罰最多。他早有思想準備，曾對家人交代：如有三長兩短，不要意外和驚恐。果然，於數月後，死在勞動場所。發病時，北大革命師生無人為其呼救。那裡，也無醫院。

死訊傳出，父親聞而惻然，哀歎不已：「是我害了向達。沒有（一九）五七年的事，他不會受這麼多的苦！」

翦伯贊仍在北大。他感受最深的是時間，從前覺得時間短，要做的事太多。現在覺得怎麼有那麼多的時光，要怎麼過才能過完。萋萋之纖草，落落之長松。他像草又似松，在寒風中苦苦掙扎。只要能掙過來，再不幸也值得。社會的涼薄殘酷，人生的孤淒無援，都掩埋於恬靜、堅毅而又蒼老的外表之下。

一次，孫兒翦大畏從南方跑到北京去探望他。進門便喊：「爺爺。」

他坐在椅子上，頭也不轉，只問了一句：「是大畏吧。」便不再說話，像一尊佛，參透了生死貴賤和榮辱。一九六八年十月，在中共舉行的八屆十二中全會上，毛澤東在講話中說，對資產階級學術權威也要給出路，「不給出路的政策不是無產階級的政策」。老人家還以翦伯贊、馮友蘭為例。說，今後還得讓他們當教授，不懂唯心主義哲學就去問馮友蘭，不懂帝王將相歷史，便去找翦伯贊。又言，今後在生活上可以適當照顧。北大軍宣隊向馮、翦二人傳達了「最高指示」，又把翦氏夫婦遷移到燕南園的一幢小樓，獨家居住。他倆住樓上，派了個為他們服務的工人（杜師傅）住樓下。這時，誰都以為翦伯贊被毛澤東解放了。翦伯贊也以為自己獲得了解放。

不料，沒過一週，致命之禍降臨到他的頭上。致命之物不是別的，正是翦伯贊長期從事的統戰工作。可以說，他為統戰獻身，統戰讓其送命。事情曲折複雜，核心是關於劉少奇的定案問題。一九六八年尚未廢黜的國家主席劉少奇，已內定為「叛徒、內奸、工賊」。具體罪行之一是曾與蔣介石以及宋子文、陳立夫勾結。三十年代在蔣、劉之間周旋的人，就是諶小岑、呂振羽和翦伯贊等人。於是，他就成為劉少奇專案組所搜取的有關此事的證據，或許還是唯一的證據。一九六八年十二月十四日劉少奇專案組的副組長，一個叫巫中的軍人帶著幾名副手，氣勢洶洶地直奔燕南園。巫中向翦伯贊指明開始於一九三五年的國共南京談判是劉少奇叛賣共產黨的活動。翦所講述的事實真相，巫中予以否認，並說：「這個罪行黨中央已經查明，判定劉為叛徒、內奸、工賊。不久將在『九大』公布。你只要就這件事寫一份材料。加以證明，再簽上字，就沒你的事了。」[52]翦伯贊再次否認那次談判劉少奇有陰謀活動。

最後，巫中說：只給你三天的機會。三天後我再來。

十二月十八日下午，巫中帶著一群人又來，審了近兩個小時，翦伯贊拒絕做出違反事實的交代。巫中猛地從腰中拔出手槍，往桌上一拍，說：「今天你要不老實交代，老子就槍斃了你！」

翦伯贊閉口不語。

巫中衝到跟前，把手槍頂在翦伯贊的鼻孔底下，大吼：「快說，不說馬上就槍斃你！」

革命一輩子的翦伯贊，從未經受過如此恐怖的革命。但他依舊回答：「我沒什麼可以交代的了。」

為了繼續恐嚇他，巫中拿出筆記本寫了幾個字，交給同來的人（所寫內容是叫他們先回家吃飯，再開車來接自己）。這讓翦伯贊誤以為是叫人來實行拘捕。即使如此，在巫中獨留的時刻，他依然拒絕交代。翦伯贊拿出筆和紙想寫字。他握住鋼筆在紙上畫了幾下，不出水，擠開一擠又沒水，他歎道：「筆都不出水了，我也該完了！」

旁邊有人道：「天天批判你的唯心主義，你還在搞唯心主義！」

翦伯贊不做聲。

旁人又道：「你說了不迷信的，你怎麼又迷信起來了？」

翦伯贊說：「我是不迷信的。不過，到了這個時候，也就信了。」

無人對他的這句話引起警覺。

儘管巫中空手而歸，翦伯贊卻已有輕生之念。啼得血來無用處，他大惑不解的是：毛澤東說要給他出路，事實上的生路又在何方？原來都是假的，虛的，空的。一九五七年反右運動中，翦伯贊發言把舊社會說成是地獄、把新中國誇得像天堂。現在他真不知自己是入了地獄，還是到了天堂。「夕陽下，故宮驚落花。」絕望之心，生出決絕之念。人生像一棵樹，長出葉子來，似乎就為了最後那場秋風。第二天，人們發現翦伯贊夫婦服用過量「速可眠」，離開了人世。他（她）倆平臥於床。二人穿著新衣服，合蓋一條新棉被。在翦伯贊所著中山裝的左右口袋裡，各裝一張字條。一張寫著：「我實在交代不去（出）來，走了這條絕路。我走這條絕路，杜師傅完全不知道。」另一張則寫著：「毛主席萬歲！毛主席萬歲！毛主席萬萬歲！」這晚，天氣極為寒冷。過後分析，服藥時間應在深夜十二時左右。

陡峭造就高貴。一個堅毅頑強的人，就這樣驟然消失。翦伯贊的馬克思主義史學成果多有不足，但他的靈魂潔白如雪。古人云：進不喪己，退不危身。進不失忠，退不失行。——這是一個很高的行為標準和道德規範。大多數人是做不到的。翦伯贊做到了，以生命為證。

賢淑嬌小的翦夫人戴淑婉也跟著走了。幾十年來，作為婦道人家，柔弱的她只存在於小家庭。但在人生結尾處，竟是那麼地耀眼。「柔軟莫過溪澗水，到了不平地上也高聲。」她以死鳴不平。

翦伯贊的自殺和字條，又像個死結打在我的心口，一直想解開，又一直解不開。我請教了許多人，解釋也是各種各樣。應該說，翦伯贊的死是對以暴力做後盾的中國一系列政治運動的無聲抗議，更是對眼下這個以暴力為前導的「文革」的激烈反抗。但他手書「三呼萬歲」又是什麼呢？——

是以此明其心志，為子女後代著想？是對「文革」發動者的靠攏，在以死對抗的同時表示心的和解？抑或是一種「我死你活」、「我長眠、你萬歲」的暗示性詛咒？我總覺得翦伯贊不同於老舍，也不同於鄧拓。他的手書「萬歲」一定有著更為隱蔽和複雜的內容。

一天，我拿這個百思不得其解的問題，去問陳徒手。研究當代文學的他翻查過大量的「文革」資料。他告訴我：這是中國知識分子「文革」中自殺的標準格式。我想：需要多麼酷烈的力量，才能將一個史學家的體魄擠壓到標準格式裡！

翦伯贊在告別人生的最後時刻，不知可否回憶起張東蓀——那個遭他嚴厲批判的哲學家？張東蓀在他的《理性與民政》一書中，曾說（大意）：中國的「士」是最痛苦的階層……前面有良心加以督責，後面有社會惡勢力為之逼迫——這句話用來詮釋導致翦伯贊自殺的根本原因，當是很準確的！

「宣傳隊」指揮部得知翦伯贊自殺，深感事情重大，於是儘快調查上報。十二月二十日查清了大致情況，當晚一邊整理一邊列印。二十一日上午八時，指揮部將「翦伯贊自殺身亡」的簡報派摩托車送往北京市革委會。按規矩北大的文件送市革委會，市革委會再送中央文革，中央文革再用大號字鉛印送毛澤東和林彪。就在北大指揮部的摩托車剛剛發動的時候，清華大學革委會主任遲群突然來了，他看了看翦伯贊夫婦的遺體，一聲不響地走了。他走了不到一個小時，突然謝富治打來電話，叫走了進京軍管的這個軍負總責的副軍長，謝富治劈頭蓋腦一頓臭罵：「毛主席知道了，批評了，你們把事情搞糟了，是些廢物！」

原來，毛澤東聽到翦伯贊自殺的消息，極為震怒。給翦伯贊「出路」不是只針對翦伯贊一個人，而是要通過這個典型，給被打得七零八落的中國知識分子以「出路」——這是毛主席的英明戰略部署。

翦伯贊的屍骸，抛撇於何處？據說，北大當時的負責人是決定要保存骨灰的，可派出的執行人在火葬場填寫的「骨灰處理」一欄中卻寫著「不要骨灰」。孰真？孰假？至今無人說明。一九七九年二月二十二日，官方為其舉行了隆重的追悼會，骨灰盒裡放著三件物品：翦伯贊常年使用的老花鏡，馮玉祥將軍贈送的自來水筆，他與老伴的合影。

翦伯贊的學生不少。其中一人是學得不錯的，師生關係也比較密切。「文革」爆發的一刻，此人貼出大字報，標題是〈反共老手翦伯贊〉。旁邊配有漫畫，畫的是翦伯贊抱著一部《金瓶梅》，嘴裡流著口水（注—那時，北大一級教授可購買一部《金瓶梅》，翦為一級教授）。官方正式給翦伯贊平反後，此人撰寫長文，題目是〈我的恩師翦伯贊〉。

逼死兩條人命的巫中，受「留黨察看兩年」的處分。他大概還活著。

「甚西風吹夢無蹤！人去難逢，須不是神挑鬼弄。在眉峰，心坎裡別是一般疼痛。」這是《牡丹亭·鬧殤》裡的杜麗娘於夭亡前悲情苦境、觸目酸心的詠唱。《牡丹亭》是我最喜歡的一部古典劇作，尤喜以苦境寫苦情的「鬧殤」一折。湯顯祖筆下的這個美麗少女甘願付出生命作代價去到陰間，以換取不受強制性社會束縛的行為自由。杜麗娘的形象至今作用於我對生活的感受，這其中就包括對像儲安平、傅雷、翦伯贊這樣一些——以生命換取自由的父輩的理解。

前不久，年逾花甲的我，突然發現臉上的那塊記又明顯起來。看到它，自會想起兒時情景。想起翦伯伯扳起我的腦袋「辨認」一番後，嚴肅地說：「記還在，這丫頭是小愚！」

二〇〇三年九至十一月寫於北京守愚齋

二〇〇四年一月改於香港中文大學田家炳樓

二〇〇九年二月再修訂

【注釋】

[1] 半山新村的全名為嘉陵新村半山新村。今屬嘉陵新路，為一化工廠占用，原房已拆除。

[2][8] 鄧廣銘〈在文革中被迫害致死的翦伯贊〉，臺灣《傳記文學》第五十六卷，第三期。

[3] 翦伯贊〈常德、桃源淪陷記〉，重慶《中華論壇》一卷九期，一九四五年九月十五日。

[4] 薩孟武《中年時代》第二十九頁，臺灣三民書局，一九八六年第五版。

[5] 聘書：

中國民主同盟政治協商會議代表團聘函

敬啟者，此次政治協商會議，關係國家民族前途至為重大。本代表團同人忝列末席，自揣學識譾陋，誠恐難荷重任，有負社會期望，因在開會期間，聘請顧問，以便集思廣益，就教專家。素仰先生學界泰斗，熱心國事，擬請擔任本代表團顧問。敬希俞允，無任感盼！此

翦伯贊先生

中國民主政治協商會議代表團辦事處 元月十日

[6][7] 張傳璽《翦伯贊傳》二七九頁，北京大學出版社，一九九八年。

[9][10] 北京高校黨委辦公室編「北大教師動態反映」，高等學校動態簡報，四十期，一九五四年十二月。

[11] 「翦伯贊和章士釗視察湖南後對文教、農村工作意見很多」，《內部參考》第一九一一期，一九五六年。

[12][13] 「科學家座談科學工作者中的矛盾」，《北京日報》，一九五七年五月三日。

[14][15][16] 「暢談黨與非黨人士之間的關係」，《北京日報》，一九五七年五月五日。

[17] 翦伯贊〈擁護大鳴大放，反對亂鳴亂放〉，《北京日報》，一九五七年六月九日。

[18][19][20] 「站穩立場堅決向反動言論鬥爭」，《北京日報》，一九五七年六月十七日。

[21][22] 「反擊右派向科學領域的進攻」，《科學通報》第十五期，一九五七年。

[23] 「在反右鬥爭中受到深刻教育 知識分子必須很好地改造思想」，《北京日報》，一九五七年七月三十一日。

[24][30] 翦伯贊「右派在歷史學方面的反社會主義活動」，《光明日報》，一九五七年九月十九日。

[25][47] 許冠三《新史學九十年》第十四章，嶽麓書版社出版。

[26][27][28] 「揭發雷海宗反動言行」，《人民日報》，一九五七年八月二十二日。

[29] 「歷史系確定了兩件大事」，《人民南開》，一九五七年十二月二十三日。

[31] 「中國科學院社會科學部舉行座談會批判向達等史學界右派分子」，《北京日報》，一九五七年十月十八日。

[32] [33] [34] 《內部參考》第二一九一期，一九五七年。

[35] 齊世榮〈憶一代名師雷海宗〉，《縱橫》雜誌第一期，二〇〇三年。

[36] [37] [38] [39] [40] 翦伯贊〈對於處理若干歷史問題的初步意見〉，人民出版社鉛印，一九六一年六月。

[41] [42] 翦伯贊「目前歷史研究中存在的幾個問題——一九六二年五月四日在南京歷史學會舉辦的學術報告會上的講話」，《江海學刊》，一九六二年六月。

[43] 翦伯贊「審查陳列」一九五九年三月，中國歷史博物館「緊跟毛主席戰鬥隊」編《反動史學言論彙編》，一九六七年八月。

[44] 翦伯贊「審查陳列」一九五九年九月二十二日，中國歷史博物館「緊跟毛主席戰鬥隊」編《反動史學言論彙編》，一九六七年八月。

[45] 翦伯贊「對陳列大綱意見」一九五九年，中國歷史博物館「緊跟毛主席戰鬥隊」編《反動史學言論彙編》，一九六七年八月。

[46] 翦伯贊「對玄奘說明的意見」一九六一年六月十三日，中國歷史博物館「緊跟毛主席戰鬥隊」編《反動史學言論彙編》，一九六七年八月。

[48] 徐慶全〈翦伯贊的一封未刊信〉，《歷史學家茶座》第一輯，二〇〇五年。

[49] 楊勝群、田松年〈批評歷史劇《海瑞罷官》的前因後果〉，湯應武主編《中國共產黨重大史實考證》第四卷中國檔案出版社，二〇〇一年。

[50] [51] 張傳璽《翦伯贊傳》四〇八、四七八頁，北京大學出版社，一九九八年。

[52] 「《關於叛徒、內奸、工賊劉少奇罪行的審查報告》是中共八屆擴大的十二中全會批准的，劉案已經結束，時在一九六八年十月。巫中至十一月下旬和十二月，又為劉案對翦逼供，值得懷疑。」——摘自張傳璽著《翦伯贊傳》第五〇五頁，北京大學出版社，一九九八年。

【附件】

周揚同志：

今夏氣喘病發了，病了兩個多月，最近才從醫院出來，聽說您也病了，不知好一些沒有？

教科書編審委員會的同志，說您預備召集文史哲等方面的編審委員開一個會，談談在編審中碰到的一些問題，主要的是您向我們談談反對修正主義問題，開這樣一個會是非常及時的和必要的。

關於如何反對修正主義問題，在文學和哲學方面也許比較明確，在史學方面很不明確，在討論了戚本禹同志〈評李自成自述〉的文章以後稍微明白一些。但是最近《光明日報》史學雙週刊接到一篇論「議會迷」的文章，用宋教仁來影射現代修正主義的議會路線。宋教仁是主張議會路線的，但他的議會路線和陶里亞蒂的議會路線是不能相提並論的。第一，宋教仁是代表資產階級，而陶里亞蒂是打著無產階級的旗幟，第二，宋教仁的時代中國還沒有共產黨，而陶里亞蒂的時代，則不僅有了共產黨，而且有了社會主義，有了社會主義國家陣營，還有聲勢浩大的亞非拉美各國人民反對新老殖民地的火熱的革命鬥爭。

戚本禹同志從中國史上抓出了一個變節分子，另外一位同志又從中國史上抓出了一個議會路線者，像這類的文章還會出現，據田余慶同志說，已經有人把春秋時的向戎弭兵說成是和平主義，並且加以反對。這樣下去，可能墨子非攻也要受到批判。不能說這些同志的動機不好，他們都想把歷史用作戰鬥的工具，但是這樣的歷史類比是不倫不類的。例如向戎弭兵是反對封建混戰，怎麼能和現代修正主義者反對無產階級革命戰爭、反對被壓迫民族的解放戰爭相提並論？

歷史科學必須為政治服務，必須參加反對修正主義的鬥爭，怎樣進行這個鬥爭，是一個急待明確的一個問題。我個人有這樣一種想法，在歷史科學中反對修正主義，是反對用修正主義的荒謬觀點來歪曲歷史，不是要從中國歷史上找出一些人物把他們當作修正主義者或把他們和修正主義比附，當然歷史上的變節分子、投降主義者等等也是應該批評的，但不能把他們當作修正主義批判。用歷史人物作炮彈來射擊現代修正主義者，化的本錢太大，而且也沒有必要，更重要的是必然會歪曲歷史。甚至是供給敵人以彈藥，他們會說，中國歷史上什麼樣的人都有。這是我的一些不成熟的意見，寫出來供您參考。敬禮。

翦伯贊

九月廿四日

滿腔心事向誰論

——父母和千家駒

父親（章伯鈞）喜歡請客，喜歡在家裡請客，還喜歡自掏腰包。這個癖好是出了名的，請吃的人也愛吃我家的飯。一來父親熱情，二來廚子高明。

為啥愛請客？除了父親慷慨大方的個性，恐怕更多的是與他在黨派長期擔任組織部長、祕書長職務有關。為發展成員、為鞏固組織、為疏通關係、為瞭解情況，章伯鈞必須和各個方面建立關係，有了關係還必須搞好關係、保持關係。他必須結識人，越多越好，政黨靠的就是人馬。以個人方式能產生這樣關係的方法，不外乎開會、聚會、拜會。最好的開會、聚會就是附帶吃飯，特別是家有好廚的時候。所以，父親經常找幾個人來家吃飯，目的是和他們談盟務（即中國民主同盟的事務）、黨務（即中國農工民主黨的事務）、部務（即中央交通部的事務）、社務（即《光明日報》社的事務）。或者說，這也是他的一種工作方式，父親一向奉行中庸之道，總說：「人處好了，事才能辦好。」

一九五六年至一九五七年春，是二十世紀中國知識分子的黃金時段，民主黨派尋求發展，個人尋求組織歸宿。那陣子父親大忙，我家的廚子也大忙。請客之前，洪祕書一定手持兩份單子，請父母過目。一張單子寫的是人名，另一張單子報的是菜名。父親掂量人名，母親琢磨菜名，最後由父親敲定。

一天，全家在大客廳休息，捏著名單和菜單的洪祕書進來，分別將它們遞給了父母。父親拿過名單走到燈底下細看，我也跟了過去。洪祕書一手趙體正楷，姓名排列得整整齊齊。

父親一邊看，我一邊讀：「史良、周新民、范長江、沙千里、錢端升、楚圖南、薩空了、吳晗、胡愈之、閔剛侯、鄧初民、劉清揚……」都是民盟中央的「大腕」，但讀到最後一個名字，停住了，擡頭問：「咦，怎麼還有一隻千家狗？」

父親瞪著眼說：「你把最後一個名字再讀一遍！」

「千家狗。」我小聲重複著。心想：這最後一個字，大概是讀錯了。

父母相視大笑，站立一側的洪祕書也抿著嘴樂。

父親拍著我的腦袋，說：「傻丫頭，你不想想，誰家父母會把自己的孩子叫千家狗呢？那個字讀『ju』，少壯的馬或小馬就叫駒。人家叫千家駒。」很羞愧，把個好的名字，讀得那麼壞。

「這個千家駒，我以前怎麼沒在家裡見過？」我問。

父親說：「你就會見到他了。」

幾天後，父親邀請的客人來了，我也認識了千家駒。他比父親年輕多了，似乎要小上一輪的樣子。所以，父親讓我叫他「千叔叔」。他坐在吳晗和薩空了之間，我叫完「吳伯伯，薩伯伯」，再叫「千叔叔」。滿屋客人大笑。

薩空了一拍千家駒的肩膀，說：「千老弟，在這個圈子裡，你只能當叔啦！」

千家駒白皙的臉上，泛起一層紅暈。他個子不高，鼻梁架著副眼鏡。聽別人講話時神情專注，自己說話言簡意賅。來客不是副主席（如史良、羅隆基），就是常委（如吳晗、許廣平、錢端升、楚圖南）。他例外，僅為中央委員。但父親欣賞他，千家駒心裡也感受到父親對自己的欣賞。在民盟，千家駒與史良、吳晗的關係也是不錯的。與史良的往來源於同為救國會成員；與吳晗的熟識則因為是同班同鄉且同庚。通過吳晗介紹，年輕的千家駒相識並受知於胡適。胡適不僅介紹他去北大經濟系任教，還欣然當了他的婚姻見證人。

父親和羅隆基的矛盾在民盟中央是公開的，且常因人事關係的牽涉而加劇。父親提議某人擔任個什麼職務，羅隆基總要反對。羅隆基建議誰做件什麼事情，父親大多不贊成。會上，唇槍舌劍；會下，各有小圈子。他們既為領導權而爭，也為具體事情而吵。我所知道的這方面例子就有好幾件。其中一件，就是對千家駒的任用。父親認為他工作能力強，能幹能說也能寫。千家駒二十世紀三十年代在北京大學學的是經濟，中華人民共和國成立後即出任中央財政經濟委員會委員兼中央私營企業管理局副局長等職務，算得上是能文能武，民盟需要的正是這樣的人才。那麼，羅隆基的態度呢？千家駒不是留美留英的教授和學者，也不畢業於清華。對不屬於這個圈子的人，羅隆基多少有些輕慢。

在「三反」運動和思想改造運動中，著名學者、教授、政論家張東蓀成為鬥爭對象。在燕大和民盟的會上，張東蓀反覆檢查。毛澤東說：「這樣的人（指張東蓀），我們不能坐在一起開會了。」民盟主席張瀾說：「東蓀先生問題，還是從緩處理。」張瀾代表民盟求情，也沒管用。張東蓀被中共宣布犯有叛國罪，全盟譁然。這讓與之過從甚密的羅隆基驚駭不已。一九五一年，由負責民盟組織工作的父親提議，經統戰部審查批准，千家駒負責整理張東蓀的材料，並起草民盟開除張東蓀盟籍的報告。千的積極，令羅隆基心寒。而羅隆基所持的西方政治觀點以及洋派作風，也令千家駒反感。總之，反右以前羅隆基和千家駒雖無明顯衝突，卻已存嫌隙。

一九五三年，民盟中央高層協商全國人大代表名單，千家駒沒有被提名。得知這個情況，心裡是不滿的。接著，在民盟第二次代表大會上又未被選為中常委，內心的不滿，明顯流露出來。身為民盟中央副祕書長的他，便不大理睬民盟的工作了，把精力更多地投到工商界。

一九五六年官方派千家駒到蘇聯去講學。歸來後身價看漲，再到民盟中央，情況就有了變化。四月，毛澤東正式提出要在藝術上「百花齊放」，在學術上「百家爭鳴」。六月，中共決定讓「大公」、「光明」、「文匯」三報重返民間，將「光明」「文匯」做為民主黨派報紙交民盟去辦。除了辦報，父親認為一個黨派還應該辦個刊物，而且這個刊物必須是政治性的，專門用來議論政治，研究政治，批評政治。這個提議立即獲得羅隆基的贊同。章伯鈞和羅隆基政見雖有分歧，但對民盟性質的認識則是一致的：認為政黨搞的就是政治，就是代表某個集團或階層，宣傳政治理想，發表政治主張，批評現行政治，以革除社會弊端，推進社會發展。那些埋頭實事或參與行政，都不屬於政黨所為。

在民盟中央，如果章羅對某件事情的意見一致，這件事就要好辦得多。為儘快地把刊物搞起來，經大家研究決定：將原屬於民盟北京市委編印的「北京盟訊」，與民盟中央「盟訊」合併變為《爭鳴》月刊，將其性質由學術性爭鳴刊物，改為政治性刊物，實施「以言論政」的辦刊方針。在此過程中，父親有兩件比較棘手的事，一是說服吳晗（時任北京市民盟主委），交出「北京盟訊」；二是讓自己看中的千家駒，順利地當上新《爭鳴》的主編。父親採取的策略是：先徵得沈鈞儒、史良、胡愈之等人的同意和支持，再與吳晗、羅隆基分別商量。吳晗交出「北京盟訊」是不大情願的，他認為父親在民盟中央的胃口太大。羅隆基對千家駒出任總編，也不很滿意（千家駒事後也知道羅隆基的不滿），但選遍三十三個民盟中央常委，他看得上的人都是太忙，顧不過來，也便認可了千家駒。

從這裡開始，千家駒以積極姿態投入盟務工作。八月，父親提議請他代表民盟中央參加「處理城市反革命分子」座談會。會上，千家駒說：「肅反應該發動群眾，這是對的。但過去在這個工作上可能有些毛病，形成逼供，用群眾壓力來逼供。有的群眾也不滿意這樣做法，但不敢公開表示。有的為了表示積極，也只得給人家戴大帽子，其實並非由衷之言。有的知道這樣做不對，比較沈默的，結果組織上要他檢查思想，認為他有顧慮。肅反中這種不實事求是的逼供辦法，造成不好的影響。」[1]父親看了發言全文，很滿意。

一次，民盟中央討論統戰部部長李維漢的講話。千家駒向民盟負責組織學習座談的人建議：「民盟中央學習性質的座談會，應該取消記錄，這樣才好敞開發言。」[2]

會畢歸來，父親得意地說：「我沒有看錯人吧？」

一九五七年一月，在民盟的中常委人選增補會議上，父親提議儲安平接替胡愈之任《光明日報》總編輯；提議千家駒擔任民盟中央《爭鳴》刊物的總編輯。在《爭鳴》出版的當月，羅隆基在以校友身分出席的清華大學民盟支部召開的座談會上，為《爭鳴》鼓勁，說它「是當前唯一能夠體現『百花齊放、百家爭鳴』的刊物。有了它，我們就有了爭鳴的機會，就有了講壇。民盟中央應該集中力量把這個刊物辦好」。[3]

四月四日《爭鳴》邀請出席民盟全國工作會議的人士座談。會上，千家駒對《爭鳴》月刊的性質和目的作了說明。他說：「這幾年來，有些高級知識分子有話不肯說，寫成文章不能往外拿，即令拿出來也是沒有地方發表。《爭鳴》月刊，顧名思義，就是要鼓勵大家爭鳴，《爭鳴》是一種綜合性月刊，為『百花齊放、百家爭鳴』服務，內容包括哲學、史學、經濟、政治、教育、文藝、自然科學各個方面，只要言之有物，持之成理，就可以來爭鳴一番。我們不要求每篇文章的觀點立場都正確。我們的目的只在於提倡一種風氣，使學術思想更加活躍起來。舉個例子來說，我們第四期上發表了胡敦元〈戰後美國經濟危機問題〉一文，這篇文章的觀點是否正確完全可以討論。但是他列舉了許多材料，提出自己對美國經濟危機問題的看法。他在這篇文章中基本上反對一九四六年和九四八年美國生產減退為經濟危機的說法，並且認為美國經濟可能還有一段相當長的『好時光』。像這樣一篇稿子，在一般刊物上就不見得有發表機會。又如三月號上我們發表了顧執中同志反對漢字橫排的一篇文章。這篇文章據作者說，寫好已一年多，『待字閨中』，四面八方都予拒絕，這次《爭鳴》月刊把它發表了。我們所以發表這篇文章並不表示我們贊同他的觀點，而是解除大家的思想顧慮，提倡自由討論的風氣……」[4]

沒多久，好消息傳來！誰都沒料到第四期的《爭鳴》發行總量，居然超過了民盟全體盟員的總人數。羅隆基也欣賞改刊後的《爭鳴》。看了第四期後特別作了指示。說：「《爭鳴》是為盟員服務的。它是盟員及盟所聯繫的群眾自由爭論、言他人之不敢言的陣地。」[5]後來，羅隆基邀請千家駒到他擔任部長的森林工業部做報告，並關照祕書要求部裡派小汽車接千先生。結果，千家駒堅持坐自己的專車去，而森林工業部的車子只好在前頭「領航」。這件小事，給民盟機關的幹部留下很深的印象，都覺得這時的他太神氣了。到了反右，機關幹部便以〈太浪費了！〉為題，給千家駒貼了大字報。

緊接著，千家駒在有章、羅參加的小型會議上，提出《爭鳴》的人手不夠、房子也少，希望大家支持。父親馬上答應，說：「調來《爭鳴》的人要給編委審稿費，數額多少完全由你們決定，只要你擬出一個辦法，我們批一下就行。」[6]羅隆基也同意，說：「你是有權有職的。我們只討論政策方針問題。」[7]會後，民盟中央其他機構的人議論紛紛，認為千家駒一來，就如此信任和支持，多少有些過分。

說者「拳拳」聽者眷眷

一九五七年四月三十日，毛澤東在最高國務會議上講話，指出當前的形勢對知識分子來說，夠不上真正的春天，還有些寒氣，並鼓動黨外人士對共產黨領導科學機構、高等學校提出意見。說者「拳拳」，聽者眷眷。講話屬於「內部」的，性質保密。但幾日內，大家都知道了。知識分子心花怒放，民主黨派大喜若狂。像章伯鈞、羅隆基這樣一些早就惦記著大幹一場的人，忙不迭傳達，擴散，開會，請客，議論……樂瘋了。

五月五日父親在民盟中央傳達毛澤東在最高國務會議上的講話時，說：「黨委制可以取消，不要由共產黨包辦。」興奮的千家駒立即跟進，親自起草組織「黨委制筆談」的約稿通知。通知上說：「關於高等學校應否實行黨委制的問題，如果取消黨委負責制的話，應該用什麼制度來代替？各種制度的利弊如何？目前在全國高教界正在展開討論。我們準備就這一問題徵求各方面的意見，以便進一步研究。」[8]

五月，中共中央統戰部邀請各民主黨派負責人和無黨派民主人士舉行座談會，代表民盟中央參加五月十一日座談會的是民盟中央常務委員黃藥眠和民盟中央副祕書長千家駒。發言的人共有八位，其中千家駒的講話很尖銳，非常惹眼。他談了這樣幾個問題。一個是有職有權問題。千家駒說：「在各機關中工作的民主人士，都存在著程度不等的有職無權的現象，有職有權的也有，但是少數。一般說，如果擔任領導工作的黨員水平高，有民主作風，非黨人士權就多一些；如果黨員作風褊狹，宗派主義情緒嚴重，非黨人士有職無權的現象就突出。高教部和教育部住在一個院子，據說情況就不同。幾年來，黨中央、統戰部一再強調民主人士有職有權有責，雖不能說沒有改進，但為什麼問題仍然存在？這除了沒有貫徹統一戰線政策以外，還有個制度問題。就是沒有好的制度來保證民主人士有職有權，也沒有制度來制約黨員大權獨攬。共產黨是領導黨，黨員要在工作中多負些責任，黨組要保證機關工作任務的完成。這是應該肯定的，沒有人反對。但事實上，現在黨委或黨組代替了行政，黨組的決定有時不經過行政而下達。有些決定，擔任科員、祕書的黨員都知道了，而非黨的行政領導幹部還不知道。黨的系統應該是一條粗線，但行政系統不應當是虛線。黨委或黨組應該通過行政而不是直接布置工作。在機關工作的許多非黨人士，不能掌握全面情況，許多會不能參加，許多文件看不到，因而無從發揮力量。黨內文件、黨內會議，非黨員自不應閱讀、參加，也沒有人提出這種要求。問題是有些行政系統的會議也常限制民主人士參加，行政系統的文件也限制民主人士閱讀。總是『寧嚴毋寬』。其實，有些會議並非黨內會議，但黨員有機會參加，而非黨員就沒有機會。這已經形成一種習慣。這也是制度問題。

「第二是關於提拔幹部的問題。現在存在的情況是，對非黨知識分子進步性估計不足。非黨員工作能力強、水平高，很少能發揮所長，更少能提升（高級民主人士受到照顧者例外）。黨員幹部品質較高，政治可靠，這是肯定的，但過於著重這一條，不看工作能力，也不公平。甚至個別黨員文化水平低，業務能力低。靠政治好，不解決問題，會給工作造成損失。這樣用人不是用人唯能，或用人唯賢。這種情況機關裡較嚴重，科學技術界較好。對政治情況複雜的人，自不應重用，但一般的人雖然政治進步，只因為不是黨員而不受重用。」[9]

第三，千家駒希望中共更多地深入瞭解高級知識分子的思想情況，而不要只專聽黨員的片面彙報。他說：「中國高級知識分子有高度的自尊心，服從真理而不懾於權威。『士可殺不可辱』，這優良傳統，不應打擊。解放後唯唯諾諾靠攏黨。這是不好的。」[10]

第四，千家駒認為「應向在『三反』、『思想改造』、『肅反』運動中鬥爭錯了的人，解釋清楚，這不是算老帳。中國高級知識分子是有自尊心的，傷了他的自尊心，積極性在長期內不能恢復」。[11]

第二天，《人民日報》以整版篇幅報導了各民主黨派負責人十一日在統戰部繼續座談發表意見的情況，而通欄標題「批評共產黨以黨代政 要求民主人士有職有權」顯然是來自千家駒的發言內容。

五月十三日，父親和羅隆基二人以民盟中央的名義，邀集了教育界、科技界的專家、學者、教授舉行會議。會議室內，個個高瞻遠矚，人人盱衡天下。針對現實政治的急迫需要，章羅提議在民盟中央成立「高等院校黨委負責制」、「科學體制」、「有職有權」、「長期共存、互相監督」「百家爭鳴、百花齊放」四個工作組，以回應和配合毛澤東的倡議。千家駒雙手贊成，並積極支持。他說：「要抓中心，不必全面鋪開，一陣風的做法不好，可以集中搞幾個問題，即黨委制、科學體制，有職有權。最好組織研究小組，深入學校，徵求代表性人物的意見，再邀請有關同志組織座談，不僅只是提提意見，要提一個方案，對黨更有幫助。」[12]他的關於搞方案的建議，大受章、羅二人的欣賞，後來也就是這樣做的。在四個組寫作班子裡，「科學體制組」實力最強，最積極，也最爭氣。由曾昭掄（化學家）、錢偉長（力學家），華羅庚（數學家）、千家駒（經濟學家）、童弟周（生物學家）五人組成。其中，千家駒是執筆者。很快，五人起草了一份《對於我國科學體制問題的幾點意見》。在這份文件裡提出應該保護科學家，培養新生力量，改善科學研究領導，協調科學院、高等院校和其他業務機構之間的關係，協助科學家妥善解決時間、助手、經費、設備等問題，針對升學、升級、選拔研究生和留學生片面強調政治條件的傾向提出批評。它全文發表在《光明日報》，反響極其強烈。發表後父親立馬獲得許多消息，一致稱讚他和羅隆基為中國知識分子和學術界做了件大好事。

千家駒關心統戰部每天召開的座談會內容。五月十六日無黨派人士張奚若有關共產黨「好大喜功，急功近利，鄙視既往，迷信將來」四大缺陷的發言上了《人民日報》。千家駒看後說：「這是最有分量的文章。」[13]與此同時，他發現民主黨派的機關報《光明日報》沒有及時轉載。氣得他撥通了「光明」總編室，對著也是盟員、也是黨員的高天（時任總編室主任）大發雷霆，說：「這樣重要的發言你們為什麼不發？為什麼這樣不重視？」[14]

他從「中右」挪到「左」邊

政治風向大變，「整風」轉為「反右」。大獲好評的《對於我國科學體制問題的幾點意見》，被中共中央宣傳部部長陸定一在全國人民代表大會上宣布為「反黨反社會主義的科學綱領」。時值酷暑盛夏，會場頓生寒光。父親和羅隆基已為禍首，自是罪在不赦。而在「綱領」五人起草小組裡，中央統戰部和中國科學院黨組對曾（昭掄）、錢（偉長）、千（家駒）、華（羅庚）、童（弟周）做了「右派分子（曾、錢）」與「中右分子（千、華、童）」兩類區分。在一份《中共中央轉發中國科學院黨組關於召開科學家反右派鬥爭座談會情況的報告》文件裡面用了一整段的篇幅，通過對千、華、童三人的具體分析，闡明了「右」與「中右」的區別以及如何界定及展示這種區別。

文件寫明：「對於右派分子和中右分子的界限，要劃分清楚，掌握不要鬥亂了。這次千家駒、華羅庚、童弟周三人參加提出反社會主義的科學綱領，主要是被右派分子所利用。因此，對他們的態度和對右派分子要加以區別，不要混淆。主要是推動他們自我檢討，和右派分子劃清界限，轉過來一道反對右派。但是，參加會議的科學家對他們有不少意見，特別是對千家駒和華羅庚的意見很多。千家駒在經濟界以至社會科學家中，一向印象不好，在今年五月科學院學部大會上發表了許多錯誤的言論和這次反社會主義的科學綱領內容相類似；主編《爭鳴》月刊，在這一時期點了不少火，而他一向是披著馬列主義經濟學家的外衣。這次參加提出反社會主義的科學綱領，他是唯一搞社會科學的，和章羅的關係這一時期也很密切；一開頭在會上的態度很不老實，因此，引起到會的好多位科學家對他提出了批評意見。我們後來關照了黨員及左派科學家，把千和曾、錢區別看待，千又作了第二次檢討，才暫時放過去了，報紙上只發表了千自己的檢討，未報導別人的批判。華羅庚在數學界以至自然科學家中，比較普遍的對他平時一貫打擊別人、擡高自己、嚴重的名位思想和作風不滿，而且他平時和羅隆基及曾昭掄關係較密切；會議上也有不少科學家從愛護的立場出發對華羅庚提出了批評意見，絕大部分是有分寸、很中肯的，華也作了兩次檢討，但報上未加報導，和千又略有區別。事後看來新聞報導的控制很重要。例如有一位數學家閔乃大原準備的發言題目是『華羅庚不是被利用，而是利用人』，看到報紙上未登華的檢討和對華的批評意見，後來他就沒有作這樣的發言。童弟周這次情節較輕，作了一次檢討後，因公出國，不在北京，故會議對他意見較少，但還是有人提出了批評，要轉告他本人。總之，上述三人的自我檢討和別人的批評，採取不同情況的處理辦法，對到會的科學家的教育意義很大。」[15]——我讀這份中共中央轉發的這分文件，陣陣心跳！身為知名科學家，任憑你再大的學術成就，原來都在如來佛的手心中。

事情再清楚不過了！定為「中右」的千家駒要想挪窩兒——從「中右」挪到「左」邊，在批判別人的同時還必須批判自己，並需要表現得比一般人更為積極。在中科院的批判右派分子大會上，千家駒作了題為「接受慘痛教訓，深刻檢查自己」的長篇檢討，首先承認在提出這個反社會主義的科學綱領上負有一定的政治責任。他說：「這一反黨反社會主義的科學綱領，在政治上是章羅聯盟向黨進攻的第一炮；在思想上，這是資本主義體系和社會主義誰戰勝誰的問題。我是研究社會科學的，而且一向研究馬克思主義政治經濟學的，竟至於政治麻痹到這樣不可救藥的程度。可以解釋的唯一理由就是我在思想深處有和這個反動綱領相通的反黨、反社會主義的東西，可以和這個反動綱領起共鳴。」接著，把自己提出的「中共人事制度對科學工作『統』得太死」，「中共經濟政策制定應以客觀情況為依據」，「對資本主義社會科學不應一律否定」，「對舊知識分子的作用認識不足」等四個觀點，進行了自我批判。結尾處，千家駒沉痛地說：「我平時是以進步的知識分子自居的，但從這次作為民盟五人小組的一個成員，竟不認識這樣重大的反黨反人民的科學綱領的反動性質，我是否還是一個進步的知識分子，也就大成問題了。這證明知識分子的思想改造是一種脫胎換骨的改造。章、羅已經把我作為他們所要獵取的對象。《爭鳴》月刊同意由我來編，他們又要推薦我作國務院科學規畫委員會的委員，證明他們正在千方百計地爭取我。這一事件給了我生平一次最深刻的階級教育。我要以這個事件為教訓，進一步改造自己的思想，學習馬列主義，徹底拋棄資產階級世界觀，而樹立無產階級世界觀。」[16]

有人對檢討不滿，民盟中央的幹部曾發出疑問：千家駒在科學院是右派，到了民盟怎麼是左派？但上邊既然決定對千家駒「區別對待」，自會放他一馬。懂得利害的他，也很快對自己作出適應性調整，全身心地投入反右運動，尤其是通過民盟中央和民建中央的反右鬥爭，向中共靠攏。也就是說，要爭取成為被中共認可的左派。在民盟中央，他把批判的矛頭對準了羅隆基；在民建中央，他把鬥爭的鋒芒指向了素來就看不慣的章乃器。他與孫曉村、吳大琨、馮和法於六月二十日的聯合發言，犀利的政治語言、專業性經濟理論、千家駒首位署名和親自登臺宣讀的動作，都明白無誤地表明，這篇題為〈為什麼是兩條路線的鬥爭——對章乃器反社會主義的思想批判〉一文，出自他的筆下。

積極的表現，終於有了一點回應。六月十八日，在統戰部的部署下，胡愈之主持召開了民盟中央常務委員會擴大會議，在被擴大的與會成員名單裡，頭名就是千家駒。他在會上建議「自即日起民盟正式開始整風，在整風期間暫行停止發展盟員」。[17]又說：「最近我們民盟成員中暴露出來的反黨反社會主義的言論，證明知識分子的思想改造的確是一件很艱巨的工作。整風對於革新民盟政治面貌是完全必要的。」[18]在這個會議上，民盟中央通過了號召全盟開展反右派鬥爭和盟內整風的決定。

六月二十五日，民盟中央常務委員會舉行第十五次會議，會上通過了「關於盟內整風運動的補充指示」。按「指示」成立了領導全盟反右整風運動領導小組和整風辦公室。胡愈之是整風辦公室主任，在副主任的名單裡，最醒目的名字是千家駒。選中千家駒的原因，除了他的積極表態以外，恐怕還有他的能幹與肯幹。領導反右的胡愈之、吳晗、史良等人都是在發號施令，而大量閱讀材料，迅速整理材料的是千家駒。他還負責編發《民盟中央整風簡報》。別小看這份簡報，廣大民盟成員就靠它獲取盟內反右鬥爭的動向及成果。比如，第一期的「簡報」，就點明章伯鈞、羅隆基、儲安平是資產階級右派。當晚，民盟中央舉行中常會擴大座談會，整風領導小組和整風辦公室集體登臺亮相，他們安排的第一件大事，就是揭發羅隆基反動言論。

六月二十八日晚上，在東總布胡同二十四號沈鈞儒家中，舉行了民盟中央整風領導小組第一次會議。會上決定《爭鳴》自七月號起暫時停刊，進行內部檢查。千家駒表示堅決擁護。

六月三十日下午和晚上，民盟拉開了揭發鬥爭羅隆基專場的序幕。雖搞了三個「批羅」專場，但統戰部、民盟中央的左派卻未收到預想的效果。

八月，重新組合的以胡愈之為核心的民盟左派骨幹力量繼續「批羅」，規模空前擴大。決定在八月三十、三十一日連續兩天揭批羅隆基。會前，史良交代了統戰部的意圖：一定要責令羅隆基自己老實交代。這個艱巨的任務，具體落實到了千家駒的身上。他既是奉命又是積極地準備了批判羅隆基惡劣態度的長篇發言，發言稿最後經統戰部審閱。千家駒是三十一日會議上發言的人。他說：「羅隆基最近作了三次交代，第一次是八月十一日，第二次是八月十九日，第三次即昨天八月三十日。這三次交代是一次比一次後退，一次比一次不老實。這正如他在人大會上作了初步交代後，借著在送給人大常委會的〈我的補充交代〉，就賴得一乾二淨一樣，這是訟棍羅隆基的拿手好戲，一貫作風。史良副主席上次說的對：『羅隆基是一個以狡猾誣賴著稱的傢伙，他今天說過的話，明天就會全部推掉。』我們還發現他在口頭上交代的東西，和他書面上寫的不一致，有些事實，他口頭上承認了，但書面上卻沒有的，因為他知道口說無憑，寫在白紙黑字上便賴不掉了。所以我們從上次起，把他每次交代都用答錄機錄下，叫他無法賴掉，對付他這樣一貫千年狐狸精，就非這樣不可。」[19]千家駒還就羅隆基三次交代中相互矛盾之處，逐一揭發。揭發的內容共分六個部分，洋洋萬言。其重點是放在羅隆基的小集團及社會關係上。千家駒一口氣點了張東蓀、周鯨文、朱高融夫婦、王志奇、胡適、周佛海夫婦等人的姓名。在每人名下，他都鋪陳出與之勾結的罪惡來，而這些事實都以書信為佐證。千家駒每揭一件事，都令羅隆基心頭一陣緊。他怎麼也想不到，這個章伯鈞欣賞的人能如此仇恨自己。最後，憤怒的千家駒正告羅隆基：別把民盟的左派看成可以戲弄的傻瓜，還是「老老實實徹底脫褲子吧！」

九月二十八日下午在沈鈞儒的家中，舉行民盟中央整風領導小組第九次會議，其主要議題是討論民盟全國整風工作會議總結提綱。會上決議：「推千家駒同志綜合大家所提意見，寫成書面小結。」

十二月十二日下午，在東廠胡同舉行民盟中央整風領導小組第十二次會議。這是一次徹底「拿下」羅隆基的策畫會。會議由史良主持，千家駒報告擬定於十二月二十日、二十一日、二十二日舉行駁斥羅隆基、批判章羅聯盟大會的籌備情況。會上，推定有千家駒在內的五個人審閱「批羅」大會的全部發言稿。

十二月十九日，即批羅大會的頭天下午在沈鈞儒家中，舉行民盟中央整風領導小組第十三次會議。會議由史良主持，千家駒報告批判羅隆基大會的籌備情況和議程，討論批判章羅聯盟發言稿內容。會上決議：推薩空了、千家駒二人協助修改發言稿。實際的執筆者是千家駒。

十二月三十日下午在東廠胡同，民盟中央整風領導小組舉行第十四次會議。會議由史良主持，討論民盟中央中央委員中的右派分子的處理問題及處理程式問題，並討論民盟反右工作報告起草事宜。決定成立一個起草小組，組長周新民，頭名組員為千家駒。

一九五八年一月十六日晚七時在沈鈞儒家中，舉行民盟整風領導小組第十七次會議，由史良主持。會議有六項內容。其中的第一項，就是由千家駒報告民盟中常會擴大會議的籌備情況。

千家駒就此從「中右」派挪到了左派。

「他是現實的，很現實的。」

文人的內心情感是複雜的，行為表現也是多面的。無論怎樣地上下沉浮，細想起來或感受各異，但都是一樣悲哀。到了劃右階段，已是左派的千家駒不禁搖擺起來。「古往今來皆涕淚，斷腸分手各風煙。」在馬哲民來京參加民盟中央處理右派分子的會議時，他「拜託管總務的人要在生活上多加照顧，交代還很具體」。[20]馬哲民是湖北頭號右派、章羅聯盟核心成員，在民盟總部逗留的那些日子裡，誰都羞與之為伍，千家駒偏偏跑去看望。在一次中常委會上，胡愈之和閔剛侯提出：像章伯鈞、羅隆基這樣已劃為右派的中委，以後就不必再給他們印發文件了。千家駒當即反對，與胡、閔二人爭辯，說：「他們中委的身分仍然存在，就應該發送。」[21]態度之激烈，令與會者吃驚。

在反右初期，在民盟中央鬥爭章伯鈞的會上，毛澤東點名「六教授」之一的經濟學家陶大鏞痛哭流涕。千家駒私下裡勸慰：情緒不要太激動，勸他應該寫一篇「我在客觀上受了右派分子利用」的文章。同樣，他還給「六教授」之一的黃藥眠出過「政治退卻」的主意。過後，千家駒仍不放心，連打兩個電話。一個給吳晗，問：「民盟北京市委是不是可以讓陶大鏞過關了？」[22]一個給薩空了，對吳晗領導的民盟北京市委抓住陶大鏞不放的做法表示很大的不滿。他對受批判的吳景超也同情，找到時任中國人民大學副校長的聶真，說：「吳景超最用功，學問好。思想雖落後，但還是一個讀書人，希望你們能給予寬大。」[23]葉篤義在民盟中央做第一次檢查，大家一致認為這是假檢查。千家駒在表態性發言裡卻說：「葉篤義的檢討還不錯。」[24]引得全場不滿。

後來，千家駒實在忍不住了，終於寫信給中央統戰部部長李維漢。說：「反右鬥爭是必要的，但要防止打擊面過寬。」[25]信如石投海。千家駒也不想想，運動剛開始，什麼叫打擊面？老人家要的就是打擊，而且是徹底打擊，全面打擊！

反右於一九五八年一月基本結束。隨即，民主黨派轉入以改造政治立場為主的整風運動。這個運動到九月收場，其間經歷大鳴大放大字報，集體向黨交心，梳辮子自我檢查及大辯論四個階段。每個人都必須以書面形式向黨交心，交心成果則按「條」計算。左派裡，交心最少的是吳晗，八條。交心最多的是鄧初民，二百零六條。右派裡，交心最少的是曾昭掄五十一條。交心最多的是費孝通，二百八十二條。在民盟中央，每個人幾乎都被貼了大字報，大字報以「張」為單位統計。吳作人被貼大字報的數目最少，三張。被貼最多的是胡愈之，二百一十八張。內容龐雜，大到路線，小到稱呼。有人認為民盟中央需要認真檢查政治路線；有人強烈要求儘快把章伯鈞、羅隆基開除盟籍；有人質問許廣平為何不來民盟開會；楚圖南、胡愈之的大字報是請求大家不要叫他們「楚老」、「胡愈老」，真是五花八門，應有盡有。

我從民盟中央機關整風辦公室彙集的有關千家駒一百五十四張大字報材料裡，特意摘抄了十三條——

千家駒你在一九五七年五月七日的中常會擴大座談會上對統戰工作提意見，說：「幾年來有些民主黨派成員，確未很好發揮作用，好像是有能力，有辦法的只有黨員。」又說：「留學生的選拔，若他有親戚是地主或反革命，就不被錄取。就是周總理，他的親戚也有反革命！只講政治條件、業務不熟的人也選出去，是浪費了外匯。」你說這些話又是站在什麼立場？再請檢查一下。

——黃××　三月四日（大字報第六十四號）

你在一九五七年五月六日的中常會擴大座談會上，你說：「商業部門出了很多毛病，都是外行（黨員）在搞。」你是站什麼立場講這些話的？

——周××　三月六日（大字報第二六九號）

你為右派分子說情不止一次了，甚至處理右派分子的時候，對吳景超再三關懷要留下中委，這難道只是溫情主義嗎？難道不知道吳景超的歷史，沒有參加過革命嗎？

——李××　三月七日（大字報第三九〇號）

為了適應國家生產建設上的需要，國家在有領導、有計畫的原則下，開放一部分商品的「自由市場」是完全正確的。但經濟學家千家駒說：「這是用資本主義經濟來推動社會主義經濟。」真是妙論。請檢查這是什麼經濟法則？是站在什麼立場上創造出來的學說？

——薛××　三月十日（大字報第六七八號）

去年（一九五七年）十二月盟中央召開「駁斥羅隆基　批判章羅聯盟」大會，會前由你打電話通知羅隆基。你接通電話後，第一句話就問：「是羅副主席嗎？」這個稱呼是說明你組織觀念強呢？還是敵友不分？請檢查，恐怕不能解釋為脫口而出吧！

——詹××　三月十日（大字報第六五七號）

反右開始後，您不聽勸告。仍認為《爭鳴》月刊五七年七月號的內容無問題，堅持印出發行。請您切實檢查這一期有無問題。後來領導決定這一期不能發行，才未發出。但已造成五萬冊的物力、財力、人力的浪費。您對這一損失又作何感想？

——周××　三月十三日（大字報第一二二六號）

您對南斯拉夫的政治制度和經濟制度，為什麼有濃厚興趣？

——呂××　三月十四日（大字報第一二八三號）

千家駒同志，你還在右派分子處理之前，你來我家，談到處理問題。一再給我解釋說章伯鈞的處理應當輕於羅隆基。這是否你對章伯鈞還有姑息之意。

——楊××　三月十八日（大字報第二〇六九號）

你在五月二十五日統戰部召開的工商界座談會上，說：「現在民族資產階級是否一點也不留戀資本主義？我不是工商業者，不能代表他們來答覆。我是小資產階級出身的知識分子，解放前即學習馬列主義，但現在有時看到排隊買東西，產品質量降低或其他種種現實生活中的缺點，也不免想到資本主義，（那裡）想要什麼有什麼。雖然說這樣想是錯誤的，但你究竟在想呀！」希望你在這次整風中徹底檢查。

——汪××三月十九日（大字報第二〇四二號）

反右鬥爭開始以前，你的立場和觀點是很有問題的，如搞反動科學綱領等問題，反右以後你又表現為左派並積極參加反右鬥爭，現在需要由你自己檢查，你是否真正地站在無產階級立場，是否真正地擁護社會主義，什麼因素和條件使你能夠轉變得這樣快？

——楊××三月二十四日（大字報第二七九三號）

你說：「過去統一分配辦法好像是強迫婚姻，絕無離婚自由，統的太死了。今後應改變，搞點自由市場。」難道說國家根據建設需要，統一分配不合適嗎？這是什麼思想？

——郭××三月二十六日（大字報第三〇一〇號）

記得在《爭鳴》上看過你寫的一篇論文，談到地下工廠還有它好的一面，我們認為這個論點是不妥當的，希望能公開檢查，以免混淆視聽。

——江蘇××市委機關三月三十日（大字報第三六二七號）

千家駒同志去年在社會主義學院一次座談會上發了言。在《光明日報》發表消息後，家駒同志看到消息裡寫他的發言用的字數較少，大為不滿。寫信給《光明日報》質問：「我講了幾個小時，你們只寫了幾句，聶真只講了幾分鐘。你們就寫了一大段。是不是因為他是黨員副院長？」請問，這是什麼情緒？聶真的發言發表了，有什麼不好？這消息怎樣寫，你才滿意？

——高×四月四日（大字報第三四三四號）

以上所列零星又膚淺。就是這零星與膚淺，也能讓我們感受到政治風雨中的民主黨派成員的可憐相，感受到當上左派的千家駒那依然被動、且時時準備挨打的處境。

繼貼大字報之後，運動進入自我檢查階段，首先主動提出作自我檢查的共有五人，頭一個是胡愈之，第三名是千家駒。三月十日晚，千家駒在民盟中央做自我檢查。

翌日（十一日），胡愈之貼出大字報，表示對檢查的不滿。他寫道：「千家駒同志……你在章羅聯盟猖狂進攻的一段時期所犯的錯誤，是政治立場問題，性質是嚴重的。並且你的政治立場問題，根子相當深，時間相當久。希望你在這次運動，搞深搞透，大膽勇敢地揭露自己，真正交出心來，才能達到根本改造的目的。請你再勿錯過這一次機會，並且千萬勿存蒙混過關之想。昨天晚上你已在檢查組上初步作了檢查，這是好的，但是還很不夠。應當檢查得越深刻越好，越痛快。我們大家都應當盡力幫助你，但主要仍然要靠自己下決心。我以多年朋友和同志的熱情，希望你徹底改造自己，把立場轉變過來，相信你不會使我們大家失望吧。」[26]看來，胡愈之所代表的左派對千家駒的檢查有個基本認可，但還是不夠滿意。他必須再繼續努力「上進」。

第三天（十二日），他寫了第二份檢查以大字報方式呈交。檢查的標題是〈請同志們繼續給我幫助〉，全文如下：「在反右鬥爭以前和以後，我的錯誤是很多的，有些性質是十分嚴重的。我將就下列方面進行徹底的深入的檢查。⑴關於參加起草反社會主義的科學綱領和關於我在科學院學部委員大會的發言。⑵關於《爭鳴》月刊迷失政治方向，為章羅聯盟服務的問題。⑶關於我在五月間統戰部座談會和工商界座談會的發言（自注—工商界座談會發言基本上是正確的，但也有錯誤部分）。⑷關於反右鬥爭初期的溫情主義，敵我不分的問題。⑸關於我的資產階級個人主義的思想作風問題等等。希望同志們繼續幫助我，使我能在整風運動中很好地改造自己，過社會主義關。」[27]

緊接著，胡愈之檢查，史良檢查，吳晗檢查……一路下來，中國民主同盟無論是左派還是中右轉左，個個都做了檢查。且均為書面檢查，並上繳中央統戰部。這似乎應了毛澤東的那句話：「民盟最壞，男盜女娼。」

在毛澤東眼裡，「民盟最壞」，其他幾個民主黨派也好不到哪兒去。比如，九三學社中央委員會主席許德珩被連續批判了五天，新華社通稿又以「嚴重影響九三學社政治方向和組織路線 許德珩的重大錯誤受到批判」為標題，以整版篇幅對他做了揭發批判，公開指責這位民主黨派領袖人物。中共報紙也嚴厲點名批判民進（即中國民主促進會）的雷潔瓊，迫使她兩次站出來檢查。檢查的同時也撤銷了她整風領導小組成員的資格。說實在的，要在民主黨派裡當個左派也不易。用父親的老友顧頡剛的話來形容就是：「如今知識分子真夠苦的！要有一手畫圓，一手畫方的功夫。」

短短半載，毛澤東把民主黨派整成一攤爛泥，爛泥一攤，心滿意足了。一九五八年一月民盟開中常會擴大會議時，千家駒竟天真地說：「我們民盟經過整風後，就可以變為社會主義政黨。」這樣一句，第二天還被機關幹部貼了大字報，說他「異想天開」。

應該說，左右搖擺是中國知識分子的常態。左是「改造」出來的，右是「原生」的。一九六二年四月召開的全國政協大會上，由千家駒起草並代表另五名經濟學家（陳翰笙、沈志遠、彭迪先、關夢覺、吳半農）做了一次大會發言，主張開放農村集市貿易。他登上講臺的那一刻，面對的不僅是金碧輝煌的大禮堂，還有因毛澤東採取的「大躍進」而產生的大饑荒。發言贏得好評，特別受到坐在主席臺上的宋慶齡的欣賞。然而，這個不過是表達了經濟學起碼常識的講話，給千家駒惹出亂子。在後來召開的全國人代大會上，民盟中央主席楊明軒發言，說有個別民主黨派成員在上次政協大會上竟借莊嚴的講壇，發表「反對社會主義」的言論，要「挖社會主義的經濟牆腳」，要「要復辟搞資本主義」，「嚴重性質不下於反右時六教授的右派言論。」楊明軒是代表民盟做自我檢查，也是中共所授意的。楊的發言雖未點明千家駒，但誰都明白，針對的就是他。後來，在馮友蘭、朱光潛、江澤涵、吳組緗、童弟周、施嘉煬、邢其毅、王瑤、朱德熙等北大、清華教授為成員的民盟學習小組會上，正在高校蹲點的李維漢對千家駒毫不客氣地說：「家駒同志，你應該好好自我檢查一下。」

千家駒答：「對了，我應該作自我檢查，我的世界觀沒有改造好！」

小組學習會後，大家照例在北大聚餐。李維漢謝絕了聚餐的邀請，坐著「吉姆」車走了。聚餐的名教授哪裡曉得，當時的李維漢自己也正因搞右傾統戰路線而受到毛澤東的嚴厲批評。

積極過，也消沉過；歡喜過，也悲哀過。我們的民主人士很像古代傷春女子：「寄簡傳書，三回五次，俏心腸再也不慈。多管是要死，俺也肯便死，待一個明傳示。」經過「三回五次」的政治運動和日常教訓，民主人士才懂得自己再高的職務，無非是「掛個名」，是「一種酬勞」——因為你「參加過反蔣鬥爭，也就是說為人民做過一些好事，所以在革命取得勝利以後，需要加以照顧」。[28]而你要真正負責地工作是不可能的。有了這個起碼的認識，在以後近二十年的時間裡，千家駒——這個研究經濟的人，閉口不談經濟問題，再也不寫經濟問題的文章。

到底千家駒是個怎樣的人？反右運動收場後，羅隆基曾多次責怪父親對千家駒的錯誤重用和提拔。父親想到千家駒那樣無情對待努生，真是無言以對。

在民盟高層，一直流傳父親說過的兩句話。一句是歸納羅隆基的，說他「是一個出色的在野黨議員，又是一個蹩腳的在朝部長」。另一句是評價千家駒，說「他是現實的，很現實的」。

驚心危險無處是安瀾

千家駒出生在清宣統元年，活到近乎世紀的尾端才煥發出一個清正文人自我感知能力，找回了一個近代自由知識分子的人生本色。他的轉折發生在「文革」。

一九六六年八月二十七日，他的家被抄個精光、人被打得血流不止。跟著，民盟中央開來一輛小汽車把他拉到東廠胡同，接受民盟機關造反派揪鬥，揪鬥對象除了他、還有吳晗，陪鬥是父親。三人跪著，雙手向後高舉，口銜標明自己身分的大木牌。民盟的革命幹部一邊批判，一邊向他們吐口水。在這個慘境裡，父親與吳晗、千家駒作了最後的會晤，也作了最後的告別。自一九五七年始，父親必須接受、且已接受各種形式的人格侮辱，儘管父親說：「這是人不能接受的對待。」對這個突然而至的「不能接受的對待」，千家駒也是不能接受的。會畢，瞞過了家人、朋友和同事來到香山，縱身跳下，墜落懸崖。決意以「野死」了斷殘生，其內心之悽愴絕望可想而知。不想，只是傷了筋骨。

自殺未遂，罪加一等。第二天又被揪鬥。批鬥前，勒令千家駒自己清掃、布置會場。批鬥後，勒令他帶著折斷的肋骨，掛著「吳晗黑幫」「反動學術權威」「反革命分子」等五塊牌子，打掃廁所。人被侮辱、被損害到非人程度，連「死」的自由也沒有。千家駒由此而徹悟。他決定留住性命，留住良心。

一九六七年十一月，髮妻楊音梨去世。千家駒說，這是對自己一生的最大打擊。千家駒的母親脾氣乖僻，見兒子、兒媳感情好，便常尋事生非。為了丈夫，楊音梨忍氣吞聲，百般遷就。這個知識婦女幾十年來，活得像個小媳婦。千家駒以為老人百年之後，夫婦可以過上心情愉快的生活。「文革」中楊音梨隨千家駒受盡折磨，丈夫每日歸來，她的第一句話就是：「今天機關沒有事吧？」聽到一句「沒有事」，才放心地去做晚飯。楊音梨每日揀煤渣，街道鄰里也白眼相看。患病的她經常對丈夫說：「真想找個地方讓我大哭一場，我的病就會好了。」殊不知妻子先去了，千家駒一直恨自己，恨自己無力保護病弱的妻子。

一九六九年八月，千家駒以「公開審查對象」的身分，隨商業系統的人員下放到遼寧的盤錦。妻子已逝，孩子被隔離，他與九十五歲的老母相依為命。老人又只會方言土語，不懂普通話，真是風燭殘年，命在旦夕。千家駒向軍代表提出申請，要求暫緩下放，以待母之終年。答覆竟是：統統下去，一個不剩。同時還狠狠批了他一頓。這不禁使千家駒聯想到幼年背誦李密的《陳情表》，傷心欲絕。封建專制王朝都能講孝道、講人性。革命，革命，革了到今天為什麼還不如個有皇帝的時代？

盤錦，這個人稱南大荒的地方，一年四季天天颳風，只有蘆葦，不長莊稼。離京的那個夜晚，火車站的月臺無人為他送行。孤苦零丁，獨自一人在那裡勞動：割麥，餵豬，撿糞，除草，施肥，幫廚，挖水溝，看場院。幾乎沒有一種活兒他沒幹過。嘴上講「勞動光榮」，其實，勞動是懲罰。最累的事情，都由「審查對象」去幹。幹不了？那是活該，根本沒有「照顧」這一條。而你怎樣賣氣力，也得不到表揚，只有無窮無盡的挑剔。千家駒曾因為買了些白糖、炒麵，被批鬥。所買之物連同剃鬚刀、花露水一起辦了展覽。他在這個叫「商業系統五七幹校」的地方，懷著戒慎恐懼整整幹了三年。「風波一刻千回卷，驚心危險無處是安瀾。」晚年的他在回憶錄裡說，自己一到黑龍江就體會到古代罪犯充軍的心情，同時也看清了某些中共幹部的醜惡面目與靈魂深處的東西。逢楊音梨三週年忌日，面對一片荒野，半窗寒月，千家駒深感生命的莊嚴與渺小。除了叩頭認罪、唾面自乾，就是忍受屈辱。生是勞累，死是休息，命運對人生的撥弄和安排，有誰說得清楚？

悠悠三年死別離，
歲暮嚴霜有誰知？
何當共君訴衷曲，
九重泉路會有期。

懷念亡妻的千家駒，寫下了這首絕句。三十年後，客居海外的他憶及與髮妻三十一載的患難艱辛和生離死別，依舊老淚縱橫，泣不成聲。

毛澤東曾指示「廣大幹部下放勞動，……除老弱病殘者外」。他和幹校裡的老知識分子怎麼也弄不懂：為什麼自己明明是老弱病殘，卻偏偏不能屬於這個「除外」？他們私下議論、反覆切磋：「是不是要一個人既老且病，又弱又殘，兼此四者，才能除外？」看來，五七幹校真的成了「無期」幹校。一九七二年年底，千家駒回京休假，自己決定不再回去。幹校的連指導員催他返回，他說：「我已經幹了三年以上，身體不好，不願再回去，你向領導反映，我等候處分。」態度強硬的千家駒算是「自動結業」了。他屬於自我解放，絕大多數朋友不敢與之往來，各民主黨派的學習會也不讓他參加。這樣，千家駒進入了自我進修時期，從四十多卷的《馬克思恩格斯全集》讀到《資治通鑑》，從《魯迅全集》讀到西方政治家的回憶錄，還為《管子》一書做了校正工作。他把自己寫的許多讀書筆記整理成文章，投寄《光明日報》。報社看也不看，退回所有的稿件——這是千家駒自一九三一年從事文字生涯以來的第一次。他感慨萬端，說「想不到解放以後，報館編輯的『勢利眼』與功利主義，竟比解放前還要厲害」。[29]

自此，千家駒重新開始了自我人格的塑造。有人形容一九四九年後的中國社會，像一座鐵器作坊。上邊只要有人發話，即有人做鐵錘，有人做鐵砧。我想千家駒應是在先後做了鐵錘、鐵砧之後而猛醒的。

我要過自己的生活

一九七六年十月，「四人幫」被揪出，舉國歡騰。寄希望於共產黨新的領導，千家駒不揣冒昧投書「英明領袖」。信中提出三點：一，起用鄧小平；二，為天安門事件平反；三，領袖要有朋友，不要只有部下。最好每月能抽出半天工夫和黨內外朋友談心。信從街頭郵筒寄出，便無下落。當千家駒看到華國鋒上臺後的第一件事是把自己的髮型改了，從原來的平頭改為毛澤東式，第二件事是照標準像並在報紙上刊出「你辦事，我放心」的影印件。千家駒從兩件小事判斷：這個「英明領袖」不成氣候，做不出什麼大事來。他說：「我給他的信，他不一定收到，即使收到，也不會有反應……」[30]一切，果然在意料之中。

一九七九年，千家駒又投書剛剛上臺的鄧小平。本著「國家興亡，匹夫有責」之義，提出四點意見。信的開頭，他這樣說：「馬克思主義把科學規律（無論是自然規律還是經濟規律）理解為不以人們意志為轉移的客觀過程的反映。人們能發現這些規律，認識它們，研究它們，但是人們不能改變或廢除這些規律，尤其不能制定或創造新的科學規律。」[31]信之末尾，他說：「我們是社會主義國家，有社會主義制度的優越性，而在建國二十七、八年之後，供應緊張，市場蕭條，票證增多，民生凋敝，這實在是值得我們深思的。」[32]——信也是從郵局發出的。鄧小平也沒有回覆，但他看了，並印發給中共高級幹部。

繼而，千家駒在《人民日報》連續發表兩篇關於國家必須增加教育經費、改革大學教育體制的文章。再接著，他跑遍中國，到各大城市做了不下百次的報告，聽眾多達五、六千。報告的內容，多為經濟問題和教育問題。千家駒的作為，展示出中國正牌知識分子的政治情結和愛國情懷，其意義恐怕不止於此。他的慷慨陳辭，他的公開表達，標誌著經過數十年國家政治的強力「收拾」和深度「修理」，在老一代知識分子身上已然收斂和沉淪的獨立精神在漸漸復甦。

中共十一屆三中全會以後，千家駒恢復了全國政協委員資格。在政協會上，頭髮灰白的千家駒在國務院招待所大廳，一眼看見了灰白頭髮的母親。他飛奔到跟前，兩手扶住母親的胳膊，眼圈驀地紅了。

千家駒一口氣問了母親許多的問題：伯老（即父親章伯鈞）是什麼時候去世的？因為什麼去世的？他安葬於何處？伯老那麼多的藏書、字畫和古董呢？小愚為什麼被抓？罪名是什麼？現在全家的生活怎麼樣？

母親說，他聽，二人不覺淚下。

千家駒一再叮嚀：「李大姐，你一定要保重，振作精神。伯老的問題還沒有解決。」

後來，母親告訴我：「在政協會上，見我而落淚的人有兩個。一個是千家駒，另一個你猜是誰？」

我說了兩個民主黨派負責人的名字。

母親搖頭，說：「不是。」

「那我就猜不出了。」

母親說：「是李維漢。想不到吧？他說到伯鈞時，臉上清淚兩行。」

我說：「他流淚，我還真的沒想到。起碼比現任的民盟主席和農工黨主席強。」

大概是一九八一年，為配合胡耀邦落實知識分子政策，平反冤假錯案，全國政協搞了個調查組，到上海進行情況調查。薩空了為小組負責人，成員有四、五個。其中，既有母親，也有千家駒。母親通過上海民盟市委和農工上海市委，瞭解到包括陳仁炳在內的許多高級知識分子的工作、生活及思想的真實情況。千家駒則更多地關注上海工商界的情況。母親和他只有在賓館餐廳吃飯時見面。

每次吃飯，母親發現千家駒總要喝上一點醋。

母親說：「老千，你的保健工作搞的不錯呀。」

他笑著說：「我只保健大腦，這是為了思考。李大姐，我們這些人也只能思考了。」

母親問：「你摸的情況怎麼樣？」

千家駒用無可奈何的口氣說：「事情成堆，問題也尖銳。給資本家落實政策要比給知識分子落實政策難度大些。」

「難在哪裡？」

「把他們的巨額財產抄走容易，歸還就困難了。能拖就拖，能賴就賴。」他還說：「不少中共官員始終改變不了對資本家的成見。所以，對資本家政治名譽的恢復，對查抄物資的退賠，對其妻室兒女的安排等工作，行動都比較遲緩。給資本家落實政策？許多幹部心裡想不通，也是很不情願的。再說，被沒收的房產幾乎也都被無償占用，怎麼還？」

一天，大家吃過午飯，各自回客房小憩。母親聽見有人在輕輕敲門。

「請進。」母親說。

「李大姐！」

開門的母親，吃驚不小：只見眼前的千家駒從未有過的漂亮，一身玄色西裝，合身又筆挺。

母親笑問：「老千，你穿得這麼漂亮講究，這是要到哪裡去呀？」

「李大姐，你說我這套西裝怎麼樣？」

「太好了。道地英式剪裁。」母親細看之後，不禁驚歎道：「包縫、嵌邊、鎖眼還都是手工呢！老千，你這是托誰從香港帶過來的？」

千家駒得意極了：「就是在這裡做的，裁縫剛剛送來。」

「工錢很貴吧？」

「四十塊。」他向母親伸出了四個手指。

「這麼便宜？」

「就這麼便宜。」

母親萬分羨慕，說：「這要是北京做，一百塊也下不來呀！」

「要不我趕忙穿給你看，意思是叫你也去做一身。」

「我現在做，恐怕來不及了。」

「上海人都是生意精，他們會留下你的地址，做好後郵寄給你的。」

「老千，太謝謝你了。」

母親去做了，返京後不久，即收到上海寄來的西裝，做得的確好。此後，我陪母親在北京的高級制衣店也做過幾套，但都不怎麼好，母親也不滿意。每逢秋冬，她去開比較重要的會議，定讓我把那套咖啡色上海西服拿出來。穿上後，母親還總念叨：「就它合身，多虧老千。」

讓母親深為感動的是，千家駒在得知中共保留民主黨派五名右派（即章伯鈞、羅隆基、儲安平、陳仁炳、彭文應）消息後的態度。他對母親說：「保留的右派都是民盟的，別的黨派如何表態，無關緊要。但我們民盟應該有個態度，難道就能心安理得地接受？」

母親說：「聽（馮）亦代講，胡愈之對這個做法是很不滿的。他特地跑到統戰部氣憤地問——怎麼被保留的這五個右派，都是民盟成員？」

「統戰部怎麼回答？」千家駒問。

「統戰部說這是中共中央的決定。」母親又說：「胡愈之現在才明白，他（一九）五七年多狠。」

「李大姐，」千家駒鄭重地說：「不管胡愈之是個什麼態度，我今後在民盟就要專講章羅聯盟的有無問題。中共不改正，我們民盟也就跟著默認？民盟不改正，難道我們個人就沒有一個態度？」

母親把這事告訴了我，我氣憤地說：「什麼中共中央的決定？就是鄧小平一人的決定。現在不改正，將來共產黨要改正，我還不同意呢！」

母親驚愕於我的激烈。

不久，得知千家駒在全國政協小組會上的發言。其中提到對右派的改正問題。他說（大意）：五十五萬右派分子，現在只有五人被保留。我是學經濟的，用數字來說就是反右運動百分之九十九點九九九九是非常荒謬和錯誤的。為什麼中共偏還要堅持說它是正確的呢——他的話立即傳遞出去，傳揚開來。

在這段時期，聽說再婚的千家駒和子女鬧翻，甚至動了手。這事，母親心裡總惦記著，對我說：「第二次婚姻，處理子女問題比處理夫妻感情還要重要。有時候，兩家的子女能把再婚的家庭活活拆散。」

一次開會，母親遇見千家駒。一把拽住，問：「老千，聽說你的家庭生活遇到些麻煩。是嗎？」

「是的。」

「老千，在夫人和子女之間，你可要處理好呀。你知道袁××，一個多有修養的學者、科學家，經別人介紹和一個很不錯的女士結婚。他們各自有六個子女。過了沒多久，這十二個孩子吵得天翻地覆。日子實在過不下去，老袁只好流著淚和新老伴分手。一次，我在萃華樓飯莊，看見老袁和那個女士吃飯。他們有如老夫老妻，相敬如賓。哪裡像離婚的呀！我走過去打招呼，一看倆人叫的都是好菜，什麼蔥燒海參，芙蓉雞片。老袁告訴我：他們每月在此小聚。這話聽得我心裡酸酸的。」

母親的關心令千家駒感動，他臉紅紅的，對母親說：「李大姐，你放心好了。我態度明確——不管他們，我要過自己的生活……」

「其實，我一直很內疚！」

一九八五年，在全國政協二樓會議大廳，由農工中央、民盟中央聯合舉行章伯鈞先生誕辰九十週年紀念會。主辦單位按照上邊的要求做到：會場不掛橫標，不攝相報導，不發表紀念文章。父親的老友來了一些，千家駒是一個。

會前，他告訴母親：「我現在到處講『章羅聯盟』是個冤案。私人聚會講，公開場合也講。」

母親握著他的手說：「我這裡先謝謝你了。」

千家駒說：「李大姐，你不要再說什麼『謝謝』。自從我對（一九）五七年的事有了認識以後，其內心一直是不安的。你看看這個會場，臺上、臺下都是白髮人。他們和我一樣，都經過了反右，其中不少人的命運和伯老一樣。現在他們大多身居高位，至少也是官復原職。今天的這個會，因為有個官方背景，他們才肯出面出席，頂多講上兩句。平素都響應號召，向前看了。誰還提反右？提伯老、提努生（羅隆基）？」跟在母親身後的我，聽了辛酸。都說知識分子是社會的良心，擔當著啟蒙者的角色。可如今的讀書人或被收買招安，或出賣投靠，或津津於車子、票子、房子，或直接進入利益集團。真是有著太多的悲哀，太多的失望！

散會時，民盟中央副祕書長金若年對母親表示感謝，說：「參加這個會很受啟發。李大姐，我想我們民盟也應該給羅隆基先生舉辦個紀念會。」

母親隨即攆上了走在前面的千家駒，轉告了金若年的設想。千家駒說：「今天這個會，沒有安排我發言。自由發言的時間給了梁老（漱溟）。李大姐，開努生（羅隆基）紀念會，我是一定要講話的。」

三年後，也是在全國政協二樓會議大廳，民盟中央舉辦羅隆基誕辰九十週年紀念會。規格、規矩和父親的一模一樣，也是「會場不掛橫標，不攝相報導，不發表紀念文章」。發言者包括羅隆基的親戚，人人舉著稿子讀。與會者包括羅隆基小圈子的成員，個個板著面孔聽，氣氛刻板而冷凝。我坐在會場的旮旯，不禁回想起羅隆基活著的樣子：那樣的翩翩風姿，那樣的滔滔口才。想著，想著，眼淚撲簌而下。

旁邊有兩個女工作人員，在悄聲嘀咕：「她（指我）從哪兒來的？還挺有感情。」這話算不得難聽，但不知是怎麼回事，被壓抑的情緒一下子爆發出來，我掉頭即罵：「你們他媽的是羅隆基的什麼人？我要是情婦，你倆就是娼婦！」

她倆著實嚇壞，萬沒想到在這樣一個高級且肅穆的場合，遇到我這麼個潑婦。

早早到場的千家駒，端坐前排。穿著上海做的那身黑色西裝。莊重是一種態度，他重視這個場合、這個時刻。

我翻了翻發言者名單和講稿，裡面沒有千家駒。大會十時開始，由楚圖南主持。按預先的排列的順序發言。其中有中央統戰部部長閻明復。在葉篤義講話之後，千家駒要求發言，主席同意了。

他是羅隆基紀念會上唯一站著講話的人，手上沒有稿子。他說：「今天是羅先生誕辰九十週年紀念會。我本來另外還有會，但是努生的這個紀念會，我非參加不可。我跟羅先生認識幾十年了。回顧他的一生，羅先生是一貫反對國民黨獨裁統治的。他是個留美學生，過去和梁實秋、胡適、徐志摩在一起。但到後來，特別是在舊政協時期，他慢慢轉變過來，和民盟的同志們站到了一起，與國民黨做了堅決的鬥爭。解放後，他是衷心擁護社會主義、擁護共產黨的。英美那套思想在羅先生身上，顯得比較嚴重。但這是一個思想問題，一個認識問題。這樣，在民盟內部我們就跟他有了鬥爭。一九五七年，我們民盟對他的鬥爭，我認為是錯的。我在今天為什麼要發這個言呢？就是因為在那場反對章羅聯盟的運動中，尤其是反對羅隆基的鬥爭中，我是一個積極分子。這件事在我的內心一直是不安的，很內疚。

「在那個時候，羅先生對無產階級專政、對這種專政的某些做法，是有看法的。那不過是看法問題罷了。現在看來，羅先生的那些看法也不一定不對。事情到了『四人幫』時期，問題就完全明顯了。『四人幫』的無產階級專政，難道不是法西斯專政？難道真的就是馬克思所說的無產階級專政？從反右以後，左的東西就開始了，知識分子不能講話、也不敢講話了。我們把說真話的，講老實話的，當作促退派；把說假話的，講大話的，視為促進派。那個時候劃為右派的，絕大多數不是因為他說了錯話或過頭話，而是因為他講了真話，老實話。

「現在很多右派都平反了。平反的人裡面包括民盟的費孝通、錢偉長。沒有平反的羅隆基在思想上，的確與馬克思主義有些格格不入。但他內心是擁護人民政府，從來沒有打算推翻它。應該說，在國民黨時期，羅隆基是鬱鬱不得志的。共產黨執政，他當了人民政府委員，森林工業部部長，全國政協常委。新政權對他是很重視的。他也很想把自己貢獻出來，為這個國家服務，為人民服務。結果，我們把他定為一個右派！

「下面一個問題，是章羅聯盟。章羅聯盟，我認為是很冤枉的。那時，我是一個積極的批判者。現在我很內疚。其實，我一直很內疚！所以，我今天一定要借此機會說幾句話。儘管黨中央沒有對章羅聯盟表態，但我認為章羅聯盟是千古奇冤！事實可以證明，根本沒有這樣一回事嘛！」[33]話頭突然頓住，千家駒靜默片刻，又道：「我今天一定要說這樣幾句話。我很激動，語無倫次。如果說錯了，請大家原諒。」[34]

刻板的會場，頓起波瀾。我擡頭仰望，大廳水晶吊燈像閃爍的星光。如果真的有個天國，如果天國裡有羅隆基的身影，如果又剛好打從這裡經過，聽到了千家駒的這番講話。我想，他或許會因落淚而摘下眼鏡，或許還會笑著說：「老千，何必道歉。你不就是個積極分子嘛！」——目光親切而悵惘，遠不可接。對羅隆基而言，是非對錯已不是衡量的標準。對千家駒來講，他為當年作出擔戴，儘管這個「擔戴」遲到了三十年。一整天我都在激動，懷念羅隆基。反右運動過去了半個世紀，「廣心浩大者戒於遺忘」，千家駒始終沒有遺忘。那麼，除他以外，還有誰沒有遺忘？

母親發言之後，楚圖南宣布散會。許多與會者趕過去和千家駒握手。

離開政協禮堂的時候，千家駒對母親說：「章羅聯盟千古奇冤，不但要講，我還要寫出來。」

母親問：「人家許你發表嗎？」

「國內不許發，就拿到海外去發。」

漸成「另」類

「秋風未動蟬先覺」，世間氣運一旦有變，文人是比較能察覺的。二十世紀八十年代的中後期，人們在領略社會「改革、開放」熱度的同時，也看到了世風衰颯的徵兆。到處是矛盾對立的社會現象——理論極新，而實踐極舊。一方面是標榜對毛澤東思想的「重大發展與貢獻」，另一方面是從官倒到行賄，全面快速翻版「萬惡的舊社會」。一方面是計畫經濟體制走到了盡頭，另一方面是舊的政治體制毫無觸動。在矛盾的夾縫中，國家那種全方位的思想控制能力，似乎有些力不從心，而一個不成熟、也不甚合法的民間社會開始形成。在主流意識形態貌似避讓的時段裡，漸變為獨立知識分子的千家駒在民主人士當中漸成「另類」。他不像大多數經磨歷劫的民主黨派人士，在公開場合只做規格化發言。他敢言、直言、諍言，也因敢言、直言、諍言而聲名日隆。即使那些做規格化發言的人，私下裡也無不對他表示欽佩。面對全國人大、全國政協開會期間充斥的「擁護」、「歡呼」聲浪，他多次呼籲全國人大代表、全國政協委員「多納忠言，少唱頌歌。」時任中共中央總書記的胡耀邦曾就一篇講稿復信千家駒，讚揚他對國家大事直言不諱的風格。中國文人士大夫的清議傳統似乎奇蹟般地復活了。輿論、時論、士論、公論，都異常活躍。官員、市民、學者、教授、名流、傳媒，興致勃勃又小心翼翼地嘗試著實現朝野對話，上下溝通。上邊也將「清議」作為制衡官方政治的民間力量而肯定。知識分子和專業人士的主張，也被視為現代民主科學思想的重要資源，並發揮著維繫世道人心的政治文化功能。特別是那些在政治上想有作為的人，開始大膽修復著由言論實施政治參與、政治干預的傳統形式。例如一個非專業、也非官員的女記者可以藉著傳媒、靠著才智和熱情，暫時阻止了通過修建三峽議案——也正是在這樣一個背景下，千家駒愈發地引人注目了。

一九八四年，千家駒聽說中共要「整黨」，薄一波是整黨負責人之一。一月，他給薄一波寫了一封信，提出整頓黨風，必須整頓文風。他在信裡寫道：「文風不正，不自今日始，其由來久矣，十年『文革』愈演愈烈。四人幫垮臺以後，撥亂反正，文風雖略有好轉，然浮誇之風未絕……不實事求是，弄虛作假，報喜不報憂，自欺欺人，相習成風。」「其根源蓋認為報紙的任務是宣傳，為達到宣傳之目的，可以不擇手段，此戈培爾哲學，非馬克思哲學也。」[35]這封信在新聞界引起很大震動。但這次整黨，卻令千家駒失望，他說中共整黨效果恰如百姓所言，是「認認真真走過場」。

這一年，包括《朝日新聞》社在內的幾家日本媒體和學術團體，請千家駒到日本做學術講演。中國社會科學院負責人說，按級別他的出國要報呈國務院，由副總理批准。批下來後，他正準備行裝。不想節外生枝，中共通過民盟中央，說服他不要出國。那天，既是民盟中央的三個副主席、也是三個中共黨員的胡愈之、薩空了、高天約他談話。[36]

千家駒問他們：「為什麼不要我去？」

答：「日本不安全。怕你出去有危險。」

再問：「前些天，不是費孝通同志還去了日本才回來嗎？」

再答：「孝通與你不同啊……」

千家駒無言以對，只有同意不去日本。這種事，民主黨派就起到了共產黨所不能起到的「助手」作用。

一九八六年，千家駒在全國政協大會發言，講物價問題和修建三峽問題，直言不諱，切中時弊。會場爆發出雷鳴般的掌聲。一些中共幹部總以為他的慷慨激昂的發言是在「譁眾取寵」，「故意在給共產黨臉上抹黑」。所以，不刊發他的講話全文，還在背後整他的材料。在經濟發展的同時，共產黨官員腐敗日益嚴重。這一年的年底，合肥的中國科技大學的學生在副校長方勵之的支持下，走上街頭示威，表達不滿政治改革落後於經濟改革的現狀。學潮迅速蔓延，波及到二十八個城市的高等院校。其實，那時的中國知識分子沒有誰想另起爐灶，只是希望共產黨、鄧小平能把改革搞下去，搞徹底。

一九八八年，千家駒在全國政協大會作了〈關於物價、教育、社會風氣問題〉的發言。應該說，當人們在為「讓一部分人先富起來」的事實而大聲喝采的時候，千家駒卻在大聲呼籲對業已產生的社會質變必須保持清醒。他既是嚴肅地又是熱誠地告誡執政黨——對自身可能的沉淪與潰爛應予高度的警惕和及時的救療。三十分鐘的講話，博得三十一次的掌聲，連政協會場的工作人員和新聞攝影師都放下手裡的活兒，使勁鼓掌。宣布散會，各路記者湧到千家駒跟前要求採訪。他對圍得嚴嚴實實的人群問：「裡面有沒有《光明日報》的記者？」

一個聲音答：「有。」

「好。」千家駒說：「除了《光明日報》的記者，都可以到我房間來。」

千家駒和簇擁的人群一齊擠進了賓館客房。門外，站著喪氣的「光明」記者和看熱鬧的北大教授王瑤。

事後，有人問：「為什麼不讓《光明日報》採訪？」

答：「它比《人民日報》還左。」

這篇轟動大會的發言刺痛了官方，中央各大報紙均未刊出全文。此間，千家駒在民盟中央機關刊物《群言》上，發表許多政論性質的文章和談話，其內容大多涉及社會經濟問題。我是民盟成員，響應組織號召，每年自費訂閱，故有幸讀到他的文章。讀多了，便有了一個感受：雖說千家駒從事的專業是經濟，但他生命的重點在政治。或者說，他是拿經濟專業來實踐他的政治抱負。那時人們在各種場合肆無忌憚地議論政府官員腐敗問題、輿論監督問題，連公廁裡都能聽到有人在談論住房改革，菜籃子工程，搶購風潮，蔣經國病逝，胡耀邦辭職，鄧樸方和康華公司，趙公子與黃河彩電，開除方勵之黨籍，裸體油畫大展，電視片《河殤》……過去政府幹什麼、說什麼，哪怕是幹錯、說錯，人們都能原諒。現在民眾的態度似乎全變了，包括老作家冰心在內的許多知識分子更是連續上書，既是向共產黨、也是向全社會發出屬於自己的聲音：支持方勵之，要求釋放魏京生，提出實行政治改革、取消以言治罪。這種「公開要求建立民主制度，由人民通過選舉、立法和言論自由來承擔作出政治決定的責任，表明了一種獨立的、甚至是反抗的態度」。[37] 這是「文革」以後，曾遭受深重苦難的知識分子長期被壓抑後的覺醒，是「去工具化」的開始。啥叫「去工具化」？我想，無非是一個知識分子回復到自由主義傳統。簡單講，就是人可以隨便寫詩，隨意做事，隨心出書，隨地聚會，隨口講話。

也就在這樣的背景下，一九八八年的夏季民盟中央舉辦了統戰理論研討會。我在會上大談官員腐敗，涉及到鄧氏家族、趙家子女。發言的時候我重複了父親生前講的一句話：「講資本主義壞，它的壞處都擺在面子上；唱社會主義好，它的壞處都藏在了裡頭。也不要老說國民黨壞，依我看共產黨更壞。」我的言論連同父親生前的議論，極其迅捷地被中央統戰部彙報上去。而此刻最高當局正在收緊意識形態並著手對付可能失控的局面，鄧小平和趙紫陽等人看了彙報，特別生氣。鄧在一個傳達到副部級的文件裡點了我的名，趙則在一九八八年秋的一次政治局常委會上，指責我對高幹子女的議論是造謠，是以謠言為手段，意在「搞臭中央領導人」，且「有很大的煽動和腐蝕作用」。「立即要求喬石召集公安部等五個部門研究對付知識分子自由化的辦法。」[38]應該說，趙紫陽在擔任總理時期，對群眾是有所責怪的，曾說過三個「太差」，即大家對物價上漲的承受能力太差，對幹部子女經商的承受能力太差，對腐敗現象的承受能力太差。而面對日益高漲的知識分子自由化、社會民主潮，也是他與同僚一起定下城市防暴鎮暴的方案與設施。所幸趙紫陽在要緊的一刻、在最後的歲月，作出了正確的政治抉擇和人生選擇。就像「文革」拯救了巴金，「八九．天安門」拯救了趙紫陽。而此後的長期軟禁生涯，則成就了他的一世英名。

可憐寂寞窮途恨，憔悴江湖九逝魂

同年十月，民盟舉行第六屆全國代表大會，我被中央文化部民盟支部推為代表。民盟的歷次全國代表大會定要做兩件大事。一是修改盟章，二是選舉。這次大會對盟章修改，尤為敏感。

中午在京豐賓館剛吃過午飯，大家從餐廳出來，便迎頭碰上身著灰色中山裝的千家駒。我興奮地大叫：「千叔叔！」

他說：「你也是代表嗎？」

我點點頭，說：「千叔叔，聽說這次對（一九）八三年盟章的修改很有爭議，是嗎？」

「一會兒，你到我房間來吧。」說罷，他匆匆而去。

過了半小時，我輕輕走進了他的房間。

我見他住的是個套間，便說：「千叔叔，是不是要安排你當民盟中央副主席呀。」

他笑了：「你可真是章伯鈞的女兒呀！」並問：「你母親身體怎麼樣？」

我說：「最近不大好，發作過兩次心梗。」

「兩次了，你可要小心啦！好好照顧她，民盟的老同志提起李大姐都非常尊敬。」

我問起了修改盟章的事，剛才還在笑咪咪的千家駒，神情嚴肅起來。他走到我的跟前，說：「我和一些民盟成員提出在民盟盟章的總綱裡，應標舉民主與科學的旗幟。從歷史上看，民盟自成立之日就以『實踐民主精神，結束黨治，實施憲政』為政治綱領的。聞一多、李公樸為此而犧牲，你的父親和羅隆基為此而蒙冤至今。半個世紀過去了，專制和愚昧所造成的血的教訓數也數不清。我們民盟作為一個民主黨派，在接受共產黨領導的前提下，在堅持多黨合作政治協商制度的基礎上，把民主和科學作為旗幟寫入總綱，難道錯了嗎？又有什麼不可以嗎？」

我說：「這樣做，有誰不同意？」

千家駒沒有回答我的問題，繼續說：「你父親懂得什麼是民主，但有的人根本不懂。小愚，我給你講個故事吧！」

千家駒說：「一九二七年宋美齡經過利益的權衡，嫁給了蔣介石。宋美齡是什麼人？出身上流社會，九歲被父親送到美國接受教育，前後一共待了十年。主修文學，副修哲學。英語無論說還是寫，都是一流的，達到母語水平。西方思想觀念和生活方式，可謂深入骨髓。蔣介石呢？來自社會底層，混跡市井。哪裡還談得上什麼個人修養、君子風度？新婚不久的一天，宋美齡外出，回來後發現放在寫字臺上的私人信函，統統被拆。她怒不可遏問老蔣：『我的信是你拆的嗎？』蔣介石說：『是我拆的。』宋美齡問：『你有什麼權利拆我的信？』老蔣說：『我是你的丈夫呀！』『流氓。』宋美齡說完這兩個字，連看都不看一眼，徑直回房關上了門。這門一關就是三日整——小愚，這不過是個故事，但它卻告訴我們民主與專制的區別是什麼。」

我大笑不止。

千家駒說：「你不要笑，專制者是不講民主的，也是不懂民主的。這就好比蔣介石私拆信件，並搞不懂為什麼宋美齡對自己發火、罵他是流氓一個樣。」

我擔心地問：「這次大會修改盟章，有可能真的把『民主、科學』重新寫進去嗎？」

「現在的民盟太讓人失望了。」他說這話，有如沉吟自語，且含一種恨恨之音——莫非對社會一進一退都有著極度敏感的他，已感到士子於亂世立身之難？

陡然，我衝動起來。高聲道：「能容許我不客氣地講一句嗎？」

「當然可以。」

「千叔叔，現在的民主黨派，已經成為當代中國民主化進程的最大障礙！」

千家駒悚然而驚。說：「你像你的父親，很像。」

眼淚湧出，再難克制，千家駒摸著我頭說：「都是做母親的人，還哭。」

我說：「千叔叔，我告辭了。您多保重。」

他送我出門，我說：「謝謝。千叔叔，今後我要向你學習。」

「不，」他很激動，揮著手臂：「小愚，你不要向我學習。要向你父親學習。他比我覺悟得早，還有努生（羅隆基）。」

應該說，關於民盟的政治路線問題，千家駒並非今天才有所思考。早在一九四七年他就以華南總支部祕書的身分，給上海總部負責人寫信，反對民盟「脫離中間路線」的對外宣傳。鮮明表示了自己的中間路線態度，並批評沈鈞儒、章伯鈞在香港完全倒向中共的過左做法。

不知怎地，我的內心突生不祥的預感——一種離別乃至訣別的預感。我說：「千叔叔，你給我寫兩個字，我倆再照個相。留作紀念。好嗎？」

「好，好。你快拿紙來。」他滿口答應。我轉身飛快地下樓。在提包裡找了個首日封，又抄起相機。等我推開千家駒的房門，只見他端坐寫字臺，磨墨潤筆呢！他的鄭重其事，這加重了我的預感。

為照相我倆走出賓館，這一路，招惹來許多代表。結果，二人合影最後拍成了團體照。

選舉了，差額選舉新一屆中央委員，並從中產生新的主席和副主席。代表們緊張，怕擁戴的人選出局；統戰部緊張，怕內定的人選落馬。唱票了，全場安靜，簡直是一場民意與權力的博弈。當宣布千家駒以最高票當選為新一屆民盟中央委員和副主席的時候，全場起立，掌聲雷動。大家笑呀，叫呀，我的手掌都拍紅了。誰的心裡都明白，千家駒的高票當選，意味著什麼。

我家有一份贈閱的《世界經濟導報》，那是因為「導報」裡的一個叫邵瓊的編輯是母親的老友。自打第一期起，她就從上海寄來，並說：「這張報紙不同於官方報紙，是一群受盡苦難的知識分子自己辦的，看看吧。希望李大姐能喜歡。」豈止是母親喜歡讀，我們一家都愛看。我們最看好的是它的評論版。母親讀後說：「看了它，其他報紙都不要看了。」

一九八九年春全國政協召開大會，事先，民盟中央有人便對千家駒說：本屆政協大會民主黨派成員發言，應代表組織，而不是個人。換句話說，千家駒要發言的話，必須先要通過民盟中央。見政協大會民主氣氛日益稀薄，這次會議他藉故請假了。

四月，「導報」發表的兩篇文章，引人注目。一篇是溫元凱寫的關於政治改革。他提出二十三條改革步驟，其中有直選人大代表，建立憲法委員會，保護人權，司法獨立。有人認為文章裡面的諸多想法，成為後來「八九民運」政治要求的基礎。另一篇則是千家駒的〈倒退不是沒有可能——讀李鵬「政府工作報告」〉。文章就像當年儲安平拋出的「黨天下」，驚天動地，雷霆驟鳴。這是自一九五七年以後，一個民主人士站出來批評現任總理的政府工作報告，公開與共產黨方針政策唱反調，真是前所未有。難怪《新民報》老闆陳銘德對我翹起大拇指，操著四川口音說：「小愚呀，你們民盟真是了不起，有個千家駒。莫看他瘦弱單薄，那才是個慨烈男子、義氣丈夫呢！」

在一個特殊情景下解讀千家駒激切之論，感到它有些類似古代的「擻」與「揭（帖）」。「勇於糾君愆，格君心」，完全出自一個有抱負的文人士大夫的道德信念與職能信守。力圖通過言論權直接或間接轉化為決策權，仍屬於「清議」。千家駒用行為勇敢地恢復了一個現代知識分子的獨立性和批判性，別忘了！你生活在中國，那麼中共自身的進步和轉變，就是唯一的現實的希望與可能。所以，千家駒的任何批評、批判和所有的建議，都是針對共產黨、針對共產黨的自身改造。他的鋒芒在這裡，光芒也在這裡。

政治敏感、知識淵博的千家駒懂得，「清議」的活躍必須有賴於整個言論環境的鼓勵，並與朝政之明晦相對應。歷史的經驗昭示：「天下厭文之心，必激為滅文之念。」換言之，「清議」的功能發揮到極致，「黨禍」就要來了，像明朝的東林和復社。故善思的王夫之是將問題集中於言論在政治運作中的功能實現的條件上。在這個關口，胡耀邦的突然去世，引爆了民間積聚的對當局專制與腐敗的所有不滿和憤怒。大家走上街頭，幾萬人，十幾萬人，幾十萬人。一連多少天，我和丈夫每日必去天安門，走呀，走呀，不知疲憊，不覺饑渴。我們喊出了久久憋在心裡的口號，並被遊行者的高度自律和大學生的犧牲精神感動不已。大學生和知識分子，已不像他們的前輩要求中共進行自身改造、或以新領導取代舊領導了。他們向共產黨要民主，要自由，要政治體制的根本轉變。政府立即應對：拿一半心思搞改革，拿另一半心思搞壓制。而當局的高壓政策，把幾乎所有的中國人——從老百姓到民主黨派都捲入了抗議聲浪，學潮一下子變成了民主運動，口號付諸行動。

「倒退不是沒有可能的！」——一語中讖。

六月四日，天崩地裂，棟毀梁摧。千家駒所言很快應驗，國人所認為中共不可能倒退的事情竟然發生了！不管你到天安門是懷著激情、還是揣著野心，一律暴力掃蕩。文人，你們不是要「去工具化」嗎？這就是「去工具化」的下場。早先怎麼沒瞧見法西斯？法西斯就藏在黨性的底處，藏在人性的深處。於一夕之間，所有的政治生機，在暴力之下驟然斷絕，一切社會希望均化為烏有。難道只剩下子彈和坦克這一種選擇？固然，每個中國人都感受到來勢急驟的血腥震撼，但事實又分明告訴我們：極端手段是極其有效的。就像美國在廣島、長崎投下原子彈，引得日本人立即繳械投降一樣。再說，國人對領袖的態度和從前對皇上的態度一向沒有多大區別——也愛戴，也畏懼。愛戴的同時就畏懼。這種畏懼特別表現於暴力面前的馴服。百姓如此，官員如此，民主黨派負責人亦如此。

一天晚飯後，全家照例看中央電視臺的「新聞聯播」。電視裡出現費孝通和其他民主黨派頭面人物慰問戒嚴部隊官兵的鏡頭。

母親臉色立變，霍地站起，直指這些老朋友影像說：「居然都去了，都去了！」

我大怒：「我不信，他們不去，共產黨會用槍桿子押著去！充其量不當那個狗屁主席、副委員長。都他媽的一窩粑蛋（即軟蛋、四川土話）。」

這次，母親沒有呵斥我說髒話。

第二天，文化團體的一些老盟員聚會，提起民主黨派慰問戒嚴部隊，個個無語凝咽。中央美術學院的一個老教授，雙拳緊握，失聲而呼：「恥辱，恥辱！我要退盟！」

隔了幾日，虛弱的母親讓我陪著她上街轉轉。到了建外大街，母親一眼望見建國門立交橋頭全副武裝的軍人，激動得嘴角顫抖，不能出一語。她在友誼商店的十字路口徘徊良久，一會兒低著頭細瞅那坦克碾過的條條履痕，一會兒仰著頭瞧那華僑村公寓牆壁的累累彈痕。半晌說了一句：「日本鬼子進城（北京城）也沒這樣。」

回家後的母親，沈默至深夜。我說：「媽媽，咱們該睡了。」

突然，她對我說：「請克郁（我的丈夫）也過來，我有話講。」

克郁悄悄對我說：「媽媽白天受的刺激太深，你要當心她的心臟。」

我答：「知道。」

人落座，表情嚴峻的母親，毅然道：「有件事我告訴你們。克郁，明天上午你去買兩桶汽油回來。下午，你們拿著它，陪我去天安門。伯鈞一輩子為民主而戰。今天，我無法在這樣反動的政權下討活。我做了決定，要自焚在金水橋前表示抗議。八十多歲的人，早晚都是個死。我這樣死，還有些意義。」

我大慟，大喊：「媽媽，我們一起死！」一頭撲倒在母親懷裡，雙膝跪下，心膽俱裂。

克郁熱淚瑩然。他竭力自抑，告訴母親：「那晚槍聲響起，坦克從建外大街穿過，我和小愚抱頭痛哭。我也是不怕死的，家裡也有現成汽油。嚴重的問題是我們拿著它能走到天安門嗎？我們的抗議行動能實現嗎？」

母親聞言，垂首弗應。

「可憐寂寞窮途恨，憔悴江湖九逝魂。」四周萬籟俱寂，窗外明月如水。

滿腔心事向誰論

母親病體日漸沉重，我專注於烹調採購，丈夫每日下棋讀舊小說。「知識分子中那部分最有思想和最有批判精神的菁英或被捕、或被殺、或走上了流亡之路，或被剝奪了知識分子身分。其他知識分子或是採取不合作主義，或是政治冷漠。」[39]局勢不變，千家駒絕不能接受這樣的現實。他對家人說：「殺人還殺出理來了！」乃「國民黨統治時代所未見，亦北洋軍閥政府所未見」。[40]於是，憤然而走，悵然而去。有人說，他是以「走」來做無聲的抗議。

「道不行，乘桴浮於海。」一九八九年七月初，千家駒投書臺灣《傳記文學》主編劉紹唐先生。信尾有這樣一句：「弟日內將有遠行，待行蹤定後，國內外傳媒或會有發表。」[41]七月十日，人們從臺灣的《聯合報》上，讀到一則「大陸著名經濟學家千家駒逃離大陸，八十高齡受點名批判，前天經港轉往安全地點」[42]的消息。知情者釋然於懷，不知情者目瞪口呆。自古以來，人生之進退乃文人、士子的常課，也是古代哲人反覆討論的一個命題，強調的是尊嚴原則。一進一退都有可能，卻又不是哪個都敢於輕試的。不肯苟同，亦不敢立異，只有負隅沈默。而千家駒的「走」和美術家的「退（盟）」，則應視為是保持血性和良知的知識分子對人類尊嚴的維護，同時也是對現行政治的失望。

離開大陸的三年時間裡，千家駒回望舊事，出版了兩本書。一本是《七十年的經歷》，一本是《發憤集》。前者為傳記性質，後者屬雜感文章。有人評價說：「千先生在這兩本書裡，不諱言早年沉浸馬克思主義，也不諱言他早已決定跟共產黨走。最值得敬佩的是他垂暮之年，毫無顧忌地寫出他自己想說的話，無論是對國民黨、對共產黨，以及對中共領導人與在『反右』、『文革』中的種種……」[43]千家駒抵美後，沒有參加任何的民運組織與活動。他翻檢半個世紀以來的人生經歷後，沉痛地說：「我為了新中國的實現，為了社會主義的理想，奮鬥終身，結果落得一場空，真叫『枉拋心力作英雄』。我現在還追求什麼呢？雖然，我深信祖國的前途是光明的，一個有四、五千年文化的中華民族，決不會被開除『球籍』，民主終將取代專制，自由終將取代奴役，理智終將戰勝愚昧，但我這一輩子也許是看不見了。一個人再沒有比為之奮鬥終身的理想，竟被實踐證明原來是一場春夢，醒過之後更為痛苦的了。」[44]

夕陽在野，彼岸的景致當是蒼涼又靜謐的吧！這是否就是千家駒晚年的神情顏色呢？「滿腔心事向誰論？可憐天地無家客。」他在抗拒著時間，也在反抗著命運。從他的文字可以察知英雄暮年、無可施為的痛楚。酒闌燭跋，追懷述往。當年的行止已為前塵，但仍有深刻而動人的憂世傷時之情懷。這裡面，有倔強自負，悲涼寂寞；也有慷慨大義、英勇無畏。

一九九一年三月，七屆全國政協舉行第十三次會議常委會，會議撤銷了千家駒全國政協委員及常委職務。在此前後，民盟中央也「吊銷」了他民盟中央副主席、常委等職務。用老百姓的話來說，就叫「一擼到底」。在民盟中央開會期間，章振乾——一個民盟老前輩打電話，叫我到距離市中心很遠的華潤飯店。

剛進客房，章振乾即顫顫巍巍地走到我跟前，說：「不好啦！小愚，我們民盟要處理千家駒了。」

我問：「怎麼處理？」

「撤銷職務。」

我苦笑道：「民盟的職務算什麼職務！」

「我也知道民主黨派的職務算不得什麼。」章老連連點頭，繼續說：「千家駒愛國，有見地，又敢言。現在把他除了，民盟今後可真的成了辦實事、做好事的社團了。最讓我難過的是——對他的處理決議，居然是我們民盟自己人提出來的！」話說至此，老人哽咽不已。

我扶章振乾坐下，跑到盥洗間拿出用熱水打濕的白毛巾，請他擦臉。待情緒平穩後，我說：「章老，你八十多歲，在民盟搞了一輩子，怎麼還搞不懂黨派工作的基本原則呢？」

「什麼基本原則？」老人眼巴巴問。

「民主黨派在前面表演，統戰部在後面指揮。」

「哦，哦。」老人恍然大悟。

二人一時無話，我們還有什麼話可講。

我起身告辭。他拉住我的手，說：「今天的民主黨派真是可悲又可憐，我們這一批人，都在做官，可都不中用。小愚，不，詒和同志，你要向千（家駒）公學習，更要記住伯老（章伯鈞）。」見我眼中有淚，老人又顫顫巍巍地把熱毛巾送還給我。

我謝絕去吃會議餐，於暮色中獨自離開賓館。風起雪飛，茫茫如煙如霧。渾身發冷的我走在歸途，覺得自己也在一步一步遠離民盟——那個由沈鈞儒、黃炎培、章伯鈞、張君勱、羅隆基、梁漱溟、左舜生發起組織的中國民主同盟。醒對瀟瀟夜雨，夢遊無限江山。流血的地方，沒有了痕跡。金水橋畔已是車水馬龍，紅塵萬丈。

撤了千家駒，民盟清淨了。八個民主黨派爭相輸忠盡智，辦實事，辦好事。比如，建國五十週年大典在即，中共內部有人撰文，感歎五十年之風雨蒼黃。而某民主黨派的一個副主席則提議建座有永恆意義的中華世紀壇。兩廂對照，頗有角色互換之感。

不久，我去閩南出差，進了一家餐館。那裡面，有八個侏儒做服務生。鐵觀音茶剛沏上，一個福建戲劇史專家問我：「詒和，你看他們像誰？」

「像什麼？」我反問。

「像不像現在的八個民主黨派呀。」福建朋友說。

滿桌開懷大笑，我則心如刀絞。原本以為自己對民主黨派的感情淡得像水，船過水無痕。這刀絞般的心痛卻表明，事情並非如此。追懷已往，不忍追懷，又無法忘懷。或者說，有意遺忘過去，便是快樂嗎？

這一年的十月，千家駒發表了著名的〈致中共元老陳雲、薄一波的公開信〉，[附件]針對中共提出的所謂「反和平演變」與「反西化」方針，明確指出，唯有和平演變才能救中國。他對社會上層腐敗的指責，措辭尖銳，態度激烈。雖關山萬里、遠隔重洋，但我依然感受到千家駒昔日那股飛揚之氣，感受著他維護到最後一刻的清明理性。

後來，從海外傳來他在星雲大師主持下皈依佛門的消息。千家駒是個無神論者，畢生追求民主與科學。所以，乍一聽我是不信的，轉而又想：在極端複雜的政治環境裡，此舉也許是個近乎明智的選擇。或許，他真的對現實徹底失望了。用他自己的話來說，是「看破了社會主義的紅塵」[45]，是一九八九年六月四日天安門的槍聲，把他「對共產黨的最後一點幻想毀滅了」。[46]而什麼東西一被看破，也就找到了歸宿。

悄然落地，淒然而死

一九九二年，經江澤民、喬石、李瑞環簽字，同意千家駒返回大陸。千家駒為什麼要回來？許多人有許多解釋。我認為根本原因只有一個：回家，回家，就是要回家。如同二十世紀六十年代發配至西安的京劇名角尚小雲，晚年想方設法要回北京是一個道理。說穿了，無非是一個年過八旬的老人帶著無可言說的委頓疲憊，不想客死異鄉罷了。理由越是簡單，願望就越強烈。我也鬧不懂中國的法律，不知道我們社會主義偉大憲法裡，有沒有這樣一條——即被稱之為流亡海外人士若想回鄉，必須向共產黨政權寫悔過書、保證書一類的文字材料。記得父親在一九四九年以前，曾多次流亡海外，逃日本，避香港。返回大陸時，國民黨、蔣介石好像沒要求他寫什麼悔過書。據說，千家駒給官方高層寫過信函，只是請求回家。

一日剛吃過晚飯，我在廚房洗碗。突然，電話鈴聲大作，是我的哥哥打來。他急匆匆說：「快打開電視，千家駒正在講話呢。」

「他講什麼？」

「講自己學習『三個代表』的收穫。」

我沒有趕去開電視，驚魂怔忡，悲感即至。這種被動「亮相」，帶著刻毒與殘忍。我以為九旬老人自當靜臥床榻，生命難道真的是件無可推諉的苦差嗎？再一細想，也好。千家駒的螢屏露面、當眾表態，正如一盤對峙多年的殘局，總算收場了。結局是鐵定的：掌管軍隊的人，收拾了文弱書生。書生也「心悅誠服」——也許「上鏡」的真正意義在此。

返回大陸的千家駒在深圳生活，他最後幾年是怎樣過的？我四處打聽，卻無從知曉。不管如何生活，其內心深處定是寂寞如沙。是的，一個人如若身處的環境太差，社會的逼壓太甚，他的所有情感、包括那些大恨大愛，都只能變為一種精神上的孤絕。上個世紀六十年代，羅隆基死於孤絕，章伯鈞死於孤絕。時間跨越了半個世紀，千家駒仍死於孤絕。這讓我懷疑，今天的社會發展是否真的一日千里？我們的追求是否真的需要「與時俱進」？雖說今天我們有了手提電腦，試管嬰兒，納米技術，轉基因食品……

千家駒二〇〇二年九月三日病逝於深圳——像一隻飛鳴不止的大雁，幾度北翺南翔、東盤西旋後，終於悄然落地，淒然而死。深圳是特區，屬於國土，算是落葉歸根，這符合他的心願。死不可怕，致死的痛苦才可怕。翻看千家駒晚年著述：〈去國懷思錄〉、〈海外遊子聲〉、〈逝者如斯夫〉、〈歸去來兮〉……單瞧這些篇名，我就想哭。千家駒追悼會定於九月十一日在深圳舉行。千家駒在官方眼裡是個另類，起碼是個「有爭議」的人物。故喪儀按「高規格、小規模、不公開、不對外」的方針辦理。即在殯儀館最大的廳堂舉行，只准家屬和指定的官員參加，總數不足百人。後因所有的花圈均為紙質，令家屬無法接受，使喪事又推遲了一日。

遺體火化時忽降暴雨，人言：天在哭泣。

聽朋友說，千家駒在深圳看病欠下許多藥費，是李瑞環得知才准予報銷。

對千家駒的去世，新華社發的通稿簡述其生平，最後一段文字屬政治性評語，說他擁護「三個代表」，「對以江澤民為核心的黨中央的領導表示由衷的敬佩」等等。一個民盟盟員議論道：「這段話有為某人貼金之嫌。」

我答：「這段話已是寫得很好的話了。」

對方驚問：「為什麼？」

我說：「好壞是比較出來的。我的母親於（一九）九○年春去世。中央統戰部擬就的生平和發送給新華社的通稿裡，最後一段寫的是——『李健生先生堅決擁護戒嚴部隊，堅決擁護黨中央平息六四反革命暴亂……』我憤怒抗議，我淚流滿面，而中央統戰部黨派局局長馬隆坐在我的對面，根本就不搭理，連眼珠都不帶轉的，隨後吐了一句：『這是上邊定的。』我目眥盡裂，大罵：『他媽的！上邊是誰？是鄧小平定的嗎？右派就是他定的，現在還是他來定嗎？』那個馬局長拎起公事包，擡腿就走。」

聽者握住我的手，久久不放。

山之阪，水之涯，埋沒英雄幾許？好在浙江武義縣縣府敬重千家駒，鄉親們愛戴千家駒，將骨灰安葬在青山綠水之間，並出資修建了千家駒藏書閣以存放其捐出的全部藏書。千家駒魂歸故里，子女們感念不已，他們決定在家鄉設立千家駒教育基金。

千家駒有著知識人與政治人雙重性，可貴的是他能保持著人性、良知、敏感、對民眾體察的苦心以及揮之不去的憂憤。而學術研究與社會關注的高度結合，又最終使學者千家駒在晚年成為政治人物。對待政治人物，歷史看似有情，歸根到底是很無情的。仕途失意者如此，政治成功者亦如此。我非基督徒，卻相信它的一個價值理念：世上最大的，在天國裡是最小的。

千家駒已然遠去。那些消失的名字，自然帶走了他們曾經發出過的聲音。那一個時代的知識分子悠長的尾音，也終將消歇。而我始終覺得縱然國家沒有了歷史，民族沒有了傳統，個人卻不能沒有記憶。

哪怕從我的記憶裡，讀到的都是淚。

二〇〇三年七—八月初稿
二〇〇五年二—五月二稿
二〇〇九年七—八月三稿於北京守愚齋

【注釋】

[1] 手存千家駒「處理城市反革命分子」座談會發言油印件，一九五六年八月。
[2] [13] [14] 民盟中央一般整風大字報彙編第一號，民盟中央整風辦公室編印，一九五八年三月。
[3] 一九五七年八月二日，《光明日報》。
[4] [5] 一九五七年四月二十五日《爭鳴》通訊第二期，手存民盟中央《爭鳴》月刊編輯部編油印稿。
[6] [7] [12] 手存「一九五七，五，十三章羅召集民盟中央部分負責同志開會」原始紀錄複印件稿。
[8] 手存一九五七年五月五日章伯鈞傳達四月三十日毛主席在最高國務會議上的講話油印稿。
[9] [10] [11]「批評共產黨以黨代政 要求民主人士有職有權」，《人民日報》，一九五七年五月十二日。

[15]《中共中央轉發科學院黨組關於召開科學家反右派鬥爭座談會情況的報告》，（中長）［五十七］未十四號文件，一九五七年薛攀皋、季楚卿編《中國科學院史事彙要》。

[16] 千家駒「接受慘痛教訓，深刻檢查自己」檢討發言，一九五七《科學通報》合訂本，四六六頁。

[17][18] 手存一九五七年六月十八日民盟中央常務委員會擴大會議紀錄稿複印件。

[19]《關於羅隆基反共陰謀集團的揭發和批判》民盟中央第九次擴大整風座談會紀錄，民盟中央整風辦公室編，一九五七年九月。

[20] 民盟中央一般整風大字報彙編第六號，民盟中央整風辦公室編印，一九五八年三月。

[21][22][23] 民盟中央一般整風大字報彙編第二號，民盟中央整風辦公室編印，一九五八年三月。

[24][25] 民盟中央一般整風大字報彙編第十一號，民盟中央整風辦公室編印，一九五八年三月。

[26] 民盟中央整風大字報第九七〇號，一九五八年三月十二日，民盟中央整風辦公室編印，一九五八年三月。

[27] 民盟中央整風大字報第八八〇號，一九五八年三月十一日，民盟中央整風辦公室編印，一九五八年三月。

[28][29][30][31][32] 千家駒《七十年的經歷》二〇九～二一〇頁、三一二頁、三一五頁、三一七頁、三二〇頁，香港鏡報文化，一九九二年第三版。

[33][34] 手存民盟中央「羅隆基誕辰九十週年紀念會」千家駒錄音講話稿。

[35][36][40][44][45][46] 千家駒《從追求到幻滅》二八三～二八四頁、二八五頁、二九五頁、二九六頁，臺灣時報文化出版，一九九三年。

[37][39] 魏承思《中國知識分子的浮沉》二七〇頁、二七五頁，牛津大學出版社，二〇〇四年。

[39] 吳國光《趙紫陽與政治改革》五三九～五四〇頁，臺北遠景出版，一九九七年。

[41][42][43]〈賀千家駒先生遠行成功〉，臺灣《傳記文學》第五十五卷，第二期，一九八九年。

【附件】

〈千家駒一九九一年給中共元老陳雲、薄一波的信〉

陳雲、一波同志：

許久不見，身體可好？

我是一九八九年七月來美國的，有兩年多了。我此次來美，與八九天安門事件並無牽連。我既未參加天安門的群眾運動，亦未在任何支持民運的文件上簽過名。但我不能同意北京當局以坦克機槍對付手無寸鐵的群眾，這不但在國民黨統治時代所未見，即北洋軍閥政府亦所未聞。所以我在「六四」的第二天，給任仲夷同志寫了一封信，請他轉告廣東當局「要保持清醒理智頭腦，對學運採取克制態度，為廣東人民留一線生機」。我因家住深圳，經常來往於香港深圳之間，恰好美國有一學術團體邀請講學，我就來到美國了。

抵美之後，客居洛城，書生報國無門，只有以文字表達心情。我又發表了幾篇文章，評論中國的經濟形勢與毛主席不正確的對待知識分子政策所造成的惡果。不料以此觸怒北京當局，於今年三月撤銷我的全國政協常委職務。這對我倒是件好事，因為這使我可以放下包袱，暢所欲言。來美兩載，觀感所及，不無一得。在中共領導人中，只有你們兩位是比較瞭解我的，故略陳所見。

您倆知道，我是以畢生精力從事馬克思主義經濟學之研究的，自信對馬克思主義尚有一知半解。我認為馬克思在《資本論》中所解剖的資本主義，不過是資本主義的初級階段，資本主義也是在不斷演變、發展，以適應時代的要求。現在的資本主義，既不是馬克思十九世紀的資本主義，也不是列寧在二十世紀所講的壟斷資本主義，更不是史達林二次大戰後在《蘇聯社會主義經濟問題》一書中所武斷的兩個世界平行市場的資本主義。這是一種新型的含有許多社會民主主義因素的資本主義。先進的資本主義國家，課重稅於資產階級，用於失業者救濟、老人、殘廢者、兒童的福利待遇，遠遠超過社會主義國家。資本主義還有它強大的生命力，絕非毛澤東主席所形容的「日薄西山，氣息奄奄，人命危淺，朝不慮夕」。其次，這些年科技的發展，真可以說是一日千里。如果說十八世紀的產業革命是以機器代替人的雙手，因而使生產力提高了幾十倍、幾百倍；那麼，二十世紀八十年代的電子電腦則是以電腦代替人的頭腦，這在人類的生產發展史上是比產業革命還要偉大深刻的革命。在本世紀初，美國還要以四〇%的人口從事農業，現在不到二%的人，就生產出足以供給二億三千萬人口的糧食，而且還有剩餘出口。

目前，電腦已進入人們的日常生活。在美國，沒有電腦的基礎知識，休想到超級市場當一個普通的店員。科技的進步，改變了世界，亦改變了資本主義的運行規律。過去我們總以為資本主義是盲目生產，而只有社會主義才有計畫經濟。其實完全不是這麼回事。資本主義大企業沒有不是計畫生產的。它們對於世界市場的情況，它的產品在世界市場的地位，消費者的趨勢，對花色、品種的選擇、愛好，無不要做精密的調查。因為如果產品沒有人要，企業就要破產，這是關係到投資者身家性命的事。反之，社會主義國家的所謂計畫經濟，靠一年一度的計畫會議來制定一年或五年計畫，憑長官意志行事，不顧客觀經濟規律和市場供求狀況，與消費者脫節，產品積壓，損失反正是國家的，才真正是盲目生產，我國產品積壓嚴重恐怕在世界上是首屈一指的。我認為：市場經濟不一定意味著資本主義，而計畫經濟也不一定意味著社會主義。

資本主義與社會主義並非絕對對立。資本主義國家也有國營企業，但它們都要按客觀規律辦事，一切應以能否提高社會生產力為準繩。所以我是很欣賞鄧小平同志的「白貓黑貓論」的，認為它是符合馬克思主義的。現在國內又掀起什麼要先問姓「社」還是姓「資」的謬論。那麼：「人民公社」分明是姓「社」的，而「包產到戶」是姓「資」的，我們為什麼在改革開放後廢除人民公社而實行包產到戶呢?!須知客觀的經濟規律是不以人們的主觀意志為轉移的，正如史達林所說，對經濟規律人們只能發現它，認識它，而不能改變它，或創造新的經濟規律。以當年毛主席威信之高，憑主觀意志搞「三面紅旗」尚不免磕的頭破血流，難道還不值得我們深思嗎？

我始終認為：「和平演變」是好事而不是壞事。「和平演變」者，不通過暴力或革命手段而逐步改進也。資本主義要和平演變，社會主義也要和平演變。資本主義制度通過和平演變吸收了許多社會主義的東西，而社會主義制度也通過和平演變吸收了資本主義先進的東西，這有啥不好？現在國內一聞「和平演變」便談虎色變，聽說還要成立什麼反和平演變的小組，真令我百思不得其解。他們怕和平演變是怕社會主義演變成資本主義。這真是笑話！如果社會主義真有它無比的優越性，我們何必怕它和平演變呢？如果社會主義制度確有它的局限性或不可彌補的先天缺陷，我們欲求不和平演變亦不可得。這不是明擺著的嗎？

我國怕「和平演變」是建築在「帝國主義亡我之心不死」這一大前提上的。我國由於受了一百多年帝國主義的侵略，淪於半殖民地的地位，八年抗戰勝利後，又有三年解放戰爭，中共最後取得了勝利，統一了大陸。不久又有抗美援朝的戰爭。所以中共領導始終認為：「美帝亡我之心不死。」毛主席〈在論人民民主專政〉一文中說：搗亂——失敗——再搗亂——再失敗，直至滅亡，這是反動派的邏輯。

到了六十年代，中蘇交惡，我們又認為「蘇修亡我之心不死」。到了七十年代，中美建交，我們又以美抗俄。而美國亦以世界戰略關係，認為蘇聯是美國的第一號敵人，中美攜手，有利於世界局勢的轉變。但自戈巴契夫上臺以後，美蘇關係緩和，冷戰時代隨之結束，世界形勢已發生了天翻地覆的變化。而在中國領導人中，「美帝蘇修亡我之心」的舊框，卻始終沒有打破。到了今天，究竟誰要亡中國呢？是「蘇修」嗎？蘇聯今日自顧不暇，還哪有亡中國的野心？是「美帝」嗎？誰也知道美國對我無領土野心，也無直接的利害衝突。所以我們今天不再說「美帝蘇修亡我之心不死」，而是說「反動派亡我之心不死」，或者如李鵬所說「國外敵對勢力亡我之心不死」。如何「亡我」呢？用武力侵略，不可能了，所以他們寄希望於「和平演變」，即用和平方式變社會主義中國為資本主義中國，因此我們要防「和平演變」，要反「資產階級自由化」，因為資產階級自由化，是和平演變的重要手段。

這一套理論，只要稍具現代國際政治經濟常識，就知道不值一駁的。首先就是「反動派」或「國外敵對勢力」亡我之心不死，這一大前提便是錯誤的。今天「國外敵對勢力」究竟是誰呢？「美帝」、「蘇修」、「歐洲共同體」？都不像。那麼籠統地說，「國際反動派」或「國際壟斷資產階級」

吧，它們亡我之目的究竟何在呢？

在二十世紀初葉與中葉，帝國主義都把中國當成一塊肥肉，因為中國是廉價的原料市場、勞力市場，又是廣大的消費市場。所以它們你爭我奪，劃分勢力範圍。當時它們有不平等條約為保障，中國的海關、銀行、交通、礦山都在它們手裡。帝國主義剝削中國人民，榨取超額利潤，說它們「亡我之心不死」是完全正確的。但今天的形勢與過去已完全不同。今天中國已完全獨立，不平等條約已廢除，對於資本主義國家的投資，我們今天是求之不得，與抗戰之前對外資是拒之不能，完全不能同日而語。改革開放以後，我國創辦了經濟特區，開放了沿海城市，其目的就是要利用外國的資金、它們先進的技術以及科學的管理方法，以促進中國經濟的發展。

持和平演變者不用革命手段也，用革命手段便是用暴力來推翻一個政權。辛亥革命好呢？還是康梁變法好呢？不是明如觀火的嗎？不用革命手段而用和平方法使一種政體或體制逐步改變，以適應時代要求，這就是改革。改革與和平演變是一回事而不是兩回事，站在共產黨的立場，應該歡迎和平演變而不是抵制和平演變。和平演變是中國共產黨唯一的自救之道。

不是和平演變的道路有沒有呢？有的，那就是羅馬尼亞共產黨的下場。最近九二高齡的陳立夫在臺灣接見記者說，他這一生見過兩次「兵敗如山倒」。一次是北伐，北洋軍閥的軍隊兵敗如山倒，一次是抗戰勝利後國共之戰，國民黨軍隊兵敗如山倒。陳立夫是CC頭子，他的話當然不足為憑。但近幾年中國大陸的貪汙腐化，黨風不正，濫用特權，喪失民心，是舉世公認的事實，否則也不會發生八九年的民運。中共領導口頭高喊要肅清貪汙，整頓黨風，而其結果如何？

兩位深居簡出，聽彙報每是報喜不報憂，不一定瞭解真相。我也是孤陋寡聞，但究竟是在民間，到處跑跑。舉一兩例言之，高幹子弟在深圳香港出賣批文，是公開的祕密，賺了入私人腰包，賠就賠公家帳本。如此無本買賣，有賺無賠，積資盈億。當年孔二小姐之所不敢為者，某公子行之若素。此事香港新華社領導想必知之。只懾於權勢，故噤若寒蟬耳。最近我在洛杉磯晤一美國移民官員（美籍華人），他對我說，此次大陸水災，僑胞紛紛捐款，集腋成裘，亦不過數十萬美元，而大陸高幹子弟來洛者攜資數十萬以至百萬美元者實繁有徒。最近美國通過一九九〇年新移民法，增加投資移民的條款，凡來美投資一百萬美元者可作為商業移民。新移民法公布後，申請投資移民第一位為臺灣，第二位即中國大陸。移民官說，中國大陸那麼窮，何以這些高幹子弟那麼多錢呢？這不都是中國人民的血汗嗎？美國購買房產，一般多為分期付款，而中國大陸來的，數十萬元以至百萬美元的房子，一次付清，詢其身世，則某某將軍之千金或公子也。他們揮霍浪費，一擲千金，面無吝色，美國人為之側目。這些都是有名有姓，絕非道聽塗說。我聽到之後，為之痛心，為之羞愧！老實說，中共的貪汙腐化，不僅超過了國民黨，亦超過了北洋軍閥與滿清王朝。這樣的統治能長久嗎？能不為後代所唾罵？

我們都是八十歲以上行將就木的老人了，浮生還有幾天？人的生命是短暫的，而歷史的長河是永恆的，榮華富貴不過過眼雲煙，而後代人的評論是冷酷無情的。回想我們青年時代，為了社會主義在新中國的實現，九死一生，顛沛流離，但我們從來沒有後悔過。一九四九年，新中國成立，我們畢生的理想實現了，我在你們兩位領導下的中財委我雖不是黨員，周總理是把我當成自己人看待的，因為我追隨黨一輩子。當時我是絕對相信黨相信毛主席的，衷心認為黨和毛主席是真理的化身，馬列主義的化身。想不到由於毛主席晚年的路線錯誤，把好端端的一個中國弄得民不聊生，國民經濟瀕於破產的邊緣。一九七九年鄧小平東山再起，又重新燃起我對中共的希望，而八九年「六四」的槍聲又把我的希望撲滅了。清夜捫心自問：難道我們所追求的新中國，是這樣一個貪汙腐化官倒橫行的中國嗎？我們過去反對的國民黨的官僚資本，取而代之的是比國民黨更腐敗的官僚資本，我們對得起為革命而流血犧牲的先烈嗎？對得起我們的子孫後代嗎？新中國在國際社會中的形象，真不是安享尊榮的中共領導人所能想像的。九七年後香港回歸祖國，結束了一百多年殖民地統治，而香港居民不是歡心鼓舞，反而惶惶不可終日，排隊於外國領事館之門以求移民，難道他們不愛國？這不值得中共領導人深思嗎？你們兩位是黨國元老，一言九鼎，希望你倆大力支持改革，做改革派的後盾而不是做教條主義者的殉葬品，拖改革派的後腿。時乎時乎不再來，際此八中全會即將召開的前夕，認認真真做一兩件收拾民心的好事，則共產黨庶幾不會不亡，蹈東歐國的覆轍。

這一封信，也許你們根本看不到。即使看到了也可能認為千某人中「資產階級」的毒太深，世界觀沒有得到改造。那就投之紙簍可也。萬一你們認為還有一二分道理則請轉鄧小平、江澤民兩位一閱為幸。

國步方艱，最後希望你們珍惜自己的身體，也珍惜自己的歷史。言不盡言，順頌健康。

千家駒　一九九一年十月二十日於加州

無家可歸

——羅隆基的情感生活

羅隆基的情感生活，伴隨他的一生。這是朋友議論頗多的話題，也是被官方視為問題的問題。既是是非非，也沸沸揚揚。我一直想用專門的篇幅來講述，卻不敢動筆。原因有二。一是怕有失誤，對不住羅隆基及其女友。二是覺得寫風花雪月，意義不大。以後，相關材料看多了，態度有所變化，積漸過濾，零星印象緩緩凝聚，迷霧淡去，思緒亦慢慢清晰起來。羅隆基與異性往來紛亂，足夠一部浪漫史，但又絕非簡單的風花雪月。可以說，他的一生基本上是由政治活動和愛情生活兩部分組成的，二者缺一不可。兩者合起來，我們才能認識到他不同於常人的個性與起伏跌宕的命運。

羅隆基對異性的情感豐盈又放縱。對漂亮年輕、品位卓異的女性，他本能地即刻迸發出好感，憑藉個人魅力又能迅速贏得芳心，還有本事同時周旋於幾個女性之間，而這些女人也彼此相識。

總之，他生性風流，愛情軌跡是一條長長的生命弧線，直抵終結。

兩次婚姻

羅隆基的第一個妻子叫張舜琴，也是英國留學生，學的是法律，其父為新加坡富商。那時，羅隆基在倫敦大學政治經濟學院讀書。他們在舞會上相識，在英倫結婚。一九二八年夫婦回國，途經新加坡，女婿登岸拜謁岳丈——張永福先生，廣東饒平人。這個靠種植胡椒樹而致富的資本家，是同盟會新加坡分會副會長。鄒容的《革命軍》問世，他自掏腰包印了數千冊，更名《為生存而戰》，廣為散發。偏偏羅隆基與岳丈不大合得來。

小倆口落腳上海。羅隆基任中國公學政治經濟系主任、光華大學政治系主任、暨南大學政治經濟系講師，兼《新月》雜誌主編。他有口才，學生口碑載道；他有文才，在《新月》上連續發表有關人權問題的文章，鼓吹自由思想與個人主義。這不但使《新月》有了濃厚的政治色彩，也使羅隆基名聲鵲起。張舜琴由於漢語說不好，無法掛牌當律師，便在光華大學教英語。她還用英文寫過一部《楊貴妃》，由上海商務印書館出版。他們共同生活期間，日子過得相當舒適。反右期間，羅隆基對個人的經濟狀況有一個系統的書面交代材料。裡面寫明：

> 一九二八年—一九三一年回國
>
> 光華大學政治系主任及中國公學政治系主任教書每月共肆百餘元。此外，還有文章稿費。

中間有一個短期（約半年）不能教書，替文化基金委員會翻譯英國史每千字十元。[1]

很遺憾，好日子沒過多久，夫妻鬧翻。倆人還動起手來，搞得羅隆基有時臉上掛彩，纏著紗布繃帶上課。琴瑟失和的原因，清華校友、民盟同事潘大魁在《風雨九十年》一書裡的分析，是比較令人信服的。他寫道：「羅與她（指張舜琴）是在英國結的婚。她給我的印象是外表本分樸素，喜清靜，不愛社交，是基督徒，與羅的性格迥然不同。清華同學對他們的結合頗感驚異。當他們在倫敦時，清華同學何浩若等數人曾到他家拜訪，惹得羅妻大為不滿。大家預料他們的婚姻一定不能維持長久。回到上海不久，果然他倆便宣告離異了。」關於這件事，光華學生、歷史學者沈雲龍撰寫的〈光華大學雜憶〉，青年黨領袖李璜寫的〈談王造時與羅隆基〉，暨南學生、馬來西亞學者溫梓川寫的〈文人的另一面〉等文均有所涉及。其中，溫梓川發表在馬來西亞《蕉風》（一七四期）的文章有個別之處，我以為是值得推敲的。一，溫梓川認為羅隆基追求張舜琴是「急於功利的緣故」，想從老丈人那裡得些財產。這不大符合事實。誰都知道，羅隆基一生愛戀的女性無數，美貌年輕是第一位的選擇標準，也是一個絕對的、始終的標準。不錯，他重視金錢，但從來不曾有過為金錢出售感情的事情。二，溫認為羅隆基與張舜琴離婚是為了追求張君勱之妹、徐志摩之前妻張幼儀。為達此目的，「他偽裝張君勱的信徒，加入國社黨。」這就更不「靠譜」了。羅隆基是搞政治的，能為女人去參加一個政黨？至於為什麼參加國社黨？還是讓羅隆基自己來回答——

我與國社黨的關係

國社黨什麼時候成立，我不記得。

我是一九三二年來到天津益世報做事，後來在北京被張君勱邀約參加的。國社黨的底子是研究系。在北京的領導人有張君勱、張東蓀、陳博生、湯薌銘、梁秋水等等。

我參加後大江會，一部分人亦參加。我的學生亦有一部分人參加。從來是一個散漫無組織的團體。沒有入黨手續及登記等等辦法，所以到底有多少黨員、誰是黨員沒有人知道。領導人是張君勱。有一個月刊名《再生》由張君勱主編。我彷彿沒有為《再生》做過文章。這個黨的往來人物是一班北方失意的官僚政客。反蔣是一致的，目的或者各有不同。

黨的綱領是我入黨前由張君勱、張東蓀等撰定的。大意是國家社會主義。但這個黨的內容與當時德國希忒納的國社黨有分別。政治綱領完全是英、美的舊民主而經濟是國家資本主義。我加入國社黨的主要原因還是同情這個綱領。[2]

溫梓川又說，在與張舜琴「決定離婚之前，（羅隆基）就每天抓住太太沒頭沒腦的亂打亂捶，打得她一佛出世，二佛升天，死去活來，什麼贍養費，簡直連想都不敢想，便自動下堂求去。張小姐本是生得弱不禁風的千金小姐，哪裡經得起羅隆基每天的拳腳，自然也只好下堂求去了。」[3]讀到這裡，我笑了。羅隆基的脾氣壞，暴躁，好鬥，刻薄，小氣。認識他的人，沒幾個喜歡他。但羅隆基不是莽夫、暴徒。熟悉羅隆基的朋友大多曉得：他即使和最鍾情的女人相處，也是經常吵嘴打架。「雨又兼風，綠又兼紅。」打架，擁吻，再打架，再擁吻，循環往復——這是羅隆基私生活中屢演不衰的戲劇場景。若只打架而不再擁吻，那二人的戀情或婚姻，便進入了尾聲。他與後來的妻子王右家十餘年婚姻，也是這樣一路搬演過來。

王右家是羅隆基的第二個妻子，湖北人，曾留學美國。他們在上海王造時家裡偶然相遇，倆人一見鍾情，時間是在一九三〇年前後。是個男人，就都會欣賞王右家。除了聰明伶俐、幽默豪爽，重要的是她的美麗和氣質。不假修飾，而韻致天然。「聰明使她不須太用功讀書，也能寫出極清新的文章，美麗使她到處受到讚美與奉承，有些地方可以無往不利。說到她的美，無人會加以否認。她平居不大修飾，連粉及口紅都不用。在大學一年級時，冬天她經常穿一襲棉袍，腳穿一雙平底鞋，可是她長身玉立，神采飛揚，無論穿什麼，無論在什麼場合，永遠都是鶴立雞群。」[4]我的父親（章伯鈞）曾說：「王右家真是聰明漂亮，搞得努生（羅隆基字）以後遇到女人，都要把王右家當做尺子去衡量。後面的女人怎比得？也難怪努生總是三心二意。」

有人說，曹禺所寫《日出》裡的女主人公陳白露，其原型是王右家。這是訛傳。萬家寶（曹禺原名）和王右家並無往來，更談不到熟悉。只是偶然在一個社交場合，他看到了活潑美麗的王右家，於是心中的陳白露形象一下子「點燃」了——這是後來成為戲劇家的曹禺，回顧創作歷程時的一段談話。王右家的個性很不一般，是一個帶著野性的女子。結識沒多久，在明知羅隆基有家室的情況下同返北京，公開同居。王右家此舉，在當時是需要極大勇氣的。當然，這勇氣來自愛情，也來自羅隆基的鼓動。羅對她說：「你這麼青春美麗，如能給這古老封建社會來顆炸彈，使得萬萬千千的人為你的勇敢喝采、讚美，一定會給這死氣沉沉的社會，平添生氣……」[5]如此鼓動，有著叛逆色彩的王右家不顧一切地投入了他的懷抱。

一般人認為這事太違禮法，比之徐志摩、陸小曼的戀愛更難取得同情和諒解。背後受盡批評，當面也有人譏諷，還把王右家的父親氣得跑到關外。可人家小倆口才不理會呢，親親熱熱，恩恩愛愛。羅隆基著實喜歡王右家，寵著，疼著。王右家說是留美生，其實沒讀幾年書，沒畢業、也無學位。同居以後，羅隆基便成為王右家的老師，指導她讀書寫作。王右家也用功。在「騍子」（羅隆基綽號）的帶動下，這匹「野馬」向前飛奔了。她的春明女中同學呂孝信是這樣評價的：「那時她（王右家）確實讀了很多書。以後她又辦《益世報．婦女週刊》，對文化工作非常熱心。如果她不認識努生，而嫁給原來的未婚夫，相信她以後的生活將是兩種方式。她會整天交際，出入戲院舞廳，混混沌沌過一生，正如小曼未嫁徐志摩前的生活方式一樣。」[6]

這段時光是羅隆基一生最美好、也最為得意的。以致於戴上右派帽子的羅隆基成為我家常客後，一說到過去，就情不自禁要提及那個時期，不厭其煩地對我講：「小愚，不要看你的羅伯伯現在倒楣的樣子，從前可是風光得很呀！」說著，向我伸出兩個手指：「兩家報紙的主編、社長，兩所房子，兩部汽車，兩份薪水。北京、天津兩地住來住去。」他沒吹牛，那時的羅隆基有著頗為可觀的收入：

一九三一年—一九三七年
益世報主筆每月伍百元
南開教書每月二百餘元
後兼北平晨報社長，每月伍百元
此外尚有稿費及新年雙薪等費
一九三八年—一九四二年
參政費每月三百元
後兼聯大教書每月伍百元[7]

他們同居關係持續的時間不算短，直到張舜琴和他辦理了離婚手續，羅隆基與王右家才正式結婚。一九三七年「七七」事變發生，夫妻遂離開平津南下，先南京，後武漢。羅隆基是以教授、學者身分跨入政壇的，用今天的時髦話來說，是個「兩棲類」「跨界人物」，學界、政界穿梭遊弋。王右家儼然是個沙龍女主人，有文化教養，思想敏感，能眉言目語，「聞弦歌而知雅意。」聽上幾句，就大致明瞭對方的意思。在這對熱情好客夫妻的家中，經常是賓客如雲。男男女女進進出出，好不熱鬧。一位燕大教授索性把王右家叫做「通天教主」。時值國共合作，許多政要都匯聚於武漢江城。此時的羅隆基也是異常活躍，無論哪邊都有朋友。蔣介石請他上峨嵋山，周恩來、鄧穎超是他家的貴客。周恩來很欣賞王右家。所以，一九四八年王右家決定離開大陸，其母臨時留守北平。行前王右家曾交給母親一封信。說：「我留下一封信給你，那是寫給周恩來的，如果共產黨來後騷擾你，可將這封信寄出去，也許可得一些照顧。」[8]顯然，王右家心裡清楚周恩來對她的感情，以為憑這分感情，自己的母親可以得到額外的照顧。對於周夫人，或許由於政治歧見，或許出於同性相斥，王右家就看不大慣了。她說：「鄧穎超口裡喊無產階級革命，要打倒小資產階級，其實我看見她一次比一次時髦，凡是看見別人穿著一件好看的衣服，第二次她就跟著學樣也穿出來。這些女共產黨員的本質跟普通女人並無不同，只要你和她們熟悉一點，你就會看見那條狐狸尾巴。」[9]

喜歡女人是羅隆基的天性，即使家裡有太太，也喜歡向其他女人示好，獻殷勤。當年張舜琴跟他鬧翻的最主要原因，就是不能容忍這一點。王右家聰穎又豪爽，她不像張舜琴整日價把個丈夫拴在身邊。倒像個放牧者，讓羅隆基在外面「花」去，自信每晚會乖乖地回到家裡。王右家知道「騾子」在外面又和誰相好了，也知道相好寫給丈夫的情書放在哪裡，卻看也不看。她深信自己魅力的同時，認為「騾子」不過是逢場作戲。十餘年過去了，意外終於發生——好友楊雲慧（楊度之女，曾就讀美國耶魯大學戲劇系）在和羅隆基鬧蹦後，找到王右家懺悔，並索討自己的情書。王右家滿口應承，保證「完璧歸趙」。當把情書翻檢出來，王右家大驚：一年多時間，情書寫了近百封。「惜紅粉凋零，滿紙寫幽情。」出於好奇，她抽出其中一封來看，萬不想信裡竟談到嫁娶問題。凡做人做事，都有個底線。不到底線，人有包容、事有商量。突破了底線，則人情了結、事情了斷。此刻的王右家感到自己與羅隆基，到了夫妻了斷、家庭了結的時刻。「嫩黃花有些蝶飛，新紅葉無個人瞧。」王右家選擇了離開。她這樣說：「我一向抱著合則留，不合則去的主張，既然『騾子』與她相愛，我就成全他們也無所謂。所以從那時候起，我就離開了『騾子』的家，永遠也沒有回去過。」[10]

這一招著實厲害，威力無窮，遠遠超過一般女人失寵後的撒嬌耍潑，尋死覓活。羅隆基傻了，急了，也火了。要知道他對王右家是真的，實的，對別的女人大半是虛的，假的，哪怕相互抱吻、論及婚嫁。他後來和幾個女人親熱，幾乎都談到婚嫁，如史良，劉王立明。其實都是一時興起，根本無意於婚姻。別人把婚姻視為依歸，他把婚姻當作戰略。應該說，逢場做戲始終是羅隆基的拿手好戲，玩得爐火純青。事情急轉直下，震怒的「騾子」找到那女人算帳，責怪她不該破壞自己的家庭，並威脅道：自己也要把事情向她的丈夫公開，叫她的家庭也破裂！接著，羅隆基踏上了尋妻之途。一個找，一個躲。一對冤家活像玩捉迷藏，成為滇渝兩地的一道風景，也是父輩們最具趣味性的話題。最後，王右家獲得英國簽證去了國外，夫妻表演的「二人轉」才算落幕。

父親對我講到這樁事情，常常發笑。說：「努生和王右家兩人同居鬧得滿城風雨，分手搞得風雨滿城。」

《無家可歸》

王右家的驟然離去，是對羅隆基的致命一擊！讓他痛了一輩子，也影響了後半生。「那當愁樂總填胸，歌似無從，哭似無蹤。」羅隆基拿出妻子買的紙張，記錄下夫妻分手後的悲與苦。「固然沒有想到死，但亦沒有感覺是在生。自己亦不知自己是有是無。只是時時刻刻眼角酸酸的，眼淚想滾出來。但亦不想哭。已經死了罷，自己知道還沒有死；是活著吧，又不覺自己是活著。這是我如今的滋味！」[11]——輕撫著墨寫的文字，咀嚼著這樣的句子，我非常震驚和感動。一向以為羅隆基擅長調情、喜歡向眾多女性討好。原來他的內心深處，只裝了一個王右家。窮數月之功，盡傾內心之情，羅隆基寫成一篇長文，取名《無家可歸》[附件]，並親手用白絲線裝訂成冊，整齊又精緻。羅隆基政治活動頻繁，東走西奔。但這本《無家可歸》，他走到哪兒帶到哪兒，至死都留在了身邊，保存完好。它是羅隆基最深情的流露，也是最徹底的情緒宣洩，無遮無飾。可謂「情在文」、「文生情」。於一個「花心」人而言，亦謂罕見。不是做文章，也不想示人，文字樸素，感情沉鬱。繁華落盡時，他回到原來的自己。我素來注意收存羅隆基的文字材料，這是最動情的一篇。此前沒有，此後也沒有。

愛情就是一場戰爭，征服、控制、占有，在對方的領土上飄揚著自己勝利的旗幟。突然，王右家把這面體面光鮮的旗幟一把扯下來，甩了過去！羅隆基的生活鏈條就這樣猛地斷裂了，從最自信、最有把握、最堅固的地方斷裂了。妻子的消失如同大風，呼嘯而過。「捱一番朝驚晚驚，又一番風行雨行。」頓時，他墮入生未必比死快樂的境地。婚姻是有規則的，你偏離了它，它就能顛覆你；夫妻是有約束的，你輕蔑它，它就能撕碎你。羅隆基又是在毫無精神準備的情況下，被顛覆、被撕碎的。他已經找不到力量和方法來掙脫內心的虛無之感。有如平地暈船，人已迷亂。天降大雨，他在雨中思念：「雨點滴得我心窩裡發痛。每滴雨點裡彷彿看得見她的面容。這雨亦帶來了一長串的歷史。想到了她過去的雨衣，雨衣的顏色，雨衣的式樣。」[12]女傭要買菜，一個「菜」字，讓他聽得出神：「老媽子來拿錢買菜。一個『菜』字，馬上叫我回想起她喜歡做什麼菜，她每日怎樣調配菜。她知道我喜歡吃什麼，並且總要為我調配一兩樣菜。這些念頭又叫我心頭發酸。我想告訴老媽子，凡是以引起歷史往事的菜都不要買。但是我軟弱得說不出話來。我不知怎樣說。我癡癡地望著老媽子出神！」[13]床頭衣架，也是不能看的：「臥室的床頭掛了她的三件衣服。老媽說：『這些衣服收掉了罷，掛在這裡時時刻刻望著多難過。』我說：『不要收嘛，掛著等著太太回來看嗎，掛著一年，兩年，三年。儘管她怎樣變，我不要變，我不會變。』老媽流淚下去了！」[14]衣服扣子掉了，找到鈕扣重釘，已是淚眼模糊：「我的衣服掉了兩個鈕扣，我想在一個盒子裡找出幾粒鈕扣來補，盒子是『家』的盒子，看見了盒子，我再看不見盒子裡面的東西，因為眼淚已經蒙住了我的眼睛。這種傷心只有我自己知道。」[15]只好抽菸，菸也無用：「菸亦有歷史。她亦會抽菸。倘是一個人獨坐抽菸，於是又從抽菸中引起了許多往事，她拿菸的姿態，她抽菸的神氣，她喜歡買好菸的習慣，她遞菸給我抽的風味，於是望著菸捲亦叫我掉眼淚！」[16]打點精神去參加一個結婚典禮，聽到懷娥玲（小提琴——筆者注）與鋼琴的結婚進行曲，不覺黯然傷神：「我看見新娘一步一步地慢慢地走進禮堂，我又想起西諺『婚姻投入墳墓的初步』那句話，我自己戰慄起來了。十三年的結合，受過多少困苦，享過多少甜蜜，然而一轉念不告而去，就不告而去了。今天整個的一幕，我私心非常佩服新郎新娘的勇氣。我總感覺我在參加葬儀。那鋼琴的每一個音，彷彿打得我心痛。我怕聽，我偷偷地坐到無人注目的角角裡去。」[17]王右家是坐飛機走的，羅隆基「望著天空就害怕。雲彩中彷彿有無量數的她在望著我似的」。[18]連跑警報的感覺，也與往常不同了：「惶惶然若喪家之犬。真不知為何而跑，為誰而跑。一個人真不知哪裡去，只是眼角邊流淚。只覺著人人都有跑的理由，我一個人沒有逃死的目的！」[19]他每天早晨兩三點鐘的時候總會驚醒：「這時候流淚最方便，只有自己知道，沒有別人看見。」[20]他每天禱告的就是一句話：「我要找到她，找到她的人，並且要找到她的心。」[21]羅隆基甚至說「每天都是我的一個難關。這是精神上的無期徒刑」。[22]「我相信，任何人，只要是人，就忍受不住，就支持不了。」[23]

不僅難以擺脫愁苦、悔恨、沮喪的情緒，他還有因婚姻失敗而招致的嘲笑，因嘲笑而招致的恥辱，以及尊嚴掃地，心靈破碎，理想渺茫。對此，羅隆基是這樣描述的：「跑去了老婆的人，比死了老婆的人，內心慘痛多多了！」[24]「全身大汗，感覺羞恥到萬分，彷彿許許多多的人都張著眼在望他。」[25]「每日清晨總陷在為這事的憤恨中。總是到憤恨極頂的開頭，一躍而起，因為再睡不下去了，睡下去，全身全神欲裂，」[26]「最愛的人不告而別地走了，那一線再見的希望，那一種追蹤而往的念頭，那許許多多的幻想，那一切自己責備自己的內疚，真叫人難於忍受。死了的人到黃土裡去了，所謂入土為安，她安你亦安。未死的愛人，她要是萬一到別人的懷裡去了，這念頭，單單這念頭，就可以叫你心上發生針刺般的痛。許多事我的勇氣都沒有了。這不是怕，是心虛。第一，我感覺人世太虛偽。自己十幾年的老婆，無緣無故可以突然變心，可以一逃不復返，其他所謂友者，更不可靠。第二，我總感覺旁人總在諷刺譏笑議論我。因為我是個逃妻的丈夫。我認定漢口及昆明兩次變故，右家摧毀了我的身體、精神，及事業。我臨死的時候，假使我有一句遺言，『我的失敗在婚姻！』我目前真是公私交困。公的私的沒有一件事不令人偷著流淚。更苦的是沒有一件事可以對人訴說，可以叫人充分瞭解。並且和我開玩笑的人，公的方面及私的方面，都是我十數年合作的人。家裡是老婆，外面是朋友。對老婆及朋友，都無從措手。」[27]由此可見，王右家的出走徹底摧毀了這個成功男人的精神世界，以致於使羅隆基感覺到人生所能把握的都喪失已盡，感到人世間「謀死親夫」都是可能的事。自己的傷心慘目，是別人的賞心悅目；自己的隱私痛處，是他人的笑料談資——世俗社會由來如此。但眼下十目所視、十手所指的生活，幾乎使政治上如日中天的羅隆基，萌生到海外讀書寫書的念頭。目的是希望別人遺忘自己。他將這次婚姻的破裂與第一次的離異做了這樣的比較：「第一次婚姻，彼此摧毀了愛，彼此卻沒有毀滅彼此的事業及前途，彼此絕對沒有毀滅彼此做人的機會。但這一次，你的不告而出國，彼此並沒有完全摧毀愛，卻已摧毀了彼此的事業及前途。」[28]你說，一向體面的羅隆基能不傷心欲絕嗎？

畢竟這是一個太難接受的現實。從一九三〇年到一九四三年六月二十八日，夫妻磕磕絆絆攜手走過十三年的人生之途。十三載夫妻對普通人來說，是很容易的。但是對羅隆基和王右家兩個極具個性的人來說，就十分難得了。似乎越是兢兢於保存的，越要失去。事情已經無可挽回，羅隆基決心把這個「背上的芒刺拔除，否則是受長期的凌遲」，[29]再重新走出一條路來。

《無家可歸》萬字文，像部抒情電影。隨著鏡頭的閃回、推拉和搖動，羅隆基五內鬱結著的纏綿不盡之意，如薄霧般展開，在我眼前浮動。伸出五指，彷彿手心手背都沾著水氣呢。

夫妻分手後，各自沉浮哀樂。王右家回到北平，她聽說有個揣骨算命的人，收費高，但靈驗，便邀呂孝信同去。那盲人說王右家是部長夫人的命，過去如果不是，將來也準會是的。當時，羅隆基努力以民盟要員身分活動在國共兩黨之間，風頭正健，當個部長，也是可能的。

呂孝信對王右家說：「盲公說你會當部長夫人也許真有些靈，如果『騾子』當了部長，又要你回去，你不就是部長夫人了麼？」

王右家態度決絕，答：「我是一品夫人丫頭命，我不會回去，更不會因他當了部長而回去。」天涯雨滯，野馬塵埃。妻子離去，誰能喚起羅隆基心頭不可言說的柔情與渴慕？

日記裡刻寫的戀情

民盟中央的人罵羅隆基是流氓。我曾問父親：「羅伯伯是流氓嗎？」父親答：「努生風流，但不是流氓。」接著，又惡恨恨補充道：「有人是流氓。」父親是在為他辯護，我相信父親的話。我也知道那句「有人是流氓」所指何人。後來，見過羅氏日記的金若年（曾任民盟中央辦公廳副主任、副祕書長等職）對我說：「他每天都離不開女人。」別人越這樣說，我就越想看羅隆基的日記，哪怕只讓我看一頁，瞅一眼。

一個極其偶然的機會，我得以看到羅隆基寫於民國三十五年（一九四六）五月至八月的日記。

毛筆書寫，用的是南京昌倫紙號製作的十行本。雖只是四個月的日記，但它多少能印證父親「風流，但不是流氓」的看法。這裡，我將羅隆基涉及到女性的文字按時序排列出來。為保持日記原貌和完整，若某天和女性有所交往，則將當天的日記全文刊出。我們也可以看到愛情、政治於羅隆基的確同等重要，稱得上是遂功名又遂風情。情愛於他，既產生力量，也消耗力量。

列出以下幾篇[30]，其間涉及女性的文字均以底線標出——

六月十九日

九日到了上海。十五日回南京。上海忙了一個禮拜。看見了鳳子（名演員—筆者注）、雲慧（即楊雲慧—筆者注）及露西（名演員，後更名路曦—筆者注）。當初是天天見面的。在文匯報上有兩段談話，一段是談是非不談中立，一段是「今天應該老百姓向黨接收政權、不是政府用武力向老百姓接收主權」。這兩段話引起了反響。六月十日中華時報上左舜生一篇社論「中立與公道」——「請教羅隆基博士」——大事攻擊。這篇文字由中央社廣播全國中央底報紙轉載。這是青年黨拿了政府津貼報帳的文字，不值注意。同時亦感中國政黨政治道德水準之低也。

回京後，民盟人與政府及中共代表都談過幾度，但解決問題的希望仍甚微。十三日曾與馬歇爾面談一度，只知問題困難太多，和平不可樂觀而已。

本市報紙又發現左舜生的談話，對個人攻擊，依然是為人利用，而左則有以報命而已。

上午民盟自己商討時局，下午三時與恩來商談，勸其對所謂「最後決定權」一點讓步。他已答應電延安請示。五時與王世傑談。七時約美友（附英文名字，字跡不清—筆者注）及（英文名字，字跡不清—筆者注）夫婦遊玄武湖。昭掄（曾昭掄—筆者注）夫婦及欽穉（陸欽穉—筆者注）同往。十一時左右曾一同往夫子廟中華戲茶園聽清唱。生平久聞的夫子廟歌女情況，今日第一次目睹。中國娛樂生活水準之低，令人可怕。

這兩天態勢緊急到了極度，因為離停戰期只有兩三天了。大家總想在這短短幾天內找一條和平的道路。但方法非常少，我自己亦感悲觀。

曾經接到劉豔英從湛江市一函。她突然來這樣一信，目的何在，我不知道。她預料我不會覆她，但我立即寫了回信。她是我三年前偶然在昆明遇見的一個聯大的女學生。我和她只談過一兩次話。但信中她把那些話都提起來，問我記得否？她希望我「忙說忙寫忙做」而希望我說的寫的都能普遍到青年中去。

有人自上海來，說上海刊物報紙已總動員在攻擊我，這真是小題大做了。

存初（不詳—筆者注）來說她二十號飛重慶。「從報上得悉你安抵南京，又在繼續著為和平努力，為私為公，都是多麼的快慰呀！可是，真因為您有過人之才，更應愛護身體，實在不應忽視，硬硬地隨地疲乏不堪，懊悔就來不及了，這種話，在現在，恐只有我一人說吧！」

六月二十五日

上午談內部盟務，午與上海代表商討時局，吳耀宗、張絅伯、包達三等都在。我勸他們將送馬帥說帖取消。五時得陳波兒（名演員—筆者注）電話，八時與之同出到泰山咖啡館吃冰激淋，九時同往新都看電影，十一時送她回家。十個月中第一次看電影。

六月二十七日

第三方面會談。並無具體做法，亦無具體結果。下午得波兒來信，說今日已離京。這次與她又只匆匆一面，更匆匆而別。實悵惘不安。這次與波兒見面，印象甚佳，且約再次晤敘。突然而別，更覺悵然。

六月卅日

早晨毫無消息，只知十二時滿期後仍不至大打。三時在國大與第三方面及政府代表聚談，知道蔣與馬談話結果仍未解決問題，但政府將發繼續停戰的公告。六時看到政府公告，措詞仍為「打」留了餘地。夜看到中共公告，又指出政府要打各點，而為中共準備「打」留了餘地。形勢實未好轉。蘇北、承德、安東三地，一方面硬要，一方面不給，雙方都到了最後關頭，前途真不可樂觀。

上午十時民盟內部討論盟務，因新華社消息，有東北一八四師致民盟一通電，由袁方、任之（黃炎培—筆者注）和我轉，說明該師命名民主同盟第一軍的用意。任之主發表更正，多數反對，爭執甚烈，任之竟表示退盟。民盟與一八四師絕無關係，乃為事實，但多數認更正更使問題嚴重且引起不必要之注意。晚發現僑商報有同樣消息，由美聯社發出，故又決定用談話式由美聯社更正。

得露西函，但上午我亦發出給露西一函。不期然而同一日發函收函，靈感歟？

七月六日

清晨做夢，情形如此：「右家臉上有抓傷深紋數道。上身露體。其情甚悲傷。問她的理由，知道被人欺侮打傷。夢中印象，她已流落。我看見形情，大為憤怒。立即跑進一室中找抓傷她的人。那人我亦認識，卻不在，另遇一個朋友，我且知其姓名。我立走出找那抓傷她的人。果在門口遇見。我即揪其衣領，彼亦憤怒，但未抵抗。我拖他向右家所在地走，要親自指給他看傷痕，並且報復他的殘暴。正在揪去途中，醒了。」三年前右家逃脫昆明，我返昆後，常常做夢，夢境多悲戚。最近知右家已返國，且已到北平。今天是近來第二次夢見她了。

早晨乃器來談，彼認為目前政府是以武力做和平的後盾，主動做協商的後盾。應廣泛發動社會文化及工商以打破當局陰謀。

十二時與盧作孚午餐。他說他對國事的感想，要點在有暫時和平，使工商實業擡頭，而後進行社會改革。社會改革為必要，但贊成採英勞工黨改進方式，且須有詳細研究計畫。又認為工業發展與私人資本發展應分開，私人領導工業若不靠企業則財，而後企業有前途，社會改革有前途。

四時往首都飯店與美國 Peter 談話約兩個鐘點。他反對美國干涉中國內政，亦反對蘇聯干涉美國內政。批評蘇聯的外交政策錯誤點甚多。但他對聯合政府亦沒有信心，怕國共雙方二十年仇恨太深，不能合作。

三時曾到梅園與周恩來談半小時，主要即決定堅持政協談政治，否則中共拒絕國共談判。晚十時知道國共談判今日又無結果，且未約期再談，局面似已僵了。所謂僵還是不談不打，並不是破裂。

存初來信說：「在白市驛下機後，獨自一人擠在人叢中，爬上了無篷的大卡車，經過了你最讚美的兩浮支路，又經過你曾經不熟悉的南區公園，最後我一人坐一部人力車由國府路三百號門前回猶莊，從前，現在，是多麼令人傷感啊。」

七月七日

上海民盟人派人來促赴滬，決定九號晚車去。下午四時曾與力子（即邵力子──筆者注）談，據力子說，蔣對蘇北問題甚堅決，決無退讓餘地。我輩力言應在政治上謀解決，彼似無動於衷。夜十時與恩來、必武等見面，談到延安「七七宣言」，我輩力勸不必攻擊美國，逼成國美與共蘇對峙之局，於共不利。彼始不以為然，繼認為有考慮必要。

得露西長函，話坦白，意誠懇，文字亦甚美。她說「十年前您認識的那個富有生命力的露西已死去了三五年了。我現在對於人生的看法只是覺得有未了的責任而已，我對於人不能瞭解，特別是男子，我的瞭解僅僅賜予我悲劇的下場，現在我就在這悲劇的尾聲中無聲地了此餘生！」

七月二十二日

這中間可記的事真多，可說的話亦真多。九號夜車赴上海。十號到了上海，下午即與君勱（張君勱—筆者注）、衡山（沈鈞儒—筆者注）、伯鈞等人相見，決定舉行三日招待，日期定在十五、十六、十七三天。我寫了一篇招待記者的談話。十一號整整和雲慧玩了一天，愈談愈不融洽。她本要我過一天再約她，我亦沒有約了。十三號看報知道李公樸兄已於十一日夜十時餘在昆明被刺，十二日早晨五時三十分逝世了。消息令我詫異更令我悲痛。那一天我們民盟幾個人就開了一個臨時緊急會議，決定公樸公葬的事。十五號招待中外記者，由我主持，十六號招待文化界，因大家知道了公樸被刺的消息，所以憤慨異常。十七日招待工商界，那時聞一多兄在昆被刺的消息，亦已經到了上海了，大家更憤慨。會中由我報告一多事蹟，我竟落淚不能成聲，從父親去世後，未曾因任何人死亡而令我掉眼淚。這次我真不能不落淚了。我聽到一多被難消息，即赴吳晗處，吳正在痛哭流涕。後來我邀他出來，共到范園開會，共到工商界招待會，夜間一同赴范園與恩來等晤面。十九日清晨又匆匆從上海趕回南京，因馬歇爾與司徒雷登那天上午須赴牯嶺，必在他們離京前與之一會。十九日十二時飛抵京，即在機場與馬、司二人短談。下午往訪邵力子、吳鐵城。都是談昆明暗殺案事。二十日上午去看張厲生，談昆明暗殺案兼談北平民盟負責人被綁案。下午四時王雲艇來藍家莊談。六時吳貽芳等三人來談怎樣打開時局，怎樣推進和平。二十一日下午四時又招待南京新聞記者，六時招待外國新聞記者。都是談公樸、一多事。

在上海時曾經和露西出去一夜，在咖啡館坐到十二時，送她回去，又談了半小時才分開。我向她談了一段話，她偷偷地流涕了。

接到了豔英一封信，她說不把我當要人看亦不把我當前輩看，只把我當「大朋友」看，並且問我要什麼南方的東西，她願帶點來送我。我在二十一號回她信說，我不是她的大朋友，而是她的老朋友，我身體精神都老了。我不要什麼南方的東西，假使她要送的話，把豔英趕快帶來送給我做小朋友。

為一多追悼會事走訪同級級友何浩若。真出我的意料，他聽了一多的死，一點點悲悼的感情都沒有，譏諷談笑，若與他毫不相干。依然打麻將，絕無所動於衷。還說了一大堆譏諷民盟的話。別人對一多的死，還表示惋惜之意，浩若與一多三十餘年前的同學同級，亦可說三十餘年的朋友，其態度若此，誠令人感覺人情的淡薄。他答應為追悼會發起人之一。

七月二十七日

上午只接見一印度記者。下午同到重慶安樂所晚飯，談了一個多鐘點。說過正常的生活沒有趣味，要調劑，但又認為調劑以不破壞現有正常生活為限度，因為破壞正常生活，而所謂調劑的生活又終須正常，又從有趣到無趣了，又何必多此一舉。我說，去找調劑，根本就無法統制生活，統制的調劑時時刻刻在栗栗危懼中，根本又沒有調劑。男女的交誼，如同飲酒，不醉時誰亦不想醉。不知不覺中醉了。雖醉了，醉人總不承認醉，愈來卻愈醉。愈醉卻愈說沒有醉。等到醉了，卻一切無從作主人。情人、醉漢、瘋子三位一體。都是不能自作主張的人。要自主，不要愛。Pu（即浦熙修——筆者注）硬說她可以作主。後來到大華去看戰地情侶，她的頭已經倚在我的肩上，她的臉偎著我的臉，她的心跳動得很快，我們偷偷地吻了。她說，「我只願飲這一杯，我正在打主意怎樣不再飲了，我不要醉。」我笑笑地說，「你已經微醉了！」

七月二十八日

早晨看報，知道中央社又在造謠，說民盟分裂，我和張表方先生（即張瀾——筆者注）在爭中立與不中立的問題。其實沒有這回事。十一時Pu又來了。我問她醉了沒有，她說「沒有醉，我不要醉」。我把手伸出去，她又握著我的手。我笑說「你還是想醉」。我們又狠狠地吻了！……

丟了男人的女人，都是很傷心的；丟了女人的男人，都是有欲望的。羅隆基的「丟妻」，反激出他對異性更加猛烈的欲望。日記確認了這個事實：經過「丟妻」的創痛，本就「花心」的羅隆基徹底走上了泛情的道路。不再是失家孤客，他成了一個畸零之人。屢仆屢起，再接再厲。羅隆基需要女性，且以贏得眾多女性的芳心為快樂幸福。他也不問對方有無丈夫和子女，只管去愛。愛就愛了，一切順從欲望，不再考慮道德、輿論以及後果。是啊，紅塵如網，一墮入便難抽身。「功名念，風月情，兩般事日日營。」一九四六年，抗戰結束。國共爭奪地盤，內戰爆發在即。民盟總部負責人大忙，忙於在國共兩黨之間周旋。羅隆基躊躇滿志，踽踽於滬寧路上。與此同時，他也在數個女人之間暢遊徜徉，如魚得水。要知道，這些女人還很不一般呢。在羅隆基那裡，戀愛成了一場沒有規則的遊戲，是非對錯不再成為準則，他的感情日趨淺薄、輕浮、短暫。羅隆基再也沒有出現過為愛而苦、為情所傷的情況。那「天在下大雨，雨點滴得我心窩裡發痛。每滴雨點裡彷彿看得見她的面容……」詩一般的文字，是他的絕唱。

日記裡，我突然發現裡面夾著一首新體詩。因我二〇〇四年在臺北中央研究院借閱過王右家寫給朱家驊的親筆信，內容抄寫下來，字跡也記住了。因此看到這詩篇，一眼認定它出自王右家之手。果然是王右家一九四六年六月十九日寫給「騾子」的。羅隆基小心翼翼地把它粘貼在一九四六年六月二十二日的日記裡。人們一直以為王右家出走之後，再也沒有回頭。但這首詩表明，情況並非如此。

這篇日記和詩全文[31]如下：

六月二十二日

下午三時在中央研究院與第三方面人士共談。夜又與董必武、李維漢談。我認為中共在整軍上應談政治，且應堅持以政治解決軍事。最重要點應軍政劃分，雙方不應以軍事爭地盤，而應求政治民主化，用政治以保障中共今後的生存，中共應決定方針，不可在戰停八日中隨便應付枝節問題、使談判破裂後，國方多藉口。

三日前接到上海一封信，只有這幾句詩：

為什麼，

你的來去這樣匆匆？

為了國家民族的幸福，
你忘卻了兒女私情，
我高興，
我歡欣，
雖然兩次的失約無消息，
也有點兒令人感到薄情！
「別時容易見時難，」
這一別的再見
不知又是何時？
但願得國泰民安，
和平早現，
這一切，還得你多多努力！
公事辦了早些來，
讓我們再做一次最後的重聚！

在這裡我要補記幾句。在鳳子（名演員—筆者注）與雲慧處知道右家已經回到北平了。她沒有信通知我，我亦沒有信給她。看問題怎樣僵下去。惟從雲慧口中知道她還是三年前的她。三日前傅孟真（傅斯年—筆者注）見面亦談到北平遇見右家的事。我的態度已決定，絕口不談這個問題，看問題怎樣解決，讓問題自求解決。

王右家的信寫於一九四六年，距離二人分手不過三年多的時間，但她在詩中流露出感情態度，已不再那般決絕。王右家埋怨羅隆基「忘記了兒女私情」，「兩次失約的無消息」。她期盼著「公事辦了早些來，讓我們再做一次最後的重聚！」——這些算不得詩的詩句，不僅僅意味著婚變後的藕斷絲連。她分明在呼喚，呼喚「騾子」的歸來。王右家說的「最後的重聚」，是只求短暫的舊夢重溫？還是追求長久的破鏡重圓？可能兩者都有，因為有前就有後。

羅隆基，態度也大變。《無家可歸》中那濃烈得無法消解和無處傾訴的愛與悔，痛與悲，都隨風而去，一點痕跡也沒有了。女人變得快，男人變得更快。羅隆基在日記寫下的文字以及與傅斯年的談話，都明確表示「絕口不談這個問題」，「只求自行解決」。男女之事分分合合，好好壞壞，大概真的只有當事人心裡才清楚。

王右家後來嫁給了茶商唐季珊。此人因前妻是阮玲玉，而大大有名。他比羅隆基大幾歲，紳士派頭，舞技一流。唐、王訂婚之夕，在北平南河沿歐美同學會舉行舞會。二人跳探戈，人稱「雙絕」。呂孝信曾問王右家嫁給唐季珊的原因。王說：「當我認識他不久的時候，我就認為他最適合作我的丈夫。你知道，我不能在『騾子』同一圈子內去找丈夫。如果不如他，會被他暗笑，比他高明的又都已有家室。唐季珊是另一個圈子內的人，無可比較。這一點上，我可以心安理得地去嫁，只是『老大嫁作商人婦』，自己也難以解嘲。」[32]

婚後生活並不幸福，唐季珊後來甩了她，分手時也沒有分給她多少財產。晚年的王右家，在臺灣過著拮据又寂寞的日子。

「人生充其量只不過是一種絢麗的浪費。」用亨利．詹姆斯的這句話來形容才情過人的羅隆基以及美麗聰慧的王右家，都不為過吧。

一本簡化的年譜

讓我驚詫不已的，是羅隆基寫於一九六五年的年譜。我管它叫「簡化年譜」，因為年譜簡化到一年的事情只用一兩句話概括。內裡完全看不出羅隆基的行蹤，彷彿只剩下一副骨架子，許多年分還是空白，如一九二四—一九三六，一九三九，一九四〇，一九四二，一九四三，一九五一，一九六三。看罷，心裡涼透。自以為精通政治的羅隆基，何故如此？

反右之後，章伯鈞和羅隆基都掛念右派帽子問題。第一批右派分子摘帽名單公布，章羅二人榜上無名。父親採取了沉默，在持久沉默中日漸超脫，不主動去寫什麼思想彙報，也不幹什麼「有意義的事」。例如，周恩來動員他寫「文史資料」，他笑笑；又建議他去研究黑格爾，他還是笑笑。父親對我說：「讓他們去罵，去講。終有一天，人們能明白章伯鈞是什麼人。」羅隆基則不同了。他比較積極地參加中央統戰部組織的各種參觀、座談等活動，還做了不少的筆記。當然，這和統戰部更為重視他的思想改造工作有關。一九六一年，大家都利用全國政協提供的機會，到內蒙海拉爾一遊。民盟中央的章伯鈞、潘光旦、費孝通、錢端升、錢偉長、劉王立明等大右派都去了。他不去，並告訴中央統戰部——自己要留在北京加強學習。幾年時間他寫下了十餘萬字的回憶文章，有關於《益世報》的，有關於調停國共談判的。看來，他還想進取，他要用文字表白自己的一生，要用行為表明自己尚有可為。基於這種理解，我對羅隆基撰寫「年譜」的動機，產生了這樣的推斷：年近七旬、健康狀況不佳的羅隆基定然想到了身後事。章伯鈞有家有室，子女可以替父伸冤。他無妻無後，只有做自我辯白了。而在眾多需要辯護的問題裡，羅隆基認為兩性關係是一個太需要澄清的問題。除了張舜琴和王右家是正式結婚的妻子，無需辯解以外（這兩個夫人在年譜裡確實隻字未提），其他所有的女性都要借用年譜來說清寫明。一九五七年，民盟中央當面罵他是流氓的人不在少數，連中央統戰部都起勁得很，要不然怎麼調遣護士，警衛，司機登臺揭發他的私生活問題呢。這個刺激太強、太深！回想起自己毫不檢點的生活作風，在風流韻事中的張揚陶醉以及旁若無人、暴躁生事的自毀性格，羅隆基覺得實在是有必要這樣做。他缺乏父親的隱忍，不能耐著性子等候，等候時間作證。

羅隆基採用年譜方式來澄清一生。沒想到的是動手在一九六五年，也死在一九六五年。為趕時間，年譜是用鋼筆寫的，而他一直喜用毛筆。我去他家閑玩，寫字臺上總是硯臺打開，毛筆濕潤。羅隆基如此惶急，是否對生死已有預感？是否非常焦慮和擔憂歷史對自己的評價以及後人的議論？是否內心深處渴望著打破與時代的「隔閡」，希圖重新被社會「接納」？愚蠢的動機使這個閱歷豐富、知識淵博、畢生從政的人一下子成為弱智。去世後，官方保存了他的全部日記，單單把這本年譜[33]甩了出來。問題非但沒有澄清，反將自己塗抹得十分難看。父親真的說對了：「努生太天真！」兩廂對照，章伯鈞像個搞政治的，即像國共兩黨罵他的（也包括羅隆基）——政客。而羅隆基則像自己所言：只怪自己是傻子，只怪自己不知世故！他並不傻，只是死前犯下一個低級的錯誤。這本年譜在中央統戰部眼裡，當然沒啥價值。但於研究者而言，它至少從中透露出以往我們不知道的一些情況。

羅隆基記憶力之好是有名的。一本薄薄的年譜寫出眾多女性的姓名，見面於何時，初吻於何地？一一標注，清清楚楚。與眾多女性的戀情，長達十幾年，短至數月，他都不曾忘卻。年譜抄錄如下。其間，涉及女性的文字仍以底線標出——

一八九六年

八月十四日生於江西安福車田村。

（陰曆丙寅年七月初六寅時）

一九〇五年

三月母親逝世（陰曆乙巳二月間）。

一九〇五年

五月二嫂同二哥結婚（陰曆乙巳四月間）。

一九〇六年

後母同父親結婚（陰曆乙巳十二月間）。

一九〇六年

同父親到吉安住羅家祠，後進吉安兩等小學讀書。

在此期間曾憲仁妹妹生娥發生童年的戀愛。二十幾年後在吉安重逢，她在吉孀居。相見時，她仍以身相獻，以完成童年時天真的願望。數月後，她病逝。

一九一一年

暑假前從吉安兩等小學畢業，共五人，我考第四，年最小。第一名雷懋貴，第二名何紹覺，三名黃振聲，四名我，第五名萬寶崇。

一九一一年

夏天到南昌，武昌起義後回家。原擬進南昌系馬樁江西法政學校的附屬中學，未開學即返家。

一九一一年

冬天到新喻，在新喻過舊年（辛亥年）。

一九一二年

春又回到南昌進吉安駐省中學，在鸝九試館。

一九一三年

暑假在江西考清華，江西共取七名，我考第一。

九月底同廖芸皐父子赴北京清華。

十月九號進清華中等科，第二天即為十月十號國慶。

一九一七年

暑假後由清華中等科畢業升入高等科。

暑假時返家住一個月。在返家休假中，二嫂待我最親，感情最好。是我在家中最有感情、最親愛的人。

第一次同二嫂有弟姊感情，她讓我吻她。

一九一九年

五月四號（五四）運動。五月六號晚我代表清華到北京參加北京學生在北京大學開會。此後即為五四運動的清華代表，經常到北京開會。

六月三號在天安門請願，在天安門同某女學生相互傾心，但彼此未通姓名。彼當時病倒，用擔架擡出天安門。暑假到上海參加全國學生聯合會並為全國學聯日刊編輯。同去有聞一多，陸梅僧，錢宗堡。並遊常熟。

一九二〇年

在清華讀書。

任清華學生會評議會主席。

三趕校長運動從此開始。三個校長是⑴張煜令；⑵羅忠詒；⑶余邦定。

羅忠詒同某師母發生戀愛故事。

一九二〇年

預定本年畢業，因暑假前拒絕考大考，全級留級一年。辛酉級不赴考的有二十餘人，聞一多為其中之一。

寒假後學校改變辦法，仍提前赴美。

一九二二年
春季赴美進威斯康辛大學，插大學三年級班。

一九二三年
仍在威斯康辛大學讀書。

一九三七年
「七七」盧溝橋事變，中國發動抗日。我正在北京做北京晨報社長，並為天津益世報主筆。
七月三十日天津淪陷後，過十餘日離津乘船經青島山東轉南京。梁實秋同行。
八月間離津即同陶佩雙一別永別。她是我愛戀過的一個女子。
八月間離津即同黃依樂一別永別。她是我愛戀過的一個女子。
抵南京後即加入南京政府新設立的戰時機構第二部工作。這部的主持人為熊式輝。第二部名之為設計，亦無計可設。

一九三八年
住重慶參加參政會。

同楊雲慧發生友誼和戀愛。

一九四一年　春季在重慶組織民主政團同盟，我為十七個簽名發起人之一。張瀾簽第一名，我簽最末名，因我的年齡最少。我是民盟組織和政治綱領起草人之一。

一九四四年　居留雲南昆明，主持當時雲南的民盟事務，常到雲大和聯大學生的會議中演講。主編民主週刊。

一九四五年　八月三十日由昆明坐飛機到重慶。第一次同毛澤東見面。同毛澤東見面在九月的某日夜間。準確日期記不清了。

是年十月參加民盟第一屆全國臨時代表大會，並起草大會宣言和政治報告。主張民主，和平，統一。

住劉莊同劉王立明極親近，幾乎可結婚。

後又同史良親近，極親密。她要同我結婚。但後來在一九四六年五月返回南京後，她住上海，我住南京，又開始疏遠了。

一九四六年

一月十日到三十一日在重慶參加政治協商會議，五月最後回到昆明，結束昆明家務。

六月某日由重慶飛返南京，此後在南京上海兩地奔跑。

十月二十二號又返南京參加當時的第三方面調解國共和談。

十月後同浦熙修的交往親密。

十一月十四日拒絕參加當時的國民大會。

春天，在京同邵慈雲認識，發生戀愛。

一九四七年

一月九日民盟二中全會。我做政治報告，全文長一萬餘字。後來在《大公報》上發表了。

三月七日中共代表團被迫離南京，我到機場送行。當時送行的國民黨有邵力子，民盟只有我一人。

一九四八年

整年住上海虹橋療養院養肺病。

在這一年同吳樹琴認識，並且通信很多，在虹橋互吻。
同周宗瓊認識。

一九四九年

一月十九日熙修在南京被釋後夜飛來滬。
五月十日下午一時在虹橋同張瀾同時被特務逮捕。
五月二十四日有閻錦文救我同表方（即張瀾）出醫院。是夜上海解放。
六月十八日離上海乘火車赴北京，浦熙修同行。同月二十四日抵北京。
七月三日同毛澤東長談四小時。
七月二十一日在北京參加中國人民政治協商會議第一屆會議，代表民盟。
十月一日在天安門參加中華人民共和國第一次國慶。
十月被命令為政務院委員。
到京後又同呂孝信重修舊好。一個時期內，極為親熱。這是在抗戰前的一個女友。
到京後見到乾女兒梁文茜。她已經二十一歲了。她十分愛我，一個時期內，十分親熱，已超過乾父女之愛了。

一九五〇年

十一月四日發表個民主黨派聯合宣言，發動抗美援朝，這篇宣言是我主搞的。

任和大宣傳部長

同高尚謙認識，並收陳可可為乾女兒。

一九五二年

十月三日代表中國參加亞洲和平大會

十一月二十三日離京經蘇聯到奧地利的維也納參加世界和大。

十二月三日到莫斯科，第一次遊蘇。

十二月十日離莫斯科赴維也納，十二日到達。二十三日離維也納返蘇，在蘇過年。

本年冬天在頤和園養病。

一九五三年

一月一日在蘇過年，一月七日從蘇返國，八日抵京。

六月八日被民盟選為副主席之一。

八月一日到牯嶺休假，第一次上牯嶺，住河東路一七四號。

九月一日到九江，二日赴南昌，六日離南昌赴上海。

在上海同周宗瓊再次相見。第一次相吻。

認識常青真（洪深夫人——筆者注），常在國際俱樂部跳舞，寫一首詩送給她是二月九日。可見與認識早於這個時候。

一九五四年

冬天認識楊薇，後來最好而且是有了戀愛的女友。她的大女兒是我的乾女兒。

一九五五年

六月十五日離京飛往芬蘭的赫爾辛基參加六月二十二日舉行的世界和平大會。

七月五日參加全國人民代表大會第二次會議，被舉為主席團成員之一。

五月二十六日到江西視察並回到安福家中。

八月七日家人從漢口來京。

九月五日大哥去世。

一九五六年

三月二十九日離京赴斯德哥爾摩參加和大會議。

五月十二日政府發表命令任為森林工業部部長。

六月八日毛澤東約北戴河休息的人談蘇伊士運河問題。

七月一日到八月一日住北戴河避暑，浦熙修到北戴河同住一所。約定她女兒婚後，我即同她結婚。

十一月二十六日由北京出發到四川視察，邵慈雲同行。

十二月六日到米亞羅、馬爾康視察森林。

十二月二十日到重慶，二十七日返京。

十二月三十日同（楊）薇午餐。

到森林工業部後即與周慧明相熟，暑假第一次通信。

一九五七年

二月二十七日毛報告人民內部矛盾。

三月二十日二屆三次政協會開會。

四月六日民盟工作會議。

四月三十日毛約談整風問題。

五月一日參加共產黨舉行的整風座談會。

五月十日和二十二日兩次在整風座談會上發表談話。

六月三日出國到錫蘭的哥倫坡參加世界和平大會。

六月十日哥倫坡世界和平大會開幕，十五日我在哥倫坡群眾大會演講。

六月二十三日返抵北京。

六月二十四日同周慧明在她家，她第一次吻我。

六月二十五日開始向民盟的反右大會交代。

七月十五日人大閉幕。

一九五八年

三月三十日進社會主義學院，進行所謂的學習改造。

一九五九年

六月二十九日赴東北參觀，共到瀋陽、撫順、鞍山、哈爾濱、吉林、大連、旅順、黑龍江——到七月二十九日始返京。

七月二十六日第一次同劉偉通電話。認識在此之前。日期已記不得。

八月三十日同劉偉到百貨大樓對面茶店約下星期四在沙禮文（北京一家有名的咖啡館，坐落與王府井東安市場之內，店名應是沙利文——筆者注）見面。

九月三十日同劉偉從沙禮文出來散步，在途中連吻我數次。這是第一次同劉偉接吻。

十二月十四日赴河南安陽參觀，二十七日回京。

十二月三十日晚同徐冰談話。第二日又患肺炎。

年底同羅儀鳳（康有為外孫女——筆者注）認識。據她說：陰曆「七七」她從家送我出來上公共汽車，為第一次兩人單獨談話。

一九六〇年

一月元旦又在病中。肺炎病第三次。

三月一日動身到武漢參觀直到十九日返京。

三月二十九參加三屆二次會議。我的書面發言談湖北參觀情況，頗受好評。

五月二十六日離京去江西湖南參觀，到南昌、景德鎮、牯嶺、萍鄉、長沙，並到毛主席家鄉韶山參觀。六月二十六日始返京。儀鳳同行。

九月間同伯鈞往戒台寺，在寺中遇段恭瑞，從此認識，後又往來甚密。

十月二十六日得恭瑞第一封信，約星期天見面。三十日來家第一次吻。

一九六一（六二？）年

一月底寫完「關於參加舊政協和南京和談的一些回憶」共五萬七千字。

二月二十五日上午九時第一次參加所謂的雙週座談。這是三年多來第一次。以前我是這種座談會的經常參加者。

四月開始寫益世報回憶，同劉豁軒合作。

四月二十七晚，劉偉同我在政協禮堂長談，她承認愛我，並說願嫁我。但她尚未離婚，我未表示可否。

一九六四年

十月間出發到浙江杭州視察，遊紹興。

十二月政協開大會，我被選為第三屆政協委員。

一九六五年

三月起眼病。

〇月〇日第一次同丘慶蘭認識，她代我抄寫天津益世報稿件。

羅隆基如此過分需要異性，在我看來，這與他早年愛的缺失直接相關。他生理早熟，性格晚熟；認識能力與行為能力之間也是處於失調狀態。少年生活的不平衡，使得他在情感生活方面無法自制。一旦愛起來就不可開交，結局卻不可救藥。從小母親去世，父親很快續弦。小小年紀沒有得到充分的母愛父愛，這在他的心靈上撕開了缺口。這個缺口用正常的人際關係是填不滿的。十歲那年，羅隆基與一個女孩有了童年式的戀愛。性事談不上，肌膚之親是一定有的。而肌膚之親在性感受中有著舉足輕重的意義。十年後他由清華回鄉，家中的二嫂及時出現了。一種不怎麼合乎倫理的叔嫂之愛，及時也極大地滿足了他，並形成了他終身的刺激、偏好與口味。他力圖以此填補心靈的缺口，但再怎麼填補，他也嫌不夠，仍然渴望得到女性的愛。而這個愛，經過叔嫂之情的浸潤冶煉，迅速衍化為情愛和欲望。於是，可憐的羅隆基開始了對性愛的一生一世的追逐。回回輕巧得手，又屢屢輕易失去。得與失，都要付出代價。他不在意，重要的意義在於追逐，於追逐中得到性愛的滿足。他對二嫂的愛戀，很可能談不到對成年女性的性占有，更多的表現為熱切地希望能獲得一個成年男子地位應該賦予的那種權力。所以，他尊敬的對象不是父母，而是二嫂。戀嫂情結是戀母情結的演化，而戀嫂情結的延續和發展，則使他的一生都在尋求通過女性角色激勵自己成功。這個被二嫂疼愛的弟弟，留美學成歸來，很快成為情場的鬥士、征服者，乃至產生終生的癖好。即使心裡有難以忘懷的女人，也不妨礙他投入新的熱情、尋找新的情人。真是鬼迷心竅，似乎只有女人才能拴住他的魂魄。

在性觀念上、包括他的經驗與趣味，羅隆基是徹底西化的——將戀愛、家庭兩個觀念徹底分開；把性愛視為人人可以自由享受的樂事。無目的感，更無關道德，是自在的，愉悅的，同時也讓對方接受自己並感到喜悅和滿意。他的這番經歷與體驗，不禁使我聯想到法國作家巴爾札克和福婁拜。身為長子的巴爾札克雖有父母，但成天遭受訓斥和白眼，沒有獲得父母之愛，極少感受到家庭的溫暖。強烈的戀母情結使他一生都追求對女性的依賴。是一個比他大二十二歲的女人（貝爾尼夫人，同學的母親）給他以第一次愛情的滿足。在文學領地堪稱拿破崙的他，但在生活中被人形容為是「一團瘋長的野草」，無秩序，無條理，行事僅憑熱情、衝動和心血來潮。羅隆基是不是很有點

「巴爾札克」？一八四〇年的福婁拜年滿十八歲，漂亮又強健。他剛剛通過了中學畢業會考，歸途中下榻在馬賽的一家旅館。在這裡，他結識了老闆娘的女兒。老闆娘的女兒已經三十五歲了，性經驗豐富的她，很快把福婁拜弄到床上。這個中年女性讓他領略到性愛的快樂，也完成了對他的性啟蒙。福婁拜興奮之極，也感激之至。從此流連忘返，後來還染上梅毒。你說，羅隆基是不是也有點「福婁拜」？

羅隆基的優越感，在異性的交往中表露無遺。自己是高貴的，女人是順服的。與任何女性擁吻或同居，只要不是強迫，兩情相悅，則無可非議。據我瞭解，羅隆基與異性交往比較側重精神利益，側重情調，感官享受是必要的，卻又是次要的。更多是在談情說愛，喝咖啡，跳交際舞，軋馬路，逛公園，看電影，送進口絲巾絲襪（那時是很貴的物件），寫情書，通電話等，這是他戀愛生活的基本方式。有人看過他與羅儀鳳往來的英文情書，讚不絕口，說是超級文學作品。羅隆基自視甚高，認為一旦贏得青睞，自己就有權享用對方了。這是他生活的動力，也是他熱情的源泉。羅素曾說自己活著的三個理由是對愛情的渴望，對知識的追求和對人類苦難的同情。羅隆基的人生動力，和他差不太多。家庭的兩次破裂，使他不再按夫妻的目標和準則追求異性，也不像中國士大夫喜歡於伉儷之外尋找「紅顏知己」。而王右家的離去，愛情領域內最後一點神聖感和嚴肅性，都隨著暮雨晨風，吹落散盡。

羅隆基深知自己對女性的魅力，一旦有所施展，即有所獲，且像玩「過家家」一樣輕鬆。對深信這種遊戲好處的人來說，幾乎任何機會都可以利用起來。他正是這樣做的：一九四五年在重慶，他「住劉莊同劉王立明極親近，幾乎可結婚」。也就在這一年，他「又同史良親近，極親密。她要同我結婚」。不可思議吧？但它是事實。一九四六年春天，他「在京同邵慈雲認識，發生戀愛」。同年十月，「同浦熙修的交往親密。」又是不可思議吧？這也是事實。他與名演員陳波兒、路曦、楊薇等人有著濃情蜜意；他與梁實秋的女兒，劉王立明的（乾）女兒，有著跨越輩分的往來；王右家密友呂孝信曾那樣地數落他，但到一九四九年「到京後又同呂孝信重修舊好。一個時期內，極為親熱」。原來，呂孝信早就是羅隆基「在抗戰前的一個女友」。進入老年的呂孝信在臺灣寫了一篇題為〈憶一對歡喜冤家〉的長文，專門描述羅王的愛情婚姻經歷，發表在上個世紀七十年代臺灣的《傳記文學》雜誌上。由於內容詳細，描繪入微，成為研究羅隆基的一份重要材料。現在看來，這篇回憶文章她回避了自己，回避了幾十年來與「騾子」的真正關係。一九五七年的六月，毛澤東發動了反右運動。羅隆基六月三日出國到錫蘭的哥倫坡參加世界和平大會，十五日發表演講，二十三日回京。長達二十天的外事活動，人不可謂不疲勞，而反右鬥爭的緊急勢態，他也不可能不知道。哪怕腳下是懸崖絕壁，人家風流依舊，回國的第二天，就與一位周姓女子約會。有時事實比故事更離奇。

一個與浦熙修共事多年的《文匯報》老記者告訴我，浦熙修在與羅隆基同居期間，內心是有壓力，也是有痛苦的。上個世紀五十年代《文匯報》復刊，一天中午《文匯報》駐京辦事處的人都去吃飯，只剩下這個記者和浦熙修。記者對她說：「浦二姐，你打算和羅隆基這樣過下去嗎？」

浦熙修的臉色沉了下來，半晌無語。

記者說：「你們相愛，那就結婚吧。」

浦熙修深深低下了頭，淚水滾滾而落。

我聽了，替浦熙修哀傷。難怪她在一九五七年揭發羅隆基時是那樣的怒不可遏。憤怒裡包含著政治的動機，也包含對羅隆基濫情的反叛。

年譜涉及到許多陌生女子的姓名，其身分、來歷，我怎麼也查不到。但有一點可以肯定——她們都曾闖進羅隆基的私生活。最年輕的一個比我大幾歲，還是師大女附中的學友。看罷這本年譜，我真的很難過。羅隆基患有糖尿病，心臟病，愛情於他也是病！其心理與精神狀態與人之常態大相徑庭——我只能這樣講，還能說什麼。

女人負心，他也負心

邵慈雲也是個有點來頭的女人。她的父親邵從恩，生於一八七一年，四川青神人。政治背景與張瀾相似。辛亥革命時期，曾任四川軍政府民政部長。抗日戰爭時期，是國民參政會參政員。一九四四年，和張瀾等人發起組織民主憲政促進會。一九四六年，代表無黨派人士出席政治協商會議，反對蔣介石的反共政策和內戰政策。一九四九年，病逝於成都。去世後，一家人的生計成了問題。作為長女的邵慈雲挑起重擔，一人掙錢養活九口，生活窘困可想而知。她通過邵從恩的老關係，找到劉伯承、賀龍，請求解決經濟困難。問題一直反映到周恩來那裡。一九五〇年十月，周恩來寫給中共中央西南局，內容是詢問對邵從恩的遺屬照顧情況。

全文如下：

西南局：

邵從恩遺屬老小九人，由其女邵慈雲負擔，生活困難。前伯承、賀龍兩同志在京時，曾談及給邵慈雲以適當工作並對其家屬予以照顧，不知現在情況如何？請電復。（此件現存中央檔案館）

周恩來 十月四日

從日記裡，我們得知在一九四六年的時候，羅隆基就與邵慈雲認識，並發生戀愛。所以，在一九四九年前後，邵慈雲成為羅隆基的祕書和情人，是順理成章的。一九五七年，她同浦熙修一樣，多次登上民盟中央召開的批判大會揭發羅隆基。害得羅隆基傷心地說：「我不痛心，十年朋友浦熙修當面絕交，八年祕書邵慈雲揭發檢舉；還有孫××祕書聲色俱厲地在大會上駁斥，我這種小資產階級情感的人，受得了嗎？」[34]羅隆基甚至認為，就是這三個女人害了自己。他知道女人會翻臉，但想不到情人會成為敵人。

邵慈雲又有與浦熙修不同的地方。在運動中，她是一步一步離開羅隆基的。運動開始階段，邵雲慈不離羅隆基左右。這讓羅隆基大為感動，說：「你很好，還到我這裡來，別人都不敢來了。」[35]

又關切地問：「你在部裡（即森林工業部），好不好處呀？他們不懷疑你呀！」[36]但就在陪伴羅隆基的同時，邵慈雲開始用書信方式寫檢舉材料，並及時遞交給沈鈞儒。一九五七年七月三日，民盟中央由胡愈之主持，在整風會上當著羅隆基的面宣讀了這些檢舉材料。羅隆基極其震驚！會議下來，羅隆基竟繼續冒傻氣，問邵雲慈：「你為什麼事先不告訴我？我也好自己交代嘛。」[37]又說：「你這樣交代，我就完了，你應該負責……慈雲，不說你我情感，就是看在你老太爺和我是朋友，你能陷害我嗎？」[38]運動進入白熱化，邵慈雲在民盟中央召開的批羅大會上數次登臺，慷慨激昂。在一次，長達一小時的發言裡，她按時間順序排列，把羅隆基的觀點、談話、行為、牢騷、嘮叨以及私房話全捅了出去。這女人的記性也好，二人之間的來言去語，句句不落，讀起來像劇本一樣。她還很理直氣壯，說自己「很有必要用許多確鑿的證據和目睹的事實，說明羅隆基的陰險和無恥。」[39]——「努生天真」，一點不錯的。

幾十年來，羅隆基被女性寵愛著，包圍著。他覺得女人都會愛上自己，他也討好她們。但最終的結果是——個個棄他而去。其中，浦熙修、邵慈雲與他的關係最密，情感最深，偏偏拋棄得也最徹底。他這輩子的個人生活，給他帶來成就感的是女性，為他的失敗鋪設道路、製造麻煩的也是女性。羅隆基過度、過多的愛情以理所當然的殘酷，給自己周遭布下許多陷阱。這既傷害了自己，也傷害了愛過他的女性。女人遭遇他，就像遇難。這裡，我沒有譴責曾與羅隆基相戀的女性的用意，因為在強權下，為了不被社會拋棄，她們只有拋棄情人，哪怕曾經海誓山盟。反右期間，上邊也派人來動員我的母親與父親劃清界限，母親說：「我是嫁雞隨雞，嫁狗隨狗。」回答得乾脆，父母畢竟是夫妻。而這幾個女人和羅隆基的情人關係或同居關係，在中國是上不得檯面的，也非常脆弱。她們只有選擇叛逃，先叛而後逃。事實上，像浦熙修即使叛離了，也終未逃脫。

羅隆基十分尊敬我的母親，反右之後曾多次說：「李大姐，你有妹妹嗎？要有的話，就把她介紹給我吧！」他真的是想結婚了嗎？不！羅隆基是希望身邊有個女人，不檢舉，不背叛。

女人負心，羅隆基也負心。多數情況是他變心於前，人家負心於後。當與史良親熱的時候，他是否想到被自己拋撇的劉王立明？當與浦熙修親熱的時候，他是否想到史良？當與邵慈雲親熱的時候，他是否想到浦熙修？此類問題，還可以繼續推演下去。我在〈一片青山了此情〉裡寫過的羅隆基與史良約會，劉王立明獨自在家剪碎所贈衣料的細節，就是例子。他滿足了自己的一顆心，怎不想想那兒還有一顆心？如此頻繁地新舊交替與交叉，讓我感到多情的羅隆基，原本也絕情。或者說，他的寡義是在多情的掩蓋之下。愛情不能運用邏輯推理，也無所謂對與錯。怕只怕愛到無情，事情超越了尺度，無異於冷血。結果，美好的東西最終用沉痛的劇創來換取。

一九六二年前後，因為與羅儀鳳的關係惡化，羅隆基曾多次登門向父母解釋自己的冷漠回絕的行為，同時也談及自己與其他女性不歡而散的故事。說到這些事，父親就叫我回到自己的房間。等到大家喝下午茶的時候，母親才叫我到客廳。

聽到羅隆基叫「小愚！」我如戰士般地衝過去，湊在他耳朵邊說：「我知道你對羅阿姨變心了。」羅隆基歎道：「伯鈞，我才是『十年一覺揚州夢』哇！」顯然，他很清楚自己背負著的薄倖之名。

有人說：即使生命逝去，愛依然能夠留下來，成為世間最堅實的部分。羅隆基一生愛過那麼多人，也被那麼多人愛過。它們能留下來嗎？

一直愛到死

成了右派，可魅力依舊，那年他六十歲。在羅隆基的生命裡，熱情從未化為煙雲，感情從未磨出老繭。而且政治的失敗和社會的敵意，使得他越來越離不開女人，可謂「離了名利場，鑽入安樂窩」。從一九五八年到一九六五年，他與劉王立明的乾女兒劉偉，康有為的外孫女羅儀鳳，也是名門之後的段恭瑞等人關係親密。他在年譜裡提到的女性，簡短得只有一兩句，實際情況可能恰恰相反，典型的例子莫過於羅儀鳳了。他們的往來不僅時間長，且生動曲折。

劉偉，我也認識。那是在一九六一年夏季，全國政協組織一批高級知識分子（包括右派）到海拉爾避暑。一天下午，劉王立明來看望我們，身後跟著一個漂亮、豐滿的女性，一家人很吃驚。經介紹才知道是她的乾女兒。聊天的時候，劉偉端坐於側，一言不發。給我印象最深的是她的一頭波浪式捲髮，罕見的深褐色，光澤又濃密。我從來沒見過中國女人，把頭髮弄得如此別致。一次，我們乘坐中巴去草原，她坐在最後一排。透過後窗玻璃，太陽的光芒把她的頭髮染成金色，像火焰一樣耀眼。

母親不大喜歡劉偉。說：「立明的幾個子女都很好哇，為什麼還要收個乾女兒？」

父親答：「因為寂寞吧。」

我插了嘴：「劉偉長得挺漂亮的。」

母親聽了，不服。說：「立明的女兒，也漂亮呀。」

父親道：「你們兩個人，才是管閒事呢。」

這一年的秋天，政協禮堂舉辦舞會。父親不會跳舞，也不喜歡。但我非拉著他到舞廳看熱鬧。舞場上，穿淺色西服的羅隆基非常顯眼，一直陪著他的舞伴就是劉偉。

回到家裡，父親對母親笑道：「健生，努生現在又有了新的目標。看來，（羅）儀鳳是沒有希望了。」

父親說準了，羅儀鳳後來與羅隆基分手。一九六三年秋，我和她在成都見面。在錦江賓館的房間裡，她長時間地數落羅隆基的短處。有句話，讓我記憶至深——「他要娶我，我還嫌他髒呢！」劉偉則不同，她不嫌「髒」，也不怕「髒」，政協禮堂的一次談話，即明確表示愛羅隆基，願意嫁給他。我想無論是羅儀鳳，還是劉偉，她們的情感都是純潔真摯的。那時的羅隆基和父親一樣，是大右派。這些愛慕自己的女性在已是右派分子的羅隆基心裡，究竟是個什麼分量？恐怕很難揣測，誰也不能真正走入另一個人的世界。但我知道，再膚淺的情愛對於一個右派分子，也是非常現實的需要！哪怕只是轉瞬即逝的衝動，羅隆基都是需要的。因為在衝動中，他的緊張感、失落感，壓迫感統統可以遺忘或暫時忘卻。在四面楚歌、無可奈何的現實中，有花無果的戀情是羅隆基的精神生活，和眾多女性調情是羅隆基不斷確認自己人格與魅力的方式。日本作家渡邊淳一曾說，自己是一個活到老、愛到老的人。又說，一個人無論到什麼年齡段都可以戀愛的。歌德八十歲還在追求女人。所以，年過六旬的羅隆基，繼續熱衷於女人不足為奇。當然，在男權為中心的文化體驗裡，男性是優越的力量。必須承認，在羅隆基不負責任的行為中，的確體現出非常明顯的大男子主義。他結了許多緣，也欠了許多債。

仔細想來，羅隆基的人生確有些可憐。他喜歡政治，最終失敗了，成了右派；他喜歡女人，最後也失敗了，成了孤家寡人。他的日記和年譜，無疑是帶有自憐情緒的詠歎，哀悼已逝的崢嶸歲月和紛繁戀情。但我始終覺得，對羅隆基是需要充分理解和寬容的。在民盟中央，他從政不如張瀾、沈鈞儒，治學不如潘光旦，聲望不如聞一多，為人不如章伯鈞。但羅隆基在二十世紀是獨特的，這包括他的人權思想和浪漫情感。有癖有疵，有情有氣。我以為，一個與眾不同的人遠勝於我們稱頌的偉人和此後被複製出的偉人。今天，陟罰臧否羅隆基已失去現實意義，比起當下包養無數「二奶」的中共官員，請問還有什麼可說？

「山無數，煙萬縷，憔悴玉堂人物。」在一個寒冬日子，羅隆基卒死深夜，誰也不知道咽氣在哪一時刻。後民盟中央的人告訴我：頭天晚上，他曾請劉王立明和劉偉吃飯，吃的是涮羊肉。寒氣，興奮，過飽，疲勞或許是導致他心臟病猝發的原因。中央統戰部和民盟中央的善後工作做得極其草率，連一把骨灰都沒有存留。他在《無家可歸》裡曾寫道：「我是個鰥、孤、獨。我是顛連無告的人！我是孤獨，我是伶仃，我是舉目無親，我有死了無人知道的下場。」果真，他是這樣的「下場」。一語成讖！

羅隆基很不幸，命不好。我說這個「不好」，不是指短命，而是相反——他活得太長。常回味他當年說的一段話：「小愚呀，你的羅伯伯，那時該被國民黨暗殺、打死。打死了，我就成了盧蒙巴，是英雄了。」是的，在一個很壓抑、很殘酷的環境裡，一個有才情、有個性、很另類的人要想達到巔峰或贏得大名，有時需要早逝，甚至需要慘死。鄒容以文字煽動而問罪，十九歲死於獄中，因英年早逝而名氣遠播。徐志摩一生就是由「許多浪漫故事組合而成的」（聞一多語），意外死於墜機，得到前所未有的尊嚴地位，時年三十五歲。普希金死於決鬥，時年三十八歲。尼古拉・古米廖夫（蘇俄白銀時代詩人、阿赫瑪托娃之夫）死於槍決，時年三十五歲。他們如當空麗日，化為永恆。

文章耗時數月，羅隆基的影子不離左右，有時站在我對面，手捏香菸，眼裡閃著光。有時跟在我身後，「小愚」、「小愚」地叫著。我多次關閉電腦，努力仰起頭，怕淚水滾落，心中反覆吟誦拜倫的詩句：「假使我又見了你，隔了悠長的歲月，我如何致意？以沉默，以眼淚。」

二〇〇八年十月—二〇〇九年六月於北京守愚齋

【注釋】

[1] [2] [7] 手存《我的思想演變——羅隆基》抄件。

[3] 溫梓川〈文人的另一面〉，馬來西亞《蕉風》第一七四期，一九六七年。

[4] [5] [6] [8] [9] [10] [32] 呂孝信〈憶一對歡喜冤家〉，臺灣《傳記文學》第一三九～一四〇期，一九七三年～一九七四年。

[11] [12] [13] [14] [15] [16] [17] [18] [19] [20] [21] [22] [23] [24] [25] [26] [27] [28] [29] 手存羅隆基《無家可歸》抄件。

[30] [31] 手存羅隆基《民國卅五年日記》（自五月二十九日起至八月）抄件。

[33] 手存羅隆基《年譜》抄件，一九六五年。

[35] [36] [37] [38] [39]《關於羅隆基反共陰謀集團的揭發和批判——民盟中央第九次擴大整風座談會記錄》，中國民主同盟中央整風辦公室編，一九五七年九月。

【附件】

無家可歸

右家是七月廿四日飛印度的。廿五日起，要寫的時候，就寫一段，把那剎那的境界寫完了，就擱筆。念頭來了，拿得起筆的話，就又寫。寫什麼東西，寫到哪天止，我不知道。

很多的時候，我的眼淚到了眼角，快要流出來了，又忍住了。心跳得非常的快。這心境只有我自己知道，但是絕對描寫不出來的。我的的確確感覺空虛。世界上只剩下我一個人。四周圍的一切東西都含有歷史的意義。每一項事物，一眼望去，都有一大串的歷史。這一大串歷史裡，都有那一個人的影子在裡面。隱隱約約望到這個影子，眼角的眼淚又來了。

數著每秒鐘過的日子真難過。每一秒鐘都覺得太長。早晨三時必醒，醒了就開開電燈看錶。而後就每秒鐘數著過，一直要數到夜深十一二點。那時身體太疲倦了，腦精迷糊了，這就算是睡覺，但到三時又醒了！這迷糊的三個鐘點中，還要做許多淒慘的夢。夢中依然是寂寞得全身發抖。

我這個環境裡，每個人的聲音，每個鳥的聲音，每有一點點任何聲音，都充滿了歷史的意義。

都在喚醒我追想過去。過去的歷史裡，彷彿有無量數她的影子，或在走，或在坐，或在談，或在笑，或在唱戲唱歌，或在彈琴拉琴，或在吵架，或在親嘴，都活潑潑地一幕一幕在眼前。但在這無數的幕景裡，我如今只覺得溫柔，忘記了暴燥；只覺得快樂，忘記了痛苦。如今只有捨不得，放不下，沒有氣憤，沒有仇恨。眼角裡的眼淚又滾滾在動了！

一切都無趣味的滋味，不知道有多少人嘗過，如今我卻嘗到了。坐、不是；臥、不是；走，亦不是。這身子是多餘的似的。舉目則一切皆非。絕對想不出補救的方法。一切都不想幹。並且不知道要幹什麼。固然沒有想到死，但亦沒有感覺是在生。自己亦不知自己是有是無。只是時時刻刻眼角酸酸的，眼淚想滾出來。但亦不想哭。已經死了罷，自己知道還沒有死；是活著吧，又不覺自己是活著。這是我如今的滋味！

天在下大雨，雨點滴得我心窩裡發痛。每滴雨點裡彷彿看得見她的面容。這雨亦帶來了一長串的歷史。想到了她過去的雨衣，雨衣的顏色，雨衣的式樣，她的整個身裁不又在我的想像中嗎！我和她在大雨中又不知走過了多少相依相倚的路！我和她又不知經過了多少次的暴風雨。

她是坐飛機走的。如今我望著天空就害怕。雲彩中彷彿有無量數的她在望著我似的。從十幾年前第一次見面的她，到（民國）卅二年六月九日在重慶送她上飛機的她，其中千百萬種變換的面孔我都看得見。我只好閉著眼睛不敢看天空。此刻我又聽天空的飛機聲音。我不止閉著眼，我還要塞著耳。這聲音太可怕了。不是在這樣嗡嗡的聲音中，她在我不知不覺中，從我頭上飛走了的嗎！

生離死別的不同，如今我知道了。生離苦於死別。最愛的人死了，你絕望了，你的心也就慢慢的放下來了。你知道沒有再見的希望了。你的最愛的人不告而別的走了，那一線再見的希望，那一種追蹤而往的念頭，那許許多多的幻想，那一切自己責備自己的內疚，真叫人難於忍受。死了的人到黃土裡去了，所謂入土為安，她安你亦安。未死的愛人，她要是萬一到別人的懷裡去了，這念頭，單單這念頭，就可以叫你心上發生針刺般的痛。

這又是早上三點鐘，這是我照例醒來的時候。我又起來眼巴巴的坐著在出神。我已決定追蹤而往的，天崖地角，我都要把她找到。我相信可以找得到的。找她的人容易，找她的心或者難。我相信她的心亦可以找得到。如今就是怎樣得到一個可以自由出去的機會。我一定盡我的全力去謀取這個機會。拚著時間，拚著精力，拚著心血，我相信一定可以成功。最少今後我每天禱告的就是這點：「我要找到她，找到她的人，並且要找到她的心」。

我已經朦朦入睡。夢中看見幾個熟朋友來了。彷佛是在一個集會中。她還沒有來。我正向那幾位朋友打聽在路上看見了她沒有。正在談得高興的時候，突然一陣心酸，那一陣心酸直從心窩裡起來，我醒了，並且我清清楚楚知道她已離開我走了。頓時，我身子發生一陣說不出來的感覺，如同在飛機上那飛機正在下墮的模樣，如同在升降機上那機往下降的模樣，一種飄渺輕鬆的感覺，人彷彿到了十八層地獄或者九重深淵。自己認自己永遠爬不起來了。根本就沒有再爬的氣力和思想了。就在這刹那中，眼淚又滾滾的在眼角邊。這滋味我承認我永遠描寫不出來。

正坐在走廊上的一張籐椅上，正在望著天空出神，剛出來的太陽的陽光射在我的臉上，陽光裡忽然露出她的一個嫵媚的臉，我如同受電擊一般，跳起來了，不敢再坐在那裡。我極力管制我的思想，我要使我絕對無感覺，無思想，如同木人，因為在無中，在無思想無感覺中，一切都無中，她不會出現。這樣做，亦不過支持了幾分鐘，突然我的眼睛又看到對面的房門，那間我們住了一年多的房間的房門，又憶起每次歸來，我和她站在門口開門關門的一切往景了。我又只好離開我站的那地點！

我如今用的這稿紙是她買的，是她買了為自己寫稿子用的，是她保存了好幾年的東西，突然想起了這點，此刻我寫字的手都發抖。我就怕看見這稿紙！

老媽子來拿錢買菜。一個「菜」字，馬上叫我回想起來她喜歡吃什麼菜，她喜歡做什麼菜，她每日怎樣調配菜。她知道我喜歡吃什麼，並且總要為我調配一兩樣菜。這些念頭又叫我心頭發酸。我想告訴老媽子，凡是以引起歷史往事的菜都不要買。但是我軟弱得說不出話來。我不知怎樣說。我癡癡的望著老媽子出神！

這是個鬼世界，我真害怕。我同幾個人出街去吃早點。一出大門，覺得陰森森的，因為看不見她，就好像看不見一個人。走的路都是我和她一向常走的，並且常常是她附搭在我的手臂上一塊兒走的。腦精中如同放映電影似的，往事一幕一幕的狂潮似的奔湧而來。立刻我的腳軟下來了，走不動了！兩眼直挺挺的望著前面，卻看不見一個人。陰森森的可怕。勉強到了點心店吃了點心。眼淚直向肚裡吞。回到家裡，忽然發生自殺的念頭。這陰森森的世界，我真害怕！

心總是發慌。眼淚總在眼角邊。太陽是這般大，但在我總是暗淡無光。一切的事事物物都不敢正眼去望他們，彷彿他們都是滿面的愁容。彷彿他們都在背我以往的歷史給我聽。他們不止說歷史給我聽，彷彿還在排演給我看。她有無數千萬的像貌顯示給我看。令我不知把身體放到哪兒去才覺著自在。這日子真不知怎樣過下去才好！

煙抽得特別多，終日不離口。終日不自在，要尋點事情做。什麼事情亦做不了。只好抽煙。煙亦有歷史。她亦會抽煙。倘是一個人獨坐抽煙，於是又從抽煙中引起了許多往事，她拿煙的姿態，她抽煙的神氣，她喜歡買好煙的習慣，她遞煙給我抽的風味，於是望著煙捲亦叫我掉眼淚！

我常常站在門前等著，如同以前她出去了等她回來似的。以往，她出去了，要是兩三個鐘點不回來，我總是站在門前等的。遠遠的看見了，總有很親熱的表情。如今我還是這般的站在門前等著。我明明知道她是愈走愈遠，但我還是癡癡的在等，等到我心發酸、淚快流，我才知道我錯了，我回頭走進來。走進來，又覺著一切如舊，只是斯人不見，還是寂寞得可怕。

許許多多次我幾幾乎直著嗓子叫起她的名字來。不，我不會叫她的名字。我叫了十三年的「Darling」。我叫了她十三年「Da呀！」我又忍住了，不敢叫。我怕旁人說我發瘋。我又怕叫了沒有人答應。沒有人答應，那更寂寞得可怕！

這不又是早上三點半嗎？我又起來坐在這裡等天明。長夜漫漫何時旦！昨天下午我又翻箱倒匣弄了許久的時候，我發現了許多她沒有帶走的衣服。我重新讀了一讀十餘年前我和她初認識時我的日記。我亦看見幾大包我和她彼此的通信。這些真是歷史。我怕歷史，痛苦得不能忍耐的時候，我又到歷史堆中去求救濟。因為我希望痛苦到頂端的時候，或者可以麻木。

這個時候，她要渡海到外國去。萬一在海上遇到了潛艇，出了意外，那麼，唉，我怎樣寫下去呢！

事情彷彿有天命，冥冥中彷彿真有主宰。我原來準備星期一（廿六號）到重慶去請她回來，而星期六（廿四號）她卻飛成功了。就在星期六的上午，我掛了重慶的長途電話詢問消息，上午卻沒有接通。接通時卻是下午四時。等到我知道她已經離渝的消息，她在下午一時已經過昆明了。她的飛機停在昆明機場的時候，我剛巧在機場對面的航空檢查所辦飛機手續。我卻想不起那天有從渝飛印的飛機。我卻沒有到機場去張望一下。就此失之交臂。曾經相近咫尺，還是相隔天崖。天命！天命！

從來沒有這般心慌過。此刻更有人去樓空之感。時敏今日由昆飛渝，臨行送客人說「又走了一個」，一語令我如同刀割。從前走的一個，如今又在哪裡呢！「酸心」兩字，從前以為只是形容，如今領會出來，的確心內發酸。有生以來，感到人生無希望，無趣味，感到寂寞，感到陰沉，以今日為最。我竟尋找不出來，我在此地做什麼，為著什麼，等待什麼。

寫了一封信寄到印度去托朋友轉交。我不相信交得到。這不過是我無聊中一點點安慰。信上說，「十餘年共同生活，絕非偶然。一切難於忘記，萬事都可恕諒。」又說「法律上固未離婚，精神上永不離婚，無論你離開多久，我永遠潔身自愛，待你歸來！」

她在離渝的時候發的一封信今天收到了。「努生：疊奉惠函，關於你對我的一切好意，我當然非常感激。在你的信上，曾向我提議，如果北歸，你當遣人來送。這一點在時間與經濟上都是一種浪費。在人情與法律上，我嫁給你並不是賣給你。當然我有北去省親的絕對自由。我已決定即日離開此地。梅、郭兩家我在渝期間，並未見著多少次。我去後，盼你冷靜點，理智點，你常常說我不是個好妻子，那麼這正是你尋找好妻子的時候。總之，在任何方面，都盼望你珍惜自己的時間與精神。在抗戰期間，盼望你為國珍重吧。我們的分居，應當是在卅二年六月廿八號開始的，希望你能接受。在人情與法律上，我有正當的理由來要求你的同意，餘再詳。專此即頌恭安。右家，七月廿四」

梅師母從渝回來了。帶來了那一袋金子手飾等。這都是七七以後的東西，大部分是她代買的。有一掛頸鏈懸著一塊金心，那是她懸掛了五六年的東西。我看見了這些東西，我呆了半天，我只是發呆，我不知怎樣擺放這些東西，我更不知怎樣安排我自己。

許許多多的事情，總是到了事後才知道不應該那樣做，應該這樣做。但是等到你知道應該這樣做時，已經不能這樣做了。人就只有一次生命，假使有兩次生命，第二次就可以從頭做過，那第二次一定是幸福快樂多多了。惟其只有一次生命，所以生命總在追悔中消磨。所以生命上的內疚是最痛苦的一件事。目前我的內疚真是壓得我透不出氣來呢！

昆明的天氣，居然有這般的暴風雨。雷是轟轟的響；天是沉沉的黑。風狂、雨急。房屋窗戶的玻璃都啉啉唧唧的振搖。這時候我想一個人跑出去，跑到一個大壙野去，舉目沒有一個人影，就在這暴雨中站著，這或者可以解除我的寂寞，減少我的痛苦！

痛苦只有親歷痛苦的人知道。拿言語去告訴別人自己的痛苦，倒不如說一個笑話，別人還能夠多領略一點，對別人訴說痛苦，有時別人聽著流淚，那人必定有過同樣經驗，從經驗上能夠體會領略你的痛苦的一、二分罷了。若謂別人聽到你說的痛苦，就真正知道你的痛苦的全部滋味是什麼，人間沒有這樣一回事。

這卻是早上五點。這是睡得比較舒適的一夜。沒有夢。忽然全身大汗，感覺羞恥到萬分，彷彿許許多多的人都張著眼在望我，因之汗愈大、羞恥愈甚，就在這當兒，醒了。說來亦怪，馬上神經清楚，記憶力全恢復，知道她已經不在我身邊，而許許多多的人張著眼睛望我亦為著這緣故，因之，汗更流。原來所謂「汗顏無地」，或者就是這境界。

醒了一定得起來，因為不起來，不止睡不熟，就那翻來覆去的想，更叫你忍耐不住。坐起來固然還是想，還是忍耐不住，不過起來費精力多些，更易疲倦些，疲倦了不又有睡熟的機會嗎？睡熟了不又有忘記的機會嗎？這就是我每早晨三時起來的道理。這亦不是我用理智而且有計劃的在做，自自然然不知不覺在這般做。

天在亮。陽光從窗戶及門縫中射進來。全個房間現著慘白，這白色，在我的眼裡，如同病了許久的人的臉色，又如同患急性病的人突然轉變的臉色，一點點血色都沒有，外面幾隻老鴉拉長著嗓子在叫，又儼然人快死了，妻子兒女在哭在喊似的。全院子沒有一點點其他的動靜。隔壁院子裡的掛鐘忽然很沉重的響了幾下，聲音是那般沉重而深長。

從睡到醒，如同閃電，是那麼一剎那，是那麼一個形容不了的快的變動，然而我對她的跑了，從忘卻到記憶，亦是那般一剎那，那般一個形容不了的快的變動。差不多每次都是這樣，突然一陣心酸（如同電擊似的快），立時記起來她跑走了，她不在我這裡了，我就從睡中醒過來了。到底這心酸是睡中起，是醒後來，這知道她跑了，是睡中沒有放下，還是醒後才想起，我無從體會出來。

臥室的床頭掛了她的三件衣服。老媽說：「這些衣服收掉了罷，掛在這裡時時刻刻望著多難過。」我說：「不要收嘛，掛著等著太太回來看嗎，掛著一年，兩年，三年。儘管她怎樣變，我不要變，我不會變」。老媽流淚下去了！

我提起了精神去參加一個結婚典禮。我聽到懷娥玲與鋼琴的結婚進行曲，我看見新娘一步一步的慢慢地走進禮堂，我又想起西諺「投入墳墓的初步」那句話，我自己戰慄起來了。十三年的結合，受過多少困苦，享過多少甜蜜，然而一轉念不告而去，就不告而去了。今天整個的一幕，我私心非常佩服新郎新娘的勇氣。我總感覺我在參加葬儀。那鋼琴的每一個音，彷彿打得我心痛。我怕聽，我偷偷的坐到無人注目的角角裡去。

今天這幕結婚戲，我是知道內幕的。新郎還有太太，還有孩子，然而他又在停妻再娶。我馬上想起「只見新人笑，哪聞舊人哭」的詩句來。這時候我不知那舊人正作何感想。我在結婚進行曲的聲音裡，彷彿我聽見一個女子在如泣如訴的哭。我更不敢聽這音樂了。天並且下著大雨，更令我感著淒慘！

唯一的伴侶是香煙，因為它頭上有點火，有點紅光，有點微熱，所以我一枝一枝繼續不斷的抽。我已經感覺抽多了煙，喉嚨中發癢，要咳嗽，心旁且微微有些痛。不過假使我連這點火、紅光、微熱都沒有了，豈不寂寞孤獨得更可憐了嗎？

現在我才體會得出來「謀死親夫」是可能的事。一對有過愛情的男女，一方要變了心，變心的那一方，她或他對付對方所用的手段的確可以以比普通仇恨還要毒辣得多。她或他叫對方所受的精神痛苦比被謀殺還厲害得多。下毒手的人難道不知道嗎？知道的，既然知道，依然可以這般做，那麼與槍殺對方有何分別，那麼槍殺有何難於下手？

有時我寂寞得難過，長歎一聲，這比在深谷裡長歎一聲還可怕。在深谷裡的長歎，還有回音。家裡的長歎，歎後只是全身的淒涼而已。

住慣了的房屋，前後左右上下統統都有看慣聽慣的環境。並且二十四小時的環境，時時刻刻在變，但以日計算卻循環沒有變動。後面小巷裡，什麼時候賣報的喊一聲賣報，什麼時候賣水果的喊一聲賣水果，按時而來，準確萬分。下午三點鐘的時候那個賣唱的瞎子的幾聲胡琴拉得令人心都震閃，因為這聲音替我翻開一頁歷史，又追念起許多往事。而這淒涼憂鬱的聲音，彷彿對這頁歷史，如泣如訴。

每天都是我的一個難關。不但要想到明天怎樣過，還得安排著今天怎樣過。要設法不讓腦精有一些些空閒，不然，腦精裡就要跳出「家」的影子來，就叫我心窩發動，眼角生癢，整個身體都無處安置似的。

我常常有種感想。假使上天給我一個機會再從頭做個人，那麼，我一定一步舊路不走，一定徹底改變已往的道路。我感覺已走的路沒有一步不是錯的。

我彷彿同我有三十年歷史的朋友廖君在一塊，彷彿他掉了什麼東西要過江，彷彿過了江到了一個大旅館，彷彿我在打電話給某人，而我是代一個名叫「雍照」的打電話，忽然，我到了旅館的一間寢室，房裡有兩三張行軍床。一張靠在房門口，上面睡著一個男子，另一張斜放在兩床之間，上面睡著一個男子，另一張直放在房的中間，鋪得最整齊。我走進房間坐在第三張床的邊沿上。忽然感覺這床上亦睡了一個人，但是和頭和腦的蓋起來了。我輕輕的翻開被單看看，突然看見「家」的面孔，我喜出望外的用西文說Darling，I have been trying to find you。我只聽得被裡嗚咽的哭起來。我醒了，醒的時候大約是早晨四點。這時有說不出的傷心難過。原來與「家」在夢裡相逢。

人總是發慌，總是心魂不定，總彷彿缺少了一樣什麼東西似的。寫文章的時候，忽然思路停滯起來，儼然障住了去路似的，往前推動不了。但亦找不出障礙在哪裡。不寫了，愈是發慌。隱約中又似乎感覺多了許多人，上下左右彷彿都站著人，面孔都是「家」，聲音相貌都是「家」，過去十幾年的環境，都堆在一起，倒使人擠得推不開。好像幾萬張、幾十萬張，無數張圖畫都同時在眼前閃來閃去。閃得眼都發花。愈覺心神無主了。

我的衣服掉了兩個鈕扣，我想在一個盒子裡找出幾粒鈕扣來補，盒子是「家」用的盒子，看見了盒子，我再看不見盒子裡面的東西，因為眼淚已經蒙住了我的眼睛。這種傷心只有我自己知道。

昨夜彷彿又夢見她了，醒的時候，知道在夢裡哭了。枕邊是濕的。

又夢見她了。是在到處找她的時候，旁邊一個人說，「她睡在那張床上。」我走近了一張掛了蚊帳的床。撥開蚊帳的一角，果然她睡在那裡，穿的是她過去常穿的一件深紅帶褐色的衣服。我爬上去望望她的臉，她起始微笑，一種苦的微笑，畢竟禁不住哭了！

我是寂寞。寂寞得不止人世沒有了伴侶，並且人生沒有了意義。

當著人我沒有流過眼淚，背著人我沒有乾過眼淚。我悲我的身世。人生到此，不止是空，並且

（未完，原稿如此）

我最怕病。傷風咳嗽，都叫人生恐怖。因為萬一真正病倒，那淒慘真不可想像。我時常這樣打算，真有病來就自殺。與其伶仃孤苦的受磨折，倒不如自殺的好。

昨日給「家」一封信，裡面說了這一段話：「將來無論你在中國或外國，假使聽見我的死的消息，請你替我收屍，因為我沒有父母子女，沒有一個親人，所以你要負這責任。即令不是夫婦，就是相處十幾年的朋友，亦有這個責任。」

今日跑警報，惶惶然若喪家之犬。真不知為何而跑，為誰而跑。一個人真不知哪裡去，只是眼角邊流淚。只覺著人人都有跑的理由，我一個人沒有逃死的目的！

在一個朋友家裡的跳舞會中，我坐在那裡看跳舞。音樂在背誦我十幾年來的歷史。跳舞的人一步一步彷彿都踏在我的心窩上，我只覺得心窩一陣一陣壓迫得奇痛。又好像我已置身跳舞中，一隊

一隊的人經過我的眼前，彷彿都是過去的我和過去的她在跳舞。這是一頁一頁讀歷史。然而我又很明白，我不在跳舞。但又彷彿她在和別人跳舞。她的舞伴不是我，而是別人。我又在幻想目前在海外的她。我的眼角奇癢，我不肯哭，我知道哭並不能減少我絲毫痛苦。只是怕，怕得發慌。畢竟我逃跑了。逃得遠遠的還聽見一點點音樂，那一點點音樂卻還刺得心窩發痛。一走不敢再回頭。

從前我不瞭解「啼笑皆非」這句話的意義，如今卻瞭解了。人生真有啼笑不得的時候。不過這個笑不是快樂的笑，是悲哀痛苦到極度時的笑。是哭不得才想笑。但笑時又覺笑不是這樣一回事，於是又想哭。哭亦不能表現內心的真痛苦，因又想勉強作笑。這就是哭不得，笑不得，這才是啼笑皆非。這境界只能從經驗中領略。我這幾個月來明瞭這意義了。

昨夜又是徹夜的夢。我知道她跑了，我看見她回來了，我想盡萬般的方法不讓她再跑，就在這艱難困苦的夢中，鬧了一整夜。

從唐家花園拿回來一大把紅的鮮豔的花，這在我是「啼笑皆非」裡的笑。這是苦笑。苦笑比真哭還難受。對著這一束花，自己彷彿在譏諷自己似的。

我把我和她五年前在漢口照的一張小的相片放大了。我對那張放大的相片卻不敢看。看見就從心窩中發生說不出的慘痛。假使她是不幸死了，我相信我會每日馨香頂禮的敬她，我會時時刻刻對著她的相片流淚。她是跑了，我倒不敢望見這個相片。跑去了老婆的人，比死了老婆的人，內心慘痛多多了！

每一接到朋友的來信，信上拿她的缺點來安慰我，我更慘痛。直到此刻，我還不願別人說她的壞話。其實我知道她的壞處比任何人知道得都多。然而我還是怕聽人說她的壞話。

清淨無聊的時候，常發生這樣一個念頭，想跳起來一衝，衝破一切，把自己衝撞個粉碎，或可以得到剎那的痛快。天呀，我太痛苦了喲！

說不得的悲哀是真悲哀，講不得的痛苦是真痛苦。痛苦的日子，要擺著笑臉來過，這是比凌遲零剮的殘刑還難受！

心傍的確常常發痛。不知是心內部有了毛病，還是精神的刺擊所致。但我不去醫。果然要去醫治，我整個身體都是病。糖尿病是天天加重。牙齒早已經醫生診斷，一個都不能保留。眼是一天比一天花，而且近視。胃亦常常發痛。現在心傍又有毛病。發起心痛起來，簡直喘不過氣來。假使要去醫治，醫治的目的是什麼？難道在我，人生還有什麼可以留戀？不過，不醫治，有一天百病齊發，那時候又怎樣？

人世愈熱鬧，愈叫我感覺孤獨與寂寞。今天是本市慶祝雙十，是火炬遊行的夜裡。我從外面歸來，擠住在街心。只見人人喜笑顏開，我卻形孤影隻，淚溫心冷。我自己不知道我在哪裡。隨著人潮擁來擁去，在街頭竟過了一個多鐘點。我怕人叢中的熱鬧，我更怕到了家裡的冷落！

抗戰結束以後我到哪裡去？這問題突然到我腦裡。我想不出回答。呆了半天，想哭！

昨夜又夢見她兩次。我還是清清楚楚她跑了，許多朋友勸她回來，就在一個許多朋友會集的場合，她同另外兩個女的朋友回來了。她穿的是長旗袍，還是過去那般作態。其他一個女的的名字我都知道。但夢裡又知是夢。夢裡叮嚀自己，好好記著，以便記下來，醒來卻又忘了那個名字。

讀孟子，「老而無妻曰鰥，老而無夫曰寡，老而無子曰獨，幼而無父曰孤，」又說鰥寡孤獨是顛連無告。我靜默一想，我是個鰥、孤、獨。我是顛連無告的人！

唉呀，天呀，真難過。這時候，我想哭，我想自殺，我想殺人，我想殺死我心目中的一切仇人。並且我確確實實知道我的仇人是哪幾個。

我過的是罪孽的生活。或者生活就是罪孽。

我完全成了一個無所適從的人。書不知道看哪一本，事不知道做哪一件。有時坐在書桌旁邊，癡癡的坐了許久，一切事不知道怎樣辦。許多事要做，沒有一件值得做。並且沒有一件做起來，自己不覺著傻。

近來早晨兩三點鐘的時候總醒。這時候流淚最方便，只有自己知道，沒有別人看見。

人世的殘酷，到如今領略盡了。但我絕不追究理由。一個十幾年的妻子，可以突然反過臉來不認人，人世間還有什麼叫情義？其他一切的朋友對我這般，這就是人性，這就是人世。假使要往另一方面去想，那只怪自己是傻子，只怪自己不知世故！

有時我真想毀滅一切。「無」，才是乾淨，才是安逸，才是快樂。

我常常含著眼淚一個人在街上走。舉目無親，更形容我的孤獨。想回家，又憶起無家可歸。往前走，又無目的。十三年的老婆，都可以硬著心腸跑了。其餘的朋友，更算不得什麼。想到這念頭，眼淚更留不住的往下湧。我在街心上眾人擁擠的場中擦乾自己的眼淚。並沒有人留意到我在偷偷的流淚。我的流淚與千千萬萬的人什麼相干？這就是生活！

全副精神在寫文章的時候，突然一念回到了天津，想起了往事，看見了往景，並且是當年最親熱最甜蜜的一幕。文思完全消散，不能往下再寫一字。擲筆而起，卻找不到逃避的地方。想哭！有時候眼角的眼淚幾個鐘點不乾。沒有哭，實際沒有停哭。只是心裡在哭。苦向誰說呢！

假使這樣的孤獨寂寞是一天，我不怕；是一月，我不怕；是一年，我亦不怕。是一輩子，我真怕了！什麼時候是孤獨寂寞的盡頭？我的快樂是去了，永遠的去了！在我的生活上，永遠沒有快樂了！

只過了三個月，心理上我覺得老了三十年。過去一切都好像是夢。坐在朋友叢中，我自己覺著我是最不適宜的一個人。人生的把握真是喪失已盡。怕想過去，怕望將來，更忍耐不住現在。

一個朋友在談他因事坐牢的故事，我忽然想到，萬一我一旦因事要坐牢，我第一個人應該報告給誰。我不是一個親人都沒有嗎？後來又別一個朋友，談他急性盲腸炎開刀的故事，我忽然又想起，萬一我半夜有了盲腸炎，誰送我進醫院？朋友一切的談話，彷彿都暗示我，我是孤獨，我是伶仃，我是舉目無親，我有死了無人知道的下場。

天呀，你太苦我了喲！

我比魯賓森漂流在荒島上還要孤獨。我獨自一個人坐著，只見黃色的太陽早上射在西院，中午射在中庭，下午射在東院。我只守著太陽無蹤無跡地移動方向。從沒有太陽的早晨，坐到沒有了太陽的晚上，謝謝天公，我的痛苦的生命，又減少了一天！我不感覺太陽的熱，我只覺得太陽黃得淒慘。我感覺太陽這樣天天循環照射，時間是無窮盡的。更令我感覺我的生命太長。天亦青得可怕。一些雲彩都沒有。上面滿空都是青。平看滿眼都是慘黃。好幾個鐘頭，聽不到一點點鳥聲。後面胡同裡偶然有幾聲「叮噹，叮噹」的敲銅的脆響。此外什麼都聽不見。坐久了，只看見慘黃色在閃動，上面滿空的青壓罩下來。原來眼角的淚已流出來了，眼睛起了模糊，才知道自己在哭呢！

昨夜又夢見她了。她哭著回來。她拿鑰匙開她一向用的那小提箱。我亦哭了。她哭什麼我不知道。我哭，因為她在哭。我感覺她流蕩了在外面許久，很可憐。突然醒了，知是夢。枕頭的耳邊冰涼。原來濕了。

想睡午覺，不是累，是想睡裡混過一些時候。翻來覆去睡不熟，因為萬念都來了。想起她的好處，想起她的壞處。愛與恨打成一團。從床上跳起來，想把上下左右一切都打個粉碎。想消滅一切，想消滅自己。

午寢。突然幻想在旅行的長途中。自己坐在大卡車上轉彎拐角的走。自己覺著極無聊賴。因為想不出自己是往哪裡去。人世中沒有了我的目的地。因為沒有一地是我的牽掛，是我的顧念，是我的前途的希望。

我不能靜。靜了則一切悲觀的念頭如潮水一般的湧來。靜了，我就追問我自己，「生著為什麼？什麼人是最親近的人？什麼人是朋友？」一切問題我都找不到答案。於是就看不出生的趣味。我又不能不靜，因為孤獨的人找不到不靜的機會。

一天的日子比一天更沉重！過日子好像背著重債在還似的，總還不清，總不舒暢。常常追問自己，何日是了期。

苦悶到不得了的時候，鎖起門出去走一趟，但是無目的的走，不見得比悶坐少了多少痛苦。一個人的走路還是在路上有相形見絀的寂寞！

我是一個受了重傷的鳥，現在更找不到棲息的巢窩。飛不得了，飛不動了。落下在哪裡呢？她摧毀了我的精神，因此更叫我的身體支持不下去。精神與身體，我都倦了。

早晨四五點鐘就醒了。輾轉反側到七點起來。起來吃過早點後，就惶惶然不知今日怎樣過。坐在書桌邊，四顧張望，萬感俱來。竟不知有什麼書可讀，什麼事可做。任何書看幾行就丟下，任何事要起手又放下。最後又只有淚汪汪走出去。結果又只有懶洋洋走回來。到家又覺家不是家。出門又覺無路可走。

夢見父親，夢見亡友黃自。夢見父親在修建房屋。有一棟破屋只剩了四壁空牆。父親在督察工人，折舊建新。同父親吃飯的時候，忽然接到了黃自的信，信內寄來幾張他的相片。不是照像，彷彿是剪影一類的東西。看來他還是美，我還是愛他。得到了他的相片，如同獲到了無價之寶的情書。正在看他的相片的時候，突然醒了，父親棄世近二十餘年。黃自逝世亦有了六年。一個是親愛的父親，一個是親愛的朋友。其亦預示歟？假使能再和他們在一處，我又何悲何怨！

讀英國外交家顧納（Grey）的傳，到他和他夫人感情融洽家庭慰快的一章，感慨萬端。顧納夫婦是愛好自然生活的人，他們愛鳥，他們喜歡聽鳥的聲音，看鳥的活動，他們與鳥為鄰，不知自身即是比翼之鳥。這種慰快的文章，一字一句都令我流淚。他人的圓滿，襯顯我的破碎。他人的幸福，反映我的痛苦。望著甜，自己咀嚼自己的苦味，那才真苦！

昨夜夢到天亮。夢裡只是一個人在奔撲、顛連、困苦。夢中任何場合，自己明明白白只是一個人，只是感覺找不到歸宿。

許多事我的勇氣都沒有了。這不是怕，是心虛。第一，我感覺人世太虛偽。自己十幾年的老婆，無緣無故可以突然變心，可以一逃不復返，其他所謂友者，更不可靠。第二，我總感覺旁人總在諷刺譏笑議論我。因為我是個逃妻的丈夫。我認定漢口及昆明兩次變故，右家摧毀了我的身體、精神，及事業。我臨死的時候，假使我有一句遺言，「我的失敗在婚姻！」

我目前真是公私交困。公的私的沒有一件事不令人偷著流淚。更苦的是沒有一件事可以對人訴說，可以叫人充分瞭解。並且和我開玩笑的人，公的方面及私的方面，都是我十數年合作的人。家裡是老婆，外面是朋友。對老婆及朋友，都無從措手。

無可聊賴的時候，抽煙、喝茶，兩眼望著天。天陰下雨的時候，我自己癡到這個地步，不知是自己在流淚，還是天在下雨，兩者彷彿是一件事。

一個人坐在小廳裡，七點鐘的時候，月光從玻璃門窗射進來，令人感覺全宇宙都冰冷。對面壁上掛的胡琴，從家走後，沒有人動過。望去彷彿是活的，自己會移動，並且會發聲音。對面的洗臉室裡，放著四五隻疊起來的衣箱，都是十幾年來的東西，都是右家一向經管的，如今都射到我的眼簾來，彷彿在說話似的。這一切東西，將來的歸宿怎樣？我搬運它們回家，我的家庭又在哪裡？我真不能想像將來運了這些東西往哪裡去！何處是我的歸宿！

不知是醒了才想起她已經走了，還是因想起這事才醒，但每日清晨我總陷在為這事的憤恨中。總是到憤恨極頂的開頭，一躍而起，因為再睡不下去了，睡下去，全身全神欲裂，欲毀滅自己，毀滅一切！

長久這般痛苦的活著，我不能想像怎樣了此殘生！一日都是太長，一刻都是太長！

一九一〇年美前總統羅斯福與英國外長顧納通信，信裡說，「人的生活，家庭的生活最重要，家庭的幸福是真幸福」。一個無家可歸的人，讀了這樣的話，偷著流淚不能表現他內心痛苦萬萬分之一！

看完了日本德富蘆花所做的《不如歸》，我以為浪子的死是最淒慘的結果，亦是極圓滿的結果。這是愛，這才是愛的悲劇。假使浪子不病，川島未亡人不代兒子武男離婚，到一天武男不愛浪子了，或者浪子不愛武男了，那不是愛的悲慘，那是通常的人生，那是醜劇。不如歸是悲劇，是人生最大的喜劇。我讀了流淚，我是歡喜。我羨慕武男與浪子，幾生修到此！

（民國）卅二年十一月廿五日的信

「……這是早晨一點多鐘，我一個人，孤獨的一個人坐在這冷冰冰的房間裡向你寫這封信。你相信嗎，我目前是世界上最痛苦人之一。第一次婚姻，彼此摧毀了愛，彼此卻沒有毀滅彼此的事業及前途，彼此絕對沒有毀滅彼此做人的機會。這一次，你的不告而出國，彼此並沒有完全摧毀愛，卻已摧毀了彼此的事業及前途，其結果，勢必毀滅彼此做人的機會。

你當然可以想像得到，你我現在在社會上所處的環境。你不在國內，自然目不見，耳不聞。我在國內，我成了社會閒談的主要題目之一。設身處地，你在我的境地，你擡得起頭來嗎？你能夠直起眼睛睜望人嗎？……逃妻不是光榮，做逃妻的丈夫是同樣的恥辱。假使你知道最近幾個月來我過的是什麼生活，你一定為我歎息，說人生真無樂趣。你一定為我說唉，『人生真太痛苦了！』

我不是一個鄉井耕夫或閉門讀書的人。我是要常常在人叢裡昂起頭來說話做事的人。即照你所說，我過去有我的資望及地位，（這些些資望及地位是幾十年的辛苦換來的）到人談到我的時候，還顧及我的資望及地位嗎？我只是別人譏諷笑談的資料。憑良心說，我如今說話和做人的勇氣都沒有了。這樣的人生，我的的確確願意及早了結，早早的到墳墓裡去。然而這痛苦只有我自己知道。這痛苦絕對沒有方法叫別人瞭解。

我儘管有這般說不出的痛苦，對你的愛卻沒有完全摧毀。畢竟是十幾年的夫妻，歷史太長了，記憶太多了。在我目前的生活中，任何一事一物，絕對帶有一大串的歷史。總叫我追憶往事。不知幾個月來，你有同樣的感觸沒有。我偶然中會直著嗓子叫 darling，叫 darling！darling！等到同住的人認我瘋了，或者偷偷的在旁為我流可憐之淚，我才知道我錯了，我才發現目前我的環境是人去樓空。梅師母們都代我感覺難受，常常勸我搬個房子，換換環境，不過，我有這興致嗎。我提得起這精神來嗎？我常常自想，假使我搬家，什麼是我的家？誰為我布置我的家？我更為誰布置我的家？不止今日如此，即便戰爭完結，大家搬家離開昆明，那時候我將怎樣？我是沒有父母兒女的人，從前還有你在，還算有妻室，人世中還有一個伴侶。現在家在哪裡？什麼是家？我此刻就這樣想，萬一此刻我突然生了急病，誰來送我進醫院？萬一此刻我因急病而死，誰知道這消息？誰為我收屍？想到這些，能夠不感覺空虛及恐怖嗎？

我說沒有完全摧毀愛，這不是冀圖買你的歡心的話。過去，儘管吵過嘴，甚至打過架，我相信我們的真感情沒有破裂過。我不知道你以往的感想怎樣。在我，有些時候，我的確恨你。但這恨是剎那的。事過境遷，這恨就煙消雲散。我從未認真想過，我們這輩子會因感情破裂而永遠分離。總結起來，我還認為過去十幾年的生活是快樂。

同時，我亦承認，我們以往的生活，錯誤太多了。你承認嗎？你的三十餘年，我的四十餘年，錯誤真太多了。我們各人的生活，在今日總結起來，都是失敗。假使上帝給你我一個機會，從頭再做一次人，我想你我都不願步步走過去那條舊路。你我在過去總是自作聰明，實際你我都被這自作聰明誤了。我有許多事，現在想來，真羞愧無地。但無論如何，我還沒有發現，過去我不真心愛你。我此刻並且還相信你還是真心愛我。我猜錯了嗎？彼此今天成這局面，還是自作聰明的錯誤。

我們的事到底怎樣來結束？你的不告而出國，只添了彼此的痛苦及恥辱，並沒有解決任何問題。今後我的計畫是這樣。事到今日，當然我亦不能在這環境中永遠過下去。長久如此，我即不自殺，亦會悶煞愁煞。這不是人生，這是精神上的無期徒刑。我忍受不住。我相信，任何人，只要是人，就忍受不住，就支持不了。我會想盡方法到海外來。我不是來追你、逼你，或強迫你做什麼。我要逃脫這精神上的牢獄。十目所視、十手所指的生活，我忍不住了。我要到海外來讀書寫書。我要別人遺忘我。假使我要活下去，我必定要先把背上的芒刺拔除，否則，我是受長期的凌遲。

當然，我的護照是不容易拿到的。那情形你是知道。但我會拼死命去求其成功。我會到海外來的。在我到海外以前，我仍希望你有信給我。自從接到你七月二十五日從印度發來的信以後，我再沒有見過你一個字。這幾個月我的想念，是你想像不到的。我真不知向重慶及印度寫過多少信去打聽你的消息。最近才知道你確於九月八日乘輪船離了孟買，在十一月的初間可以抵英。這裡，我或者可以說一句，許多朋友，都為你關切，怕你在海上遇著危險，不過，你當然明白，真正關切的，真正關心的，還是我。因為無論如何是十幾年的夫妻，是經過患難的夫妻。假使你將來看到我目前寫的那本《無家可歸》，假使你真知道在這幾個月中，我做過多少可怕的夢，偷偷的流過多少眼淚，你一定會後悔，你不該做這次不告而去的出洋。

然而我到今日亦明白，你有不得不暫時離開的苦衷。從楊燕群口中，我亦知道你離渝昆的時候是怎樣的痛苦。假使你不暫時離開，假使你我沒有這個隔離的清靜時期，說不定我們還在舊題目上爭吵不休呢！我此刻不責備你的不告而去。不過世界上恐怕亦只有我明白你為什麼必須暫時不告而去。

事已至此，我們只好為今後打算。這些打算，又只有我們自己負責，別人不會來管這些閒事的。你既然到了英國，我懇求你好好利用這個機會讀讀書。你有你的長處。你和我一樣，更有許多缺點。你的短處是私人行為及經濟上管束不住自己。你是個有賭博性的人，輸了，不肯認輸，卻情願輸個精光。不過，你我是夫妻，你我是十幾年的夫妻，你應明白，今日你我任何方面的賭博，輸的不是一個人的生命，是兩個人的生命及前途。輸的是兩個人做人的機會。你肯讓我懇切的告訴你嗎，你我都輸不得了，不能再輸了。

你在海外的經濟，只要過個簡單的學生生活，你絕對不必為此擔憂。我一定會想盡方法來接濟你。……你不必傻要強，以為『我何必更要他來接濟我，這不是恥辱嗎？』你到今日，應該明白，你一輩子吃了不少的虧。我接濟你為著你，更為著我自己。我一再說過，你的光榮，是我的光榮；你的恥辱是我的恥辱。反之，亦然。即令你我離婚了，因為有了十幾年的夫妻名分，因為有了十幾年的友誼，榮辱悲喜在我們彼此的良心上分不開的。而社會亦不會把我們分開。

你走後，你的外甥女曾經寫過信到北平報告伯母，說你赴英讀書去了，伯母來信，焦急萬分，她根本不相信這是真話。她只追究人到底還在不在世界上。雙親已老，何苦為你我擔這無謂的憂愁。這是我們的罪孽。我懇求你趕快寫封親筆信給母親，證明你確已抵英，信可由我轉，讓我在伯父母前有個交代，否則我更愧對伯父母了！

……我不能往下再寫了。我太痛苦了。你我將來到底怎樣，到底是離是合，待當面再平心靜氣再解決。我總往好的方面想。但無論如何，我有一句老實話，彼此應為自己及對方在社會上立腳做人留餘地。即令我們必歸毀滅，你我互相摧殘毀滅是太殘太慘。內心，我還是愛你。想你亦不能絕對忘情一切。願你保重！」

一個人坐在火盆旁邊，到了深夜。周身發熱，只有右眼角偶然的有冷水，原來獨自在流冷淚。她用了最狠毒的手段對付了一個無仇而有愛的丈夫。她或者正在自鳴得意，當然亦是她良心上最痛苦的一個刺。

身體不舒適，更覺著人生無趣。行路的時候，肩背如負擔千斤，逼我腰不能不彎，背不能不駝，頭不能不垂。精神頹喪了，身體更不能支撐。從一九四二年十一月到今年，這一年中，最少縮短了二十年壽命，消去了一百分之四十的精力，斷送了一百分之六十的事業。這是右家這一年來對我的貢獻和幫助。

此生為何

——李文宜·一個交叉黨員的工作與生活

李文宜（一九〇三—一九九七）原名李哲時。湖北武漢人。曾在武昌湖北女師學校、蘇聯莫斯科東方勞動大學、上海新華藝術專科學校學習。一九二六年，加入中國共產黨，同時參加中國國民黨，任國民黨湖北省黨部執委兼婦女部長。一九二七年大革命失敗後，曾被國民黨政府通緝。一九三七年，在武漢組織領導湖北戰時婦女工作團，被選為戰時兒童保育會理事、《婦女前哨》旬刊編輯委員會委員。一九四三年，在昆明加入中國民主同盟，組織領導昆明婦女讀書會、職業婦女會、雲南婦女聯誼會。一九四五年，在中國民主同盟臨時全國代表大會上被增選為中央委員，兼中央婦女委員會副主任和組織委員會委員。

一九四七年，任上海《時代日報》副刊婦女版主編。一九四八年，出席國際婦女第二次代表大會和亞洲婦女代表大會。後被選為民盟中央常委，並先後兼任副祕書長、組織部長、監察委員會副主任等職。一九四九年，出席中國人民政治協商會議第一屆全體會議，並先後任第三、五、六、七居全國政協委員、常務委員、副祕書長。是第一、二、三屆全國人大代表。曾任中央人民政府勞動部辦公廳副主任、副司長、勞動保護科學研究所所長。全國政協常委，民盟中央副主席，全國婦聯第一屆常委，第五屆全國婦聯副主席，歐美同學會名譽副會長等職。

李文宜的這份簡歷很完整，基本概括了她一生經歷及其所擔任的職務。但它又不夠完整，因為這裡面有意略去她主要的、也是終身的職業：一個由中共中央統戰部派到民盟中央工作的幹部。這種幹部有個很別致的稱謂，叫「交叉黨員」，意思是中共黨員身分和民主黨派成員身分交叉於一人。由於前者是隱匿的，後者是公開的。所以，交叉黨員是中共安插在民主黨派的地下工作者，任務就是搞統戰。李文宜是一個交叉黨員。

我們一家人和李文宜有著數十載的交往。我管她叫李阿姨；母親（李健生）稱她文宜大姐；父親（章伯鈞）則直呼文宜。

婚戀三次，人生三折

李文宜的父親是中醫，母親是小學教員，武昌居住，無產業。所以，她在寫於上個世紀五十年代的「自傳」[1]裡說自己出身「寒士之家」。六子女中，李文宜行五，三個姐姐一兄一弟。全家生活清苦，但精神是友愛的。她自幼接受傳統教育，每日早起讀四書五經，《古文觀止》，六朝文選。有時寫幾篇作文，常得父兄好評。最喜《大學》、《中庸》，又好音樂繪畫。「知止而後能定，定而後能靜，靜而後能安，安而後能慮，慮而後能得。」——這段話，李文宜背得爛熟。在她以後寫的許多檢查材料裡，曾多次引用。李文宜說自己的性格是偏靜的。性格偏靜的她在湖北女師就讀期間，就參加了學生運動、婦女運動。一九二六年，二十三歲的她經董必武介紹加入共產黨。李文宜說，自己的情感生活隨著政治風雲而變化，但給我的感覺恰恰相反：是情感生活影響並左右了她的政治生涯。

她的第一個丈夫是著名的中共烈士羅亦農。羅亦農湖南湘潭人，與毛澤東同鄉，一個典型湖南漢子。幼入私塾，一九一六年入教會辦的智益中學。因不滿學校的嚴格管理而擅自回家務農，被家人罵為「逆子」。一九一九年衝破父母阻撓，獨自去上海求學。因交不起學費，去了一家小報館當校對工人。羅亦農結識陳獨秀後，成為第一批中國社會主義青年團團員。一九二一年，被派往莫斯科東方勞動大學學習。同年冬季，轉為中共黨員，並參加學校俄共（布）總支活動。在此期間，他介紹了也是湖南人的劉少奇入黨。他於一九二五年三月回國。

回到故土，羅亦農的革命熱情和他擔當的職務齊頭並進，節節攀升。兩年之內，他參與發動了震驚中外的省港大罷工，開辦祕密培訓班，建立工人糾察隊；籌組中共上海軍事委員會，發動工人武裝起義；策劃湖北秋收暴動，組織黃麻暴動。也就在這兩年，他從中共中央駐粵臨時委員會委員做到中共江浙區委書記；從中央委員、中共江西省委書記、湖北省委書記做到中央臨時政治局委員、中共長江局書記、政治局委員、常務委員兼組織局主任，地位類似蘇共前期的史達林。所以，一九二七年「四一二」政變後，蔣介石以大洋萬元懸賞通緝他。「八七會議」後，中共中央領導者有三人：瞿秋白，羅亦農，李維漢。羅亦農雖被歸入陳獨秀派，但他是個實行家，開會只說事實，只談行動，從未提出過什麼理論，也從不寫理論文章。

青春歲月也是浪漫季節。羅亦農有過多次戀愛，曾與兩位女性有過同居生活，但又總是一次次成為孤家寡人。他最後找到的伴侶並成為妻子的，就是李哲時。羅亦農是中共長江局書記。按組織的決定，李文宜在長江局擔任生活祕書。那時的羅亦農姓趙，住所被同志們稱為趙公館。他在公館裡祕密開展黨務，公開活動就是請客打牌。李文宜的任務就是看住公館，守住長江局機關。羅亦農戴著眼鏡，兩抹濃鬚，長袍馬褂一穿，兩層小樓一住，真像個中等富裕的老爺呢。從資本家到杜月笙，他都結交。

在這裡，李文宜第一次見到毛澤東。羅亦農先向毛澤東介紹妻子，再向妻子介紹毛澤東，說：

「他是龍王。」

「龍王」是個啥意思？李文宜不清楚，但羅亦農清楚：毛澤東非等閒之輩，能翻江倒海。以後的事實證明，他的判斷很準。毛澤東真能翻江倒海，一直到死都在翻江倒海。

已經同居的羅、李二人，把婚期選在一九二八年元旦。請的客人不少，有瞿秋白、楊之華夫婦，李富春、蔡暢夫婦，周恩來、鄧穎超夫婦，陳喬年（陳獨秀之子）夫婦，鄭超麟（中共早期革命家，後為托派領袖）夫婦，鄧小平夫婦等。婚後，羅亦農希望妻子趕快進步，借來一大堆政治經濟書籍叫李文宜閱讀，自己則很快奔赴湘、鄂等地檢查工作，並籌備召開中共六大。為便於中共的祕密活動，幾個女革命家皆以姐妹相稱：楊之華為大姐，蔡暢為二姐，李文宜為三姐，鄧穎超為五妹。

孰料結婚四個月，三姐成新寡。一九二八年四月十五日，羅亦農在上海戈登路被捕。在公共租界巡捕房關押了三天，即引渡到國民黨淞滬警備司令部。在勸降失敗後，蔣介石下令槍決。四月二十一日，羅亦農被害。從被捕到犧牲，前後僅六天。他於刑前留遺書一封，只有一句話：「哲時，永別了，望你學我之所學以慰我，靈若有知，將永遠擁抱你。」

捕前，羅亦農已經感到形勢兇險，遂即和李文宜撤離趙公館並分開居住。安頓好妻子，他搬到鄭超麟家中。遇害後，李文宜到野外收殮了屍骨，又到鄭家收拾遺物。鄭超麟在晚年寫的《懷舊集》裡說：「我還記得，她一進來就伏在羅亦農睡的床上號啕大哭。」

以後很長一段時間裡，李文宜未寫一字悼念亡夫。一九四九年後，她回憶羅亦農的文章才逐漸多起來。我讀這些悼文，總覺得不如「自傳」來得真切。一九二七年初，毛澤東等人搞的農運熱浪滾滾，上海卻是殺氣騰騰。在上海很有辦法的羅亦農，並不熱衷上海，他一直想到農村，想搞農運。到了三月，每天都從上海傳來殺人的消息，也就在這個時候接到去上海的命令。李文宜在「自傳」裡說：羅亦農由湖北調往上海工作，「人是很不愉快的。曾和我說希望和我一同到農村去搞農民運動，並囑咐我不要向別人講。」「羅亦農在做中央組織部部長（即組織局主任）的四、五個月期間參加政治會議，似和瞿秋白意見不大一致。」[2]以致於會後楊之華（瞿秋白夫人）總問她：大哥（指羅亦農）回來都對你說什麼了？對羅亦農性格李文宜是這樣說的：「他忠實於黨，努力工作，勇敢機警，工作有辦法，對革命有很大的信心和決心。這是毫無問題的。同時我當時也發現他有缺點，如看不起人，很自負，個人英雄主義思想很嚴重。不過，我不知道應該批評他。」[3]丈夫被害後，終日流淚的李文宜，提出去莫斯科的大學讀書。她明言：要黨送自己去留蘇，「只是一種私人關係的情感，是小資產階級個人主義的溫情。」[4]

結束一段情感的最好辦法，就是開始另一段情感。在蘇聯，李文宜找到了新的愛情，很快與一個叫李國楦的男人結婚。這場婚姻從一開始，李文宜就表現得不太理智。渴望擺脫過去，似乎也不需要太理智。讓她沒想到的是：自己在得到愛情的同時，還因思想右傾而得到一個嚴重警告處分。後經上訴第三國際聯盟，處分才被撤銷。留學兩年，空手而歸。她剛回到上海，「鄧穎超就代表中央組織部和我談話。說：根據聯共清黨結論，受了最後嚴重警告處分的，不能分配免費工作（專搞黨務的人一切開銷都可報銷，故稱『免費工作』），只有進工廠或到蘇區做文化工作，二者任你挑選。」[5]李文宜傻眼了：「黨中央根據聯共清黨結論，為何不依據第三國際複查的結論？我有口難言，只好服從分配，進工廠做工。」[6]一九三二年三月，她一邊在怡和紗廠當工人，一邊在上海私立新華藝術專科學校學習音樂繪畫。為了和女工結為姐妹，李文宜假裝不識字，陪她們上工人夜校讀書。工作的成效，使她很快得到中共滬東區區委宣傳委員兼婦女委員等職務，區委書記是陳雲。五月，省委書記王永成來滬東布置工作，「要求六．三反帝日舉行示威，到外灘外國使館大門投石子，扔雞蛋，潑大糞，侮辱他們。」並要求「開婦女代表大會」。[7]李文宜反對這種做法，說：「這是浪費革命實力，對外國人投石子是有損無益。在工作局面尚未打開的時候，要完成這樣的任務，自己深感困難。」[8]她的主張被組織判定為是「取消主義」，還背著給她扣上了「右傾機會主義」的帽子。

同年十月，丈夫的妹妹李國楀（也是莫斯科勞動大學同學）從監獄保釋出來。小姑子回杭州老家，途經上海，人地生疏，請求嫂子接送。李文宜接站又送行，兩人還去杭州遊西湖。大概李文宜覺得接待小姑子是件生活小事，便沒有向黨組織及時請示彙報。人返回上海，一個叫高其范的，就代表組織來談話。她「自己還以為無所謂，卻不知就因此開除了黨籍」。[9]一九三二年二月，一張油印通知單遞到李文宜手裡。上列三個被開除中共黨籍的名單，通知黨員不要和他們往來。李文宜一眼就看到了自己的姓名，排在第三。開除理由有三：「一說我在莫斯科清黨結論已給最後嚴重警告；二是在滬搞『取消』工作，犯右傾機會主義；三說我跑到叛徒李國楦家裡去了。有此三條罪狀，就斷送了我的政治生命。我對這三條理由都不服，堅決不接受。不過，我又到何處去申訴呢？」[10]

第二個丈夫沒能給李文宜帶來甜蜜和幸福。開除黨籍對她是沉重的一擊，二人隨即分手。李文宜後悔了，後悔回國之初為何不去蘇區？假如那時能與鄧穎超、張琴秋等姐妹到蘇區，跟著「龍王」鬧革命，自己也不至於落到開除地步。現在好了吧，「既沒有革命工作，同時又是個失業者。只好獨自一人，閑住年年。好在父親按月寄錢，生活還可以，成天看書罷了。」[11]生活沉悶，精神苦悶，她在上海藝專繪畫班更加努力學習，竟讀滿三年。黨拋棄了李文宜，李文宜絕不放棄黨。她始終圍著黨組織周邊活動，參加了由中共領導的美聯、劇聯、新音樂會等團體的各種活動。

抗日戰爭爆發了，一九三七年的武漢是人文薈萃之地。李文宜在這裡結識了中共黨員周新民。一九三八年，她隨周新民到安徽省。周新民借用同事關係，將她安插在財政廳當監印員，並以此為掩護協助中共安徽省婦委會工作。到了籌組民盟的階段，他倆已是形影不離了。他們二人在昆明、重慶共同生活了數年。儘管周新民在老家有包辦婚姻娶下的原配夫人，還有兒女。如果說李文宜的第一個男人是瞬間殞落的明星，第二個男人是飄忽而過的秋風，那麼第三個男人就是背後的影子，相隨幾十載。周新民決定了她後半生的職業，也影響了她的後半生命運。一九四三年，周新民受中共的委派到昆明，做民主政團同盟（即中國民主同盟前身）工作，任雲南大學法律系教授。她赴周新民之約也來到昆明，被安插在雲南高等法院擔任書記官。是周新民把李文宜帶進了民盟。在昆明的時候，最早的民盟成員只有羅隆基、潘光旦、潘大逵以及唐小兵等五人。李文宜幫著周新民做組織工作。發展到三十多人的時候，成立了昆明支部。到了一九四六年，昆明的民盟成員已有三百多人。難怪她要驕傲地說——取得這樣的成績，其中也包括了自己的努力。難怪民盟的人都把周、李視為夫妻。

起初，李文宜對民盟一點興趣也沒有。說「我參加了民盟，但我看不起民盟」。[12]很快，她便發現民盟不可小視。周新民等人發起成立了一個不公開組織，叫「憲政研究會」，參加者都是大知識分子。李文宜解釋成立的原因是，「還有一部分上層民主分子，不願意參加民盟的，我們都設法把他們組織起來。如張奚若、徐炳昶這些教授，組織到憲政研究會裡來。」[13]一九四三年秋，中共中央派到昆明工作的代表華崗，以「西南學術研究會」的名義組織經常性座談會。「聞一多、楚圖南等開始也不願意加入民盟。組織到西南學術研究會裡來，也就願意入盟了。」[14]當然，這是李文宜的說法。但研究會的發展確為事實。因為有學術研究性質，於是先後有吳晗、聞一多、楚圖南、潘光旦、費孝通、曾昭掄、聞家駟、尚鉞和馮素陶等十餘人加入。研究會每兩週舉行一次，或是學術交流，或是討論時事政治，還布置一些有關民主運動的工作。華崗是個馬克思主義學者，更是統一戰線的組織者。在他的策劃下，研究會已成為昆明學術界中共統戰工作的一個核心。事實讓李文宜認識到知名人士和大知識分子的社會作用與號召力：「唯有他們是能直接影響青年學生的，而學生一起來，民主運動就有了基礎，而昆明也被稱為民主堡壘。」也就在這個時刻，「華崗同志又及時來昆明正式通知：『今後你和新民同志一同搞民盟工作，做祕密黨員……』我聽了振奮極了！」[15]以中共黨員祕密身分打入民主黨派，李文宜獲得了一個終生的角色，也端上了一個體面的飯碗。

一九四五年十月，民盟第一次全國代表大會在重慶召開，李文宜作為昆明支部代表參加大會。會上，她被選為中委和中婦委副主任。會議期間，八路軍駐重慶辦事處負責人周恩來宴請周新民和李文宜夫婦。周恩來舉著酒杯，對她說：「三姐，我代表小超祝你健康！」她又適時提出要求恢復黨籍的事。這次的情況就與以往大為不同了。由錢瑛、李培之（王若飛夫人）、華崗三人出具證明，很快恢復了黨籍和黨齡。從開除黨籍那一天算起，她足足守候了十三年。

她和周新民的共同優點是平易近人，行事低調，故在眾多交叉黨員裡，是比較有人緣的。在民盟中央對她也有不買帳的，那就是「史良，劉王立明，劉清揚幾個女中委，從來不親近，不密切，以至對她們毫無幫助。深以自已非教授，非文化工作者，不易說服這幫人」。[16]她和周新民的工作缺點也是突出的。嚴重的問題是把中共搞的一套搬了過來，即一定要把民盟成員分成許多小組，搞什麼組織活動，過什麼組織生活。為此，他們受到董必武的批評。說：「這些事應該讓他們自己去搞，不要把我們黨的一套都搬過來。」[17]李文宜答：「批評來得晚了，想改也改不掉了。」[18]

到了一九四五年，李文宜通過具體工作對中共統戰政策已有所體會。她說初到昆明，自己是「非常單純地、直觀地以個人為單位去接近對象的。是進步、誠實的人，就去聯繫。油滑投機的人，就不願和他接近。所以和聞一多、楚圖南、馮素陶等人聯名在民盟全國代表大會期間，準備提出開除黃炎培的提案。（王）若飛同志知道了，找我談了兩次，向我指出：你應該向黃炎培所代表的團體（中華職業教育社）這一面看問題，以及職教社的會員在社會影響如何，問題不在乎黃炎培個人。」[19]上級的批評，使她徹夜不眠。經過一番思想鬥爭，李文宜認識到專門團結進步分子、緊守中共黨內的那樣一套組織工作路線，都是狹隘性的表現。她開始把黃炎培放到政團背景下去認識：「他個人（指黃炎培）雖是老奸巨滑」，「但職教社在東南各省都有，社員幾乎都是小資產階級的知識分子，有些進步青年是在他這塊牌子掩護下作些文化教育的活動……通過這些文化工作，對於社會的影響和聯繫的群眾是不少的。」[20]王若飛那句「問題不在於黃炎培個人」的話，點中統戰工作的「要穴」。李文宜恍然大悟，原來「黨的統戰政策的執行是不能太死，太機械，太狹……要因時因地靈活考慮，主要是要看對黨、對革命有害還是有利」。「要比較能照顧各個方面，統一戰線的廣泛性是和社會影響的代表性緊密聯繫在一起的。」[21]政治是多麼地現實啊！

一九四七年十月二十八日，國民黨政府宣布民盟非法。十一月六日，張瀾以民盟主席名義發表

《中國民主同盟解散公告》。這時的李文宜很鎮靜，不怕特務的包圍，覺得這正是應該滿懷信心去追求鬥爭勝利的時刻。「只是對民盟總部，很生氣」，「心想，和這班東西（指民盟領導人）搞不出什麼的，解散也罷。我回到黨裡去革命還痛快些。」[22]話說得不多，卻很能看出中共幹部對民主黨派的真實看法。

該她揚眉吐氣了

一九四九年後，共產黨成立了中共中央統一戰線工作部，確定對民主黨派的工作方針是「團結進步力量，爭取中間分子，帶動落後分子」。李文宜認識到這個方針與舊政協時期「團結左派，爭取中間，孤立右派」的方針有很大不同。她說：「新中國的政治環境改變了，反動的統治者被推翻，人民內部的落後分子應當帶動他們、改造他們成為進步分子……而解放前的右派分子和反動勢力有密切關係，只有孤立他們以至除掉他們。」[23]方針從來都是簡單的幾句，執行起來卻非易事。誰是中間派？誰又是落後者？具體到人頭的話，李文宜就感到棘手。內戰時期的章伯鈞既反蔣又反共的表現非常突出，引得許多人斥之為政客、兩面派。這也令李文宜等人十分反感。這裡，她以章伯鈞為個例，做出中共統戰政策應如何調整的說明——

「在香港時（一九四六—一九四八），我聽說章伯鈞和劉王立明，周鯨文經常和英美外國人來往密談，並且祕密帶信重慶，聯繫已經脫離了民盟的梁漱溟。我當時就認為章伯鈞就是右派分子，仇恨他，孤立他。事實上，我們愈孤立他，他愈和其他右派分子團結。他們本身並不孤立。現在看起來，香港時期有兩個錯誤。一，把革命道路和黨派及個人混為一談。革命道路和反革命道路之間沒有第三條道路是對的。但是對於黨派，在共產黨和國民黨之間，確實存在著中間黨派。如，二中全會時（一九四七年）的民盟，既反對國民黨，又不願接受共產黨的領導，走的就是中間路線。到三中全會時（一九四八年一月），由於民盟被國民黨壓迫，宣布了解散之後，在香港起死回生，這才宣布接受共產黨的領導，比二中全會時大進了一步，才不走中間路線了。至於章伯鈞和他的第三黨（即中國農工民主黨），從一九二七年大革命後建立起，一直走的是中間路線，一直打的反蔣旗幟，但又不接受共產黨的領導，有時還反對共產黨。如果不認為這是中間黨派和中間分子，就是忽視了客觀存在的事實，是錯誤的。二，認為舊社會感染太深的定型人物，是無法爭取的。認為好就是好，不好就是不好，也是錯誤的。是不從客觀事物的發展看問題，是沒有把人和社會環境結合起來看問題。社會的環境、客觀的事物是不斷地在變化、在發展，人沒有變化是不可能的。因此解放後團結、爭取、帶動不同的應團結、應爭取、應帶動的人是可以做到的，而且必須做到的。我們沒有這樣的認識，也就不會去爭取。結果，還是統戰部李維漢部長去爭取的（指章伯鈞）。這又教育了我，使我認識提高了一步。但是，除了章伯鈞是否還有其他的中間分子呢？當然有。不過沒有章伯鈞顯著，我也沒有在這方面努力。」[24]

民盟的堅定左派，是後來評價極高並執掌大權的救國會[25]派人物。讓我頗有些意外的是李文宜在「自傳」裡，對這個左派很有些看法並持保留態度。她寫道：「還有一個問題就是要爭取中間，帶動落後，則必須團結進步分子。結果是中間的沒有爭取、落後的沒有帶動，而進步分子首先不團結了。一九五〇年的情況就是如此。由於進步分子思想很狹隘，害怕中間分子、落後分子掌握民盟領導權……因此有一個進步核心小組，以史良、胡愈之等原救國會人物，經常舉行座談會，並得統戰部同意。我自解放後經常參加這個核心小組會，直到一九五三年七月民盟七中全會，我才不去了。現在想起來，團結進步的為核心是好的，但事實上凡是他們不同意的都不能幹，我們（指中共幹部）不是成為他們的尾巴了嗎？這也是不對的。」[26]知道民盟歷史的人都清楚：在盟內左、右、中三股力量長期處在一種相互扭結、彼此糾纏的狀態。「反右」的時候，無不指責羅隆基搞小圈子，其實左派（即救國會派的「進步核心小組」）的小圈子是拉得最緊，宗派活動也最嚴重。李文宜對左、右兩頭都不喜歡。她說：「右派當然庸俗，要官要房要車。左派亦很狹隘，經常參加左派不公開的小組會，我思想上感到非常勉強和被動。他們常以主觀的錯誤猜疑，當作右派客觀的事實。有時真是浪費時間。我好比一個圍棋棋子，可能會被對方吃掉，也可能發生一定的棋子作用。黨是布局的能手。我這一粒棋子有無作用，自己是不知道的。」[27]她的茫然很可理解，中央統戰部的一個老幹部就曾對我說過：「民盟的實力最強，問題最多，宗派色彩也最濃。部裡只有李維漢、徐冰這樣的統戰部長，才瞭若指掌。」

外界人士大多認為沈鈞儒領導的救國會派和章伯鈞領導的第三黨，在民盟是左派、中堅力量，他們一致對付張東蓀、羅隆基等為代表的右派勢力。其實，當初並不是這樣的情況，中共也不是這樣的看法。對民盟的左、中、右派的劃分，中央統戰部於一九四九年新政協召開之際提交一份報告，對中國民主同盟的十一個中央常委作了劃分。劃分結果是左派分子僅二人（沈鈞儒、史良），章伯鈞是「一貫企圖在國共兩黨對立下，造成第三方面的地位；他和民盟中的右派分子打成一片，又與一些地方實力派有聯繫。但因與我黨關係較久，仍可能爭取與我們一道」。[28]統戰部的另一份報告，則直接把章伯鈞「定位於有江湖政客作風的中間偏右」。「沈鈞儒、史良、胡愈之領導的救國會是進步分子占優勢；農工民主黨在上層多右派分子。」「張瀾、黃炎培、張東蓀、羅隆基，他們在民盟群眾中的威信雖已降低，但仍成為右派及中派的中心。」「他們排斥沈鈞儒、史良以至章伯鈞。」[29]把李文宜的文字和統戰部文件對照來看，兩者恰好相互印證。到香港時期在李維漢作用下，中間偏右的章伯鈞開始「審時度勢」了：一邊在農工黨搞軍事活動，一邊在民盟向沈鈞儒、史良靠攏。救國會解散後，他攜手沈、史，成為左派，被人稱為「共產黨的尾巴」。一九四九年，新朝初立。民盟中央面臨著一個權力的重組與分配的問題。在這個節骨眼上，章伯鈞一點不含糊。為了第三黨能爭到更多的份額和地盤，為了抵制救國會派的強大實力，他跟沈鈞儒大鬧，當面拍桌子。民盟一屆四中全會是從一九四九年十一月二十日開到十二月四日。民盟上層鬧得昏天黑地，會前謀劃，會上爭吵，會下活動，故有人稱四中全會是「分贓大會」，「宗派大會」。左派與右派鬥，左派與左派鬥，中間派與左、右兩派鬥。最突出的兩個事例，就是解散救國會和章伯鈞當選祕書長。

十二月五日，沈鈞儒、胡愈之、薩空了同至中南海西花廳，就救國會存留問題以及民盟權力分配問題和周恩來談到凌晨三點。十八日下午，救國會在北京飯店舉行招待各界茶話會，周恩來在座，由沈鈞儒宣布：救國會光榮結束。應該說，這是左派排斥中間派和右派的結果，也是中間派與右派共同遏制救國會派的結局。事後，沈鈞儒曾私下裡對父親說：「解散是對的，救國會的人太想做官了。」毛澤東從蘇聯訪問回國後得知了這一消息，深為惋惜。說：救國會是進步團體，它是不應當解散的。父親當選民盟中央祕書長一事，亦頗有戲劇性。當初，救國會是企圖搞掉章伯鈞的。李文宜在「自傳」裡說：「一，在北京飯店時期（一九四九年前後民盟總部是設在北京飯店），左派少數人企圖搞『民盟革命』，草擬了籌備新民盟的章程，連中間派章伯鈞也不要，右派更談不上了，我堅決反對了。二，左派反對汪世銘，我也爭論了很多。三，民盟由中下層的組織路線改為中上層路線，在組織宣傳會議之後左派轉不過這個大彎。我在幾次的祕密座談會上和公開的組織委員會上多方面說服，想出他們能夠接受的方法，承認是工作的發展……這很不容易。四，左派在七中全會中，一定要提出（民盟的）領導思想問題，好標誌他們是進步派，以反對右派。由於黨（指中共）沒有同意以馬克思列寧主義為領導思想，（左派）就提出以新民主主義為領導思想，意思是對付右派，說是以新民主反對舊民主的鬥爭。至於什麼叫領導思想，他們自己也弄不清，又不許別人弄清概念。」[30]

對解散救國會，中共明確表示：民盟中央的領導權無論如何是不能落到右派手裡。在左、右激烈較量的形勢下，以第三黨為代表的中間派冒了出來。原本在四中全會，章（伯鈞）羅（隆基）兩大派別和救國會派——中、右、左三股政治力量的代表人物就為設立幾個副主席而爭執不休、互不相讓。後經周恩來建議設立中央政治局，爭論才算平息。十一個中央政治局委員裡有救國會派的沈鈞儒、史良，有第三黨的章伯鈞、彭澤民，有張東蓀、黃炎培、羅隆基，也有無派別人士馬敘倫，還有交叉黨員周新民等，權力分配基本平衡。會議到了閉幕的時候，交叉黨員楚圖南突然提出要設中央政治局祕書長，提議由章伯鈞擔任。誰都明白，這是中共事先設置好的，並非出自楚圖南的個人意見。張東蓀、羅隆基等人被打了個措手不及，唱了一折「罷會」，悲壯又無奈。

救國會形式上解散了，實則頑強生存，且到後來獲得重用。它的核心力量有史良、胡愈之、薩空了、沙千里、鄧初民、千家駒等在內的近三十餘人，常在沈鈞儒寓所聚會。沈鈞儒在日記裡稱是「友人聚會」，實際上就是非組織的組織活動，是解散後的重新集結。這種集結的潛能巨大又持久，到了「反右」的時候終於爆發，派上大用場。一九五七年，毛澤東不顧章伯鈞、羅隆基在民盟中央長期對立的事實，用一個「章羅同盟」的罪名把章、羅兩個實力派拉到一塊兒，雙雙清除。這樣一來，以左派旗幟沈鈞儒為首、以胡愈之等交叉黨員為靈魂，以史良、鄧初民等人為核心的救國會派，不但領導了民盟反右鬥爭，而且全面掌管了民盟中央之大權。一九五八年年初，民盟中央的「反右」鬥爭結束，民盟中央的宗派鬥爭也到此終結。我研究民盟中央的「反右」材料，注意到一個細節：從一九五七年六月二十八日舉行民盟中央整風領導小組第一次會議開始，到一九五八年一月最後一次商量給章、羅等數十人戴上右派帽子，民盟中央「反右」運動中的整風領導小組的所有會議都是在東總布胡同二十四號沈鈞儒家中舉行的。民盟中央大宅院裡的會議室多了，大的，小的，中等的，都有。為啥都不去，偏要跑到沈公館？會址的選擇，意味深長。

反右運動結束後，父母的朋友、翻譯家馮亦代由外文出版社調到民盟中央宣傳部工作。馮亦代也是右派，父親怕他受氣，繼續挨整，曾建議他去高校教書，離開民盟。但他最終選擇了民盟。

父親說：「亦代，我們是在民盟戴上帽子的。」

馮亦代笑答：「伯老，你不用擔心我。我是救國會的，現在的民盟是救國會的人在掌權。」

父親猛地擡頭，表情複雜。當然父親不知道──那時的馮亦代已不僅是救國會的，他還是統戰部的臥底。

上個世紀八十年代，馮亦代當上了全國政協委員、民盟中央宣傳部部長。父親已去世十餘載，他笑嘻嘻地對母親說：「李大姐，現在救國會的人，都做了官。」

母親表情複雜，一言未答。

從李維漢晚年寫的《回憶與研究》裡，我們得知在反右以前，中共中央統戰部曾起草了一份《關於民主黨派工作的幾個問題的指示》，作為草案印發到個省、市、自治區黨委統戰部徵求意見，同時還印發了《中央統戰部關於民主黨派發展組織問題的通知》、《中共中央關於在民主黨派、無黨派民主人士中吸收共產黨員的補充規定（草案）》等文件。在中共同民主黨派關係問題上，更加明確要尊重民主黨派的組織獨立性，強調中共同民主黨派是「平等的友黨關係」，應當尊重民主黨派的「獨立平等地位」；指出中共對民主黨派的政治領導必須保持和加強，但這「絕不意味著我們黨有超越它們之上的權力，絕不意味著可以把它們當作附屬的團體，絕不意味著我們黨可以去命令、干涉或控制它們」。文件裡還特別批評了統戰部幹部常常通過民主黨派中的少數進步分子把持控制它們的內部事務，如修改它們的文件草稿，干預人事安排，控制它們的組織發展等等——這些中共的文件寫得多好哇，像夜鶯在歌唱，美妙動聽。

沒多久，毛澤東針對民主黨派和知識分子搞的反右運動，把事情來了個一百八十度大轉彎，以上印發的統戰文件，通通成了廢紙。毛就是要取消民主黨派的政治獨立平等，就是要命令、干涉、控制它們，就是要修改它們的黨章和文件，控制它們的組織發展，就是要干預它們的人事安排。為此，中央統戰部採取的重要手段就是通過人員滲透，達到組織上的全面掌控。其根本方法就是把中共黨員成批調入民主黨派，輔以把積極投靠中共的民主人士（如吳晗、薩空了）祕密吸收為中共黨員。大批既是中共幹部又是黨派成員的交叉黨員進入民主黨派，人人是耳目，個個是打手，實實在在地把個「政黨政治」變成「眼線政治」。所以我曾說，一九五七年後的中國民主黨派變得婢妾不如。李文宜正是在一九五七年七月，正式調進民盟中央機關成為專職幹部。調她的目的非常具體，就是加強中共對反右鬥爭的領導和對民盟中央的掌控。一九五八年民盟改選領導機構，清洗右派，提拔左派。李文宜被任命為副祕書長。「晨雞初叫，昏鴉爭噪，哪個不去紅塵鬧？」這些交叉黨員在民主黨派名利雙收，香車寶馬，高官厚祿。五年之內李文宜扶搖直上，先後擔任代祕書長和代組織部長等職，成為實權派人物。

關於交叉黨員的具體情況，我還要略做說明。一九四九年前，交叉黨員是祕密的，像胡愈之等人頻繁周旋於中共與民盟之間，章伯鈞、羅隆基等人心裡有所猜測：這些人肯定是中共。但他們的真實身分，從未正式未公開過。在死後的追悼會上，人們只有從覆蓋在遺體的黨旗上才得以識別和確認：「哇，原來他是個中共。」以至於像費孝通這樣的著名民主人士去世，人們最關心的第一件事並非是看他的悼詞寫的是什麼，而是要跑去瞧瞧他身上蓋的是什麼——是黨旗還是國旗？一九四九年後，章、羅都曾表達希望中共解決交叉黨員問題。長期搞組織工作的章伯鈞曾與李維漢談過多次，認為民盟中央的工作已到了事事請示統戰部的地步。李維漢畢竟是個有水準的人，他也覺得這個現象要有所改變。所以到了一九五七年春季，章伯鈞對民盟負責幹部很有把握地說：「今天我們自己當家作主，幹部問題、兼職問題、交叉問題，都可以解決。」[31]羅隆基則當著毛澤東的面，提出交叉黨員應該公開身分。被毛澤東一句：「你不要清黨！」[32]給擋了回去。事後，羅隆基覺得自己說話有誤，遂向中央統戰部負責黨派工作的于剛解釋道：「當時，我不瞭解形勢，不知道要由領導黨的黨員來作為盟的骨幹。」[33]一個政黨的幹部去做另一個政黨的骨幹，世界政壇少見。到了鄧小平的「改革開放」新時期，事情不但沒有改變，反而變本加厲。中共第三代，第四代領導人的做法就直接了，讓所有民主黨派的主席和實權人物都由中共黨員擔任，且是中央統戰部親自挑選、指定的。這個情況已是無人不知、哪個不曉。如今交叉黨員公不公開身分已經不重要了。在民主黨派誰飛揚跋扈，誰就是中共黨員，管他是明是暗，管他是一位主席還是一個司機。

再把話說回來，人們對李文宜的調入民盟是有議論的。認為調動是由於她在勞動部得不到提拔的緣故。郭則沉以及辦公廳的幹部就曾貼出大字報，公開表達意見，指名道姓地說：「羅叔章都做了勞動部副部長，您反而作了羅的部下。」[34]初來乍到，李文宜工作賣力，態度謙虛。但新的苦惱也隨之而來。這苦惱與在勞動部的苦惱不同。後者苦惱來自一個羅叔章，而前者苦惱說不清也道不明。倒是費振東在與她的一次談話裡把話挑明，分析了她在民盟的處境：一是覺得「民盟中央有擠不進去的情勢」[35]，二是「民盟中央的領導同志也不重視你」。[36]這話說準了，很符合李文宜的內心活動。她就是這樣形容自己：「盟中央工作同志有六十人，我只認得三分之一；有的人從來沒有說過話，有的姓什麼我也不知悉；有的是工作上沒有聯繫，有的是有聯繫也不大理！相互瞭解沒做到，互相幫助更無從說起。」[37]李文宜這裡所說的「民盟中央工作同志」，決不是指燒鍋爐的或蹲傳達室的。她指的是大知識分子。應該說，自打在昆明接觸民盟，她的內心始終處在政治優越和文化自卑的矛盾狀態中。反右之後，她的感覺好多了。到了「文革」，中國跨入了「越有知識越反動」時代，毛澤東把民盟的大知識分子統統搞臭，搞倒，搞死，李文宜的矛盾心態才徹底解除。

民盟中央內部素來龍爭虎鬥，的確不是李文宜輕鬆進取的地方，而她是想進取的！如何才能進取呢？胡愈之、薩空了、楚圖南和自己一樣，都是交叉黨員，但人家是專家、名人。可自己呢，啥也不是。她反覆琢磨，要想上進，恐怕只有一條路了，即公開自己的中共黨員身分。這是她手裡唯一的牌。牌一出手，就讓「民盟那班東西」馴服。她立即打了報告，要求黨籍公開。事情的結果可想而知，報告被駁回。中央統戰部要求她繼續做好祕密交叉黨員的工作。李文宜的行事風格與胡愈之有所不同。在民盟中央，胡愈之位列於前，屬拋頭露面的人物，李文宜則居於後，一個不動聲色的副手。胡就顯得比較「惡」，她就讓人感到幾分「善」，兩人又構成了一種互助互補的關係。在反右以後的交心整風運動裡，給胡愈之貼大字報數量很大，給李文宜提意見的就較少。當然，她的「善」是以黨性為界限和前提的。有幾張大字報是批評她在監委會的工作有右傾思想，認為涉及到盟員處分問題，表現得太謹慎。當時有地方民盟組織來函，稱某盟員已被當地政府逮捕，請求開除盟籍。李文宜接到這類「請求」，總是按兵不動。一定要等到法院判決，正式宣布為反革命分子。但在處理民盟中央一大批右派分子的問題上，作為主要參與者的她可一點沒手軟。比如，在處理吳景超的時候，有盟員請求從輕發落，被她一口回絕。章伯鈞、羅隆基剛撤銷領導職務沒幾天，李文宜就針對民盟集體領導問題，發出了尖銳聲音。說：「過去盟中央的集體領導成問題。中常委很少開會，萬事都問副主席……實際上，中常會反不如副主席的權力大。個人大，組織小，這不是忽視集體？是資本主義呢，還是社會主義？是不是負責人討厭盟紀？」[38]這口氣，咄咄逼人。

沒錯，中共全面征服了知識分子，徹底制服了民主黨派，該交叉黨員揚眉吐氣了。

「難道就是為了這幾十人保存一個黨派機關？」

共產黨歷次搞運動首要任務是確立革命對象，民主黨派搞政治運動也如是。中央統戰部和打入各黨派的交叉黨員都要確立革命對象，提出名單並做好準備。「文革」中卻碰到了一個例外。這個例外就是吳晗。

一九六六年年初，鄧拓、吳晗、廖沫沙的「三家村」被點名批判，口氣之大，說明背景深、來頭大，但誰都不知這是個啥背景、啥來頭。二月初，李文宜向中央統戰部黨派處請示吳晗問題。處長彭友今說：「吳晗的問題，我們還沒有研究。過去任何運動，中宣部都給統戰部打招呼的。很奇怪！不知道這次運動怎麼搞的？沒有任何消息。我們也不知道應該怎麼搞。」[39]李文宜返回民盟，告訴了胡愈之等交叉黨員。大家覺得「方向不明，暫時不要專搞吳晗的問題」。「三月間，胡愈之到統戰部請示怎樣開展批判吳晗問題。中央統戰部的指示是『不組織，不阻止』的六字方針。」[40]到了五月，運動形勢急速發展，中共的民盟支部覺得應該、也必須組織一次對吳晗的背對背批鬥會。草擬通知稿——是寫批判會還是寫聲討會？李文宜有些為難。要說聲討大會吧，就得列出罪狀來，可民盟中央還沒有開始揭發。最後是以「吳晗揭發批判大會」名義發下通知。會前，民盟中央的交叉黨員又打電話請示中央統戰部，依舊沒有一個明確的答覆。

六月五日，胡愈之在民盟黨支部傳達了周恩來的三點指示：「一，批判吳晗，是以工農兵為主的全國範圍的事。民盟盟員是革命對象，應該在其單位崗位上參加運動。如果把他們都搞到民盟來，民盟就成了他們的防空洞了。二，文化大革命中，民盟成員都應該在本單位改造。當前批判吳晗，應該先在北京盟市委搞，由市委負責。民盟中央也要搞，要多開幾次會同吳晗劃清界限。然後，可以組織幾次批判會。問題是要有真正的揭發。自己不要有顧慮，也不要怕揭別人。三，民盟的知識分子很多，他們不一定開大會，可以寫文章作為發言自用，也可以寫大字報用，也可以登報。文章要有分量，空話不要講。否則會變成鬥爭對象。」[41]周恩來最後強調：「運動是很深入的，每個人都可以投進去。但民盟知識分子不是工農兵，不能開（吳晗）聲討大會。因為每個人自己都有髒東西，自己也要聲討自己。」[42] 民主黨派及其成員本身就是革命對象——周恩來的話給一心跟著共產黨鬧革命的民主人士，劈臉一巴掌。李文宜們聽來真是舒服得很，極大滿足了交叉黨員骨子裡凌駕於民主黨派之上的優越感和征服欲。她在彙報材料裡寫道：「我這才領會到總理對『聲討大會』理解的含義，是用階級觀點分析的。人民公社的社員，是乾淨的，解放軍，工人，青年是乾淨的。他們能聲討別人。你資產階級分子們，本身就不乾淨，自己還要嚴重聲討自己呢！」[43]

一九六六年六月二十七日，中央統戰部在人民大會堂安徽廳開會，召集各民主黨派和無黨派民主人士參加。會上，先閱讀了中共中央關於「彭（真）羅（瑞卿）陸（定一）楊（尚昆）反黨集團」的文件。幾天後的會議由鄧小平主持，規模擴大到國務院各部部長，黨外人士以及各人民團體負責人。李文宜記錄了會上劉少奇講的這樣一段話——

「中國歷史上統一是不容易的，要麼兩個政權統治，要麼我統他，要麼他統我，這是個問題。如果彭真他搞政變成功了，你們民主黨派怎麼辦？擁護不擁護？這是難事。中國的形勢，各民主黨派如果搞政變，看來不可能，是搞不起來的。章羅聯盟也是政變性質的，搞不起來。但黨內有人搞政變，其政策又合乎你們的口味，如何辦？你們擁護是可能的。你們要表態，表態也是很不容易的。我勸你們要提高警惕，識別不容易，不要上當，不可輕易表態，否則，你們要同歸於盡的。因為他們扯起紅旗反紅旗，表面上馬列主義也要，毛澤東思想也要，社會主義都要，實則是修正主義……」[44]

這裡，劉少奇像教訓孫子一樣地教訓民主人士，儘管他本人後來的命運很不幸。我能想像坐在下面的邵力子、史良、榮毅仁等人掩藏在恭順身姿後面的萬般驚駭。會後，統戰部系統分六個小組座談。民盟、九三是一個小組，在政協禮堂第四會議室，座談了好幾次。大家一致認為：這是「劉副主席警告民主黨派的話」。[45]李文宜極為高興，說：「我認為是對民主人士們講的，是刺他們一下。因為他們喜歡表態。告訴他們表態是不容易的，不要上當，否則要同歸於盡。我想，反正不是對我們黨員講的。」[46]

七月二十九日，中央統戰部黨派處再找各民主黨派交叉黨員聽取彙報。彙報之後，劉述周（時任中央統戰部副部長）講話。他說：「民主黨派中究竟有沒有資產階級反黨反社會主義的人？如千家駒、孫承佩，你們怎樣估計？郭則沉夠不夠得上牛鬼蛇神？這樣的人不太多，你們自己掌握，是否痛痛快快地縮短時間，把運動搞過去算了。我們的事太多，顧不上來。如果把運動放慢一點，等我們騰出手來，也不知道什麼時候了。你們不要靠統戰部。……中央的精神，真正的反黨反社會主義的學閥，以後做結論，一般從寬。民主黨派的尺子，不能用無產階級的尺子，否則，鬥倒鬥臭的就太多了。我們批判從嚴，反黨反社會主義的黑幫帽子不一定戴，掌握分寸。這樣的人不多，民主黨派不多，較多的是牛鬼蛇神。先搞頭面人物，以後搞下面的牛鬼蛇神，橫掃一下。先搞上面的，嗅覺提高，眼睛擦亮，下面的好搞些。你們要站起來搞才好。」[47]

彭友今（時任中央統戰部黨派處處長，後任業務組組長、祕書長）說：「郭則沉、黃琪翔可以上場（指批鬥——筆者注），不會錯。名單可以排起來。不要低估群眾力量，我們還是要相信群眾，發動群眾，不要光靠左派。」[48]黨派處幹部焦×也講了話：「還要學習毛主席著作，掌握思想武器，掌握尺度好批評，排隊上場。有些人不能機關、黨派（指民主黨派）兩不管。要問問他們自己之後，部裡可以找他們機關黨委聯繫，同意可以黨派搞，如千家駒、羅涵先等。但我們不給他們做結論，不要不適當地給人家戴帽子。國家機密不能洩露，不揭人家男女關係問題。矛盾一時弄不清的，先作人民內部矛盾處理。」[49]

講話結束，李文宜腦子裡已擬好一份需要批鬥的民盟上層人士的名單。她回到民盟中央，就有人通知她：「胡愈之講了，在民盟中央有七十人要整一下材料。」「又想把千家駒、羅涵先先搞來批。」[50]李文宜沒有表示反對意見，但她心裡覺得第一個要搞的人，當是吳晗。

儘管說，劉少奇、周恩來和中央統戰部都覺得民主黨派搞無產階級文化大革命還不太夠格。但民主黨派自己還是想搞「文革」的，因為再也沒有比革命更榮耀的了，再也沒有比擁護毛主席更幸福的了。「文革」之初，中央統戰部對民主黨派的運動也有所部署，即採取和反右運動中成立整風反右辦公室同樣做法，民盟中央成立了「文革」辦公室（簡稱「文革辦」），任命胡愈之和李文宜分別擔任主任和副主任。他們連同其他幾個交叉黨員擬訂了一個運動方案。現將「關於民主黨派中央機關的文化革命運動如何開展問題（設想統一領導）」彙報材料[51]抄錄如下——

一、方向問題

（一）在資產階級性質的民主黨派內，開展無產階級文化大革命，大破剝削階級「四舊」，大立無產階級的「四新」，以適應當前的新形勢和整個社會的精神面貌，很有必要。但就民主黨派具體情況說，又與其他國家機關學校等單位有所不同。首先沒有黨內走資本主義道路當權派，而資產階級的反動學術「權威」又在其工作崗位上被批鬥得很多。因此，運動的主要目的、方向性的問題應有所考慮。

1. 在各民主黨派中央機關內中央委員中對社會有影響的上層人士中的批鬥燒的問題是主要的問題。鬥垮資產階級「權威」的殘餘勢力（如陳其尤，邵力子，史良，郭則沉，汪世銘等）。

2. 批倒資產階級修正主義反動學術觀點（如楊東蓴，王昆侖，孫承佩，張畢來，謝冰心）。

3. 燒一下領導層中突出的「四舊」。

（二）其次在「十六條」中第三、四類幹部中批鬥的問題和掃除牛鬼蛇神（包括勤工人員）。

（三）一般清理思想和整改問題，落實到改造人員，改進工作。

二、方針問題

（一）放手發動群眾搞「四大」，在「四大」中發現問題，分別主次進行批掃改。

（二）堅決貫徹黨的階級路線，分清敵友，發現壯大左派隊伍，依靠革命左派，徹底孤立最反動的右派，爭取中間派，團結大多數。

（三）嚴格區分兩類不同性質的矛盾。

三、領導組織問題

（一）由群眾選舉產生文革委員會為運動的權力領導機構。在沒有成立之前，可先成立籌委會。委員中應包括工青人員，革命幹部和左派領導層等成分。

（二）各黨派又各推代表若干人（大黨派三至五人，小黨派一至三人）組成文革聯合委員會，便於接受黨中央的統一領導。它是各民主黨派的共同權力機構。這個委員會中，可設常委為核心領導。聯合委員會對各黨派只管原則方針大問題，至於具體問題由各黨派的「文革委」自己負責處理。各黨派的聯合文革委員會同各黨派的文革委員會是領導被領導的關係，便於發揚大民主而又能集中領導。

（三）聯合文革委員會同黨派的文革委員，凡不稱職的，群眾都可以隨時罷免他們，另選別人。

（四）文革會的任務，經常研究運動中的方向性政策問題，向統戰部請示彙報，領導各黨派的運動。並在各黨派之間起運動中的經驗交流、相互支援的作用。

四、運動步驟問題

從一九六六年十一月初到一九六七年第一季度止，共分三個步驟：

（一）從十一月初到十二月底，開展「四大」同時選舉籌委會過渡。醞釀文革委員會。

（二）十二月到一九六七年二月選文革委員會，並推參加聯合委員會的代表，領導開展批鬥。到春節基本搞完批鬥，掃牛鬼蛇神。

（三）春節後到第一季度，搞改進工作，改造思想，肅清李維漢修正主義在黨派的影響，破舊立新。

在這份報告的後面還附有一段文字，標題叫「經過情況」，是說明性的。李文宜意在彙報自己對民主黨派搞「文革」運動的看法。這裡，要簡單介紹一下民盟（中共）黨支部。那時的七個民主黨派，成立了兩個中共黨支部。黨支部是黨的基層組織，它只管黨員的思想工作，而不管其他。但鑒於統戰特殊性，很多民主黨派動態和統戰政策和工作布置都是通過設立在民主黨派內部的黨支部來上下貫通的。一九六六年十月，由民盟等四個民主黨派的交叉黨員組成的（中共）第二黨支部開會揭發楊東蒓（交叉黨員）問題時，中央統戰部黨派處幹部焦×來電話，說把這個討論停下來，要支部討論民主黨派開展「文革」運動的問題。作為支部書記的李文宜，心裡是「一千個不願意」。因為她是個做具體工作的，深知現在的民主黨派已是無枝無幹、無花無果。民盟要大鬧革命，兵在哪兒？將有幾員？自己所能做的工作，就是守在死樹一旁。所以，她在另一份彙報材料[52]裡寫道：

第一、紅衛兵封門後到現在黨中央還沒有指示。民主黨派到底與國家機關有沒有不同之處？黨中央既然還沒有指示，統戰部自己忙得騰不出手，那麼民主黨派的運動要達到什麼目的？不明確。我們既然表示歡迎紅衛兵封門的精神，資產階級的黨派本來就是社會主義的革命對象。如果不存在的話，又何必搞運動？如果應該存在的話，運動又該怎麼搞？這是第一個問題。毛主席的戰略思想很遠大，美帝、蘇修等敵人不會甘心滅亡，民主黨派在戰備裡能起到什麼作用？要搞運動是否考慮遠點。從戰備方面看，有的要疏散，有的要準備上山，有的工廠一分為二，遷廠遷校的不少。民主黨派搞運動是否結合這個情況考慮。這是第二個問題。以後不見得每一個民主黨派都能照原樣存在，聯合起來搞個領導機構有無必要？但不知是否考慮到為了將來便於合併，或者精簡機構到合併辦公，而為此打下基礎？如民盟，有工作的盟員，在其單位參加運動了，沒有工作崗位的就很少。上層（人士）剩下來的不滿二十人。單獨搞一個機關意義不大了。即使文化大革命最徹底，機關搞得最純潔，難道就是為了這幾十人保存一個黨派機關？這是第三。……我為什麼寫這個東西？從思想上檢查，有一個過程。首先對民盟機關搞運動，我有消極情緒。如既封了門奪了印，黨中央又置之不理，還不如解散算了吧！加上對統戰部有一股怨氣，如統戰部又要我們搞運動，又不能為我們解決具體問題（房子被紅鷹縱隊占住），又不肯具體領導，那我們怎麼個搞法？劉述周的意見是要各黨派自己聯合組織領導，把運動搞起來……是否十一中全會中，中央對民主黨派有所考慮呢？又想不會，七個民主黨派集中起來二百多人的問題，中央現在忙於解決幾億人的問題……七個民主黨派人雖不多，但意見很難統一，文革搞起來不易掌握，自己是一怕，二等（即等黨中央指示和統戰部具體領導），三推，四拖。

李文宜對中央統戰部「文革」中的做法不滿。於是又遞交了一份題為「關於統戰部的運動問題」彙報材料，材料裡多少可以體會到這些交叉黨員在中央統戰部的處境。一九六六年七至八月，長期擔任部長的李維漢垮臺，統戰部內部的「文革」運動呈現異常激烈複雜的狀態。統戰部裡舉行幾次大會，都沒有讓派入到各民主黨派的交叉黨員參加。李文宜說：「一次，民主黨派支部的人在禮堂樓下會議室學習，聽見樓上在開大會，口號聲，捶桌聲很緊張。我們支部同志散會後上樓去聽聽。剛在大會最後一排座位坐下來時，只見彭友今叫常××通知我們離開會場，我們只好走了……九月二號，徐冰（李維漢免職後，由中央統戰部副部長提升為部長）作關於十一中全會的傳達報告，我們十七級以上的黨員得了通知才能去聽。豈知徐冰語無倫次，聽的人不知所云，引起氣憤，就開始鬥起來。會上又是質問，又是揭發，又是批判，空氣熱烈。但以後又沒有通知我們，我們支部的同志又沒有參加的機會了。」[53]但凡在大機關工作過的人都知道，本部人員和外派人員是有區別的。如果外派人員資歷更老，而本部人員權力更大時，彼此的關係就很微妙了。從李文宜對中央統戰部的不滿態度裡，似乎可以讀到比「不滿」更多的東西來。

十月三日，中央統戰部黨派處在梅龔彬家裡召開座談會。民革、民盟、民進、九三等四個民主黨派的交叉黨員被召集，每個黨派兩人，後增加了農工黨一人。李文宜參加了。座談會先由交叉黨員彙報各民主黨派停止辦公後的情況，後研究統一戰線和民主黨派今後如何搞的問題。中央統戰部由劉述周出面，交叉黨員由胡愈之、梅龔彬負責召集。會址選在胡宅和梅宅，兩家輪流舉辦。座談會開了六次。每次座談的內容，都集中在「民主黨派還要不要」的問題上。在討論中「有人同意紅衛兵意見，除民革、臺盟外，都可以不存在。有人主張四個知識分子政黨可以合併為一個，致公黨成員歸僑聯。有人主張民進大部都是中小學教師，可不要。有人主張合署辦公，基層可不要。範圍要縮小，專政對象不要」。[54]

十月中下旬，彭友今和焦×分別找到梅龔彬、胡愈之，要求他二人和黨支部研究一下民主黨派的「文革」運動如何進行，要求提出方案。於是，在梅、胡兩家又輪流召開座談會，議題隨即轉入關於運動方案的討論。大家一致認為：「文革」運動是一定要搞的。按照「十六條」辦，則要群眾選舉領導機構。但民主黨派在機構未產生以前怎麼搞？有的黨派的中央機關只有一、兩個專職工作人員了，搞運動不成聲勢。有人要求聯合起來搞。最重要的問題是「統戰部表明已經騰不出手了，要各黨派自己搞」。[55]都說「文革」有毛澤東思想指引和「十六條」原則，但大家覺得還是必須有黨的具體領導。有人提出黨支部出來牽頭搞，也有人提出成立各黨派的總的聯合機構，與統戰部通氣掛鉤。說來說去，也沒有一個結果。事情拖到了十一月，中央統戰部黨派處來催，要求黨支部儘快提出搞運動的方案，好報中央文革小組。但是，各民主黨派交叉黨員的意見始終未能一致，更不要說什麼方案了。

十二月間，李文宜參加了一次中央統戰部造反派組織主辦的鬥爭大會。會上，大家喊出「實行紅色恐怖」口號，並揪鬥了徐冰。部長突然罷官，李文宜等老資格的交叉黨員都很不理解，他們找了黨派處的同志們開了一次黨內座談會。

會上，李文宜說：「李維漢罷官是經過了黨中央的，我們知道。徐冰什麼時候罷的官？為什麼不告訴我們？如果罷了官，那麼是誰代理部長呢？」

常××（黨派處幹部）同志說：「徐冰實際上等於罷了官，現在張經武是代理部長，劉述周、金城同張經武一起管業務。」

李文宣又問：「為什麼你們幾個月來不告訴我們呢？」黨派處答應以後專門介紹一次關於部裡運動情況給他們這些交叉黨員。但一直沒有這樣做。後來，民主黨派的兩個黨支部，加上統戰部黨派處的一個支部，合成一個總支部，叫黨派總支部。總管黨內的事，不管民主黨派和黨派處的行政事務。但是黨派處負責人常常從業務政策方面通過支部徵求意見的情況。其中就包括徵詢今後民主黨派怎麼辦，民主黨派的「文革」運動如何搞法等大問題……[56]

中央統戰部為什麼在這個時候向他們徵詢民主黨派的走向？頗耐人尋味。大概是因為梅龔彬、胡愈之、李文宣這樣一些交叉黨員更善於駕馭民主黨派、更能掌控民主人士吧。拿梅龔彬來說，他長於政論。民革成立之時，重要文件大多為他一人起草，其中的「成立宣言」，曾被馮玉祥讚為「有諸葛武侯文風」。梅龔彬處世謹慎，談吐詼諧，善守祕密又古道熱腸。這個頂級交叉黨員因潘漢年案受到株連，過了八年的鐵窗生涯。還沒過上幾年舒坦日子，「文革」來了，他又失去自由。人的情感，會在慢慢的積累中轉變。一九七五年三月，梅龔彬在病榻寫下五言古體詩〈南冠憤〉：

曠時何所得？
落筆實茫然。
冷露迎霜起，

寒燈伴月眠。
久積南冠憤，
而今又幾年。

「花謝了三春近也，月缺了中秋到也，人去了何日來也？」不久，梅龔彬抑鬱而死，死在了勞動改造的地方。除了安靜以外，一無所有。中共統戰高手華崗，命也如此。一九五五年，因胡風案受株連坐牢。「文革」來了，繼續坐牢，坐到死為止。他這輩子前期坐國民黨的大牢五年，後期蹲共產黨的大獄十七年，前後二十二載，一九七二年在獄中病逝。華崗在牢房裡寫出了《美學論要》、《自然科學發展史綱要》等幾十萬字的著述。死後，家屬領到遺物是厚厚的文稿，無數的卡片，幾個塞滿書報的柳條包和粗針密線縫補過的衣衫、鞋襪。看著這些東西，一家人抱頭痛哭。

華崗曾預言，中國人要將承受「歷史因襲的痛苦」，孰料預言以殘酷的方式檢驗了預言家。

舉眼千回未過關

吳晗是民盟中的左派——反右運動前祕密加入中共；反右運動中最是積極；反右運動後紅得發紫。「文革」爆發，吳晗一夜之間墮入地獄，「恨無情卷地狂風刮，可怎生偏吹落我御苑名花。」誰也沒料到他會大禍臨頭。超絕生死，畢竟是哲人聖者的境界。吳晗非哲非聖，其愧其悔，該是怎樣地驚心動魄。

父親曾說：「吳晗是壞人，『三家村』成就了他的一世英名。」後聽說吳晗抄家挨鬥，紅衛兵上了屋頂，把瓦都揭了，父親便不再說他是壞人，在牛棚裡也沒交代檢舉有關吳晗的任何事情。而李文宜卻寫出了一份很厚實的材料，把自己與吳晗袁震夫婦牽藤攀葛的關係說得一清二楚。

事情是由民盟中央著手批判吳晗引起的。從一九六六年四月起，李文宜等交叉黨員在民盟中央準備召開批判吳晗的大會。民盟中央分成三個批判組。其中的第三組是專搞一九四九年前有關吳晗的揭發批判。這個組又分三個方面。一個方面是專搞他入盟前的情況材料，選的人是千家駒。因為「千家駒和吳晗是同鄉、同學又同年，就讓千（家駒）搞揭發批判」。[57]第二方面著重吳晗從入盟到離開昆明的一段時間。知道情況的人有尚鉞、周新民、楚圖南、馮素陶、李文宜、張曼筠（李公樸夫人）、潘光旦、費孝通。經研究，只有尚、周、楚三人有資格批判吳晗，而後面幾個則只能揭發。大家決定先讓尚鉞把材料寫起來。第三方面是北平時期，只有劉清揚一人能夠揭發批判。經過互相交換情況，他們發現民盟中央已經沒有一個人全部瞭解吳晗從一九四三年七月入盟到一九四六年五月離開昆明的近三年時間裡的真實情況。於是，胡愈之在「五一」節的頭天晚上在家中，約了尚鉞、周新民、楚圖南、馮素陶及李文宜來討論關於鬥爭吳晗的發言準備。李文宜在彙報材料裡說：「大家看了尚鉞的稿子，感到他寫的長篇大論，學術氣味太濃……作為發言鬥爭用，不夠有力，就是火藥味不足。幾個人都提了一些意見，他願意再拿回去修改。其中，揭發的材料還是尚鉞的多，周新民找了點間接的材料，其餘楚（圖南）、馮（素陶）和我竟想不出更多的材料來。別人不談，我卻苦苦回憶，明明吳晗入盟是由於我認識他老婆袁震的關係呀！」[58]原來一九二七年大革命時期，李文宜在武漢搞婦協工作的時候，就與袁震相識。一九四二年下半年，李文宜和袁震先後到了昆明。清華大學畢業的袁震原本身體就不好，三天兩頭臥病在床，李文宜常去探望。那時，一般教授的生活也很清苦。袁震的病，便無錢醫治了。她和周新民商量設法幫助，吳晗夫婦自是感激。在一次看望中，李文宜談及加入民盟的事。「吳晗因看到潘光旦等也在民盟內，他也願意加入。我回家時，吳晗送我出大門，還說感謝我為他們帶去了兩個光明（意指一是政治方面的，一是老婆健康方面的）。」[59]

誰知後來發生的一件事，讓李文宜大感意外，也重新認識了吳晗——

那時居住在昆明的知識分子都是租房。後來，我（即李文宜）和周新民終因付不出房東一再提高的房價，被攆了出門。一時無著落，周新民住到辦公室打地鋪，我就找到袁震，在她的外間搭了一個床鋪。一日深夜，大雨滂沱，忽聽有人拍門，一看是周新民，只見全身濕透。周（新民）解釋說是因工作晚了回機關，不開大門，所以折轉來找吳家。當夜周新民就發了高燒，全身疼痛。第二天，吳晗夫婦硬要我們搬開，說怕病傳染。我馬上到機關預支兩月工資，把周新民送進醫院。經診斷是傷寒。

袁震躺在床上，深怕我們增加了吳晗的負擔，成天喊專門服侍她的女工，問這問那，問煤還有多少？柴還有多少？油鹽早已收起來，連菜刀也找不著。我心裡明白這是怕我沾了他們的便宜，也就絲毫不去麻煩他們。但我又沒有家，只好買一個茶缸大的小瓦罐，每次一小塊鮮牛肉，用手撕碎，借他家飯後餘火燉一點湯，或買一點番茄燒水燙皮，去皮後用紗布擠出汁來沖水，送到醫院給病人。我自己就在街上小吃店裡，東吃一餐，西吃一頓，不去打擾他們。過了一個星期，周新民的病還沒有好，袁震似乎發了善心，對我說：『現在天氣熱了，你在外面吃飯也不衛生，還是要花錢，飽一頓饑一頓，身體也不好。還不如到我們這裡一起吃。』我想也好，就交了伙食費。可是每餐吃飯的時候，菜都放在他們夫婦一邊，特別是較好一點的菜，讓我吃起來很不方便。我也只揀較近的菜碗，吃一點算了。天熱了，我沒有地方洗衣服。吳晗說，水缸裡的水是女工自己備用的，只能他們用。人多了，女工就要辭工不幹了。他指引我到屋後一個場院的盡頭，有一個水塘。說：『你可以自己取水洗。』我只好用臉盆下塘取水洗衣等，決不動用他們水缸的水。我耐心等周新民病好出院，並向他所在機關費盡周折地交涉到一間房，才解決了問題。

新民病重時，怕自己好不了了，叫我把民盟的文件找出來，並找潘光旦、羅隆基到醫院來當面交代，要他們同意另外找人代替他的工作。潘（光旦）、羅（隆基）來了之後，看一看，就很冷淡地走了。那時潘（光旦）是民盟管財務的，民盟是有錢的。但他們毫無一點同情心，經濟上絲毫沒有幫助。我們對民盟也就很灰心。我是搞地下工作的，我知道地下黨很困難。從來沒有向黨反映這些情況……羅（隆基）說既然李文宜已經知道民盟了，不如請她也參加民盟。黨為了工作，也需要叫我也參加。所以，我入盟還是羅隆基的介紹人。周新民得到這個教訓以後，經濟開支非常慳吝。總想儘量積蓄一點錢，怕人再病了，告貸無門。

我們有了房子住以後，傢俱全是向朋友們東借一點，西借一點。民盟的會還經常在我們這裡開。有一天吳晗夫婦來看我們，帶來了吳晗自己釣的一盆小活魚。當然，我還是高高興興地燒好了，留他們一塊兒吃飯。這並不是我請他們吃飯，因為袁震能起床出來，是不容易的。從此，我也只從工作出發，不去想他們對我們怎樣。但他們對我們的冷遇，使我以後不願多去接近他們。我想，既然人家瞧不起你，你又何必去巴結人家呢！世態炎涼，人情冷暖在舊社會本不足奇……二十多年來，我就連周新民也沒有談過。誰還記得這些小事呢？只不過提起來感到吳晗夫婦自私自利、刻薄勢利、品質不好是由來已久的，我那天對胡愈之談了，也就過去了。因為這不是政治問題。[60]

材料裡，還談及另外幾件事。一九五九年八月中央統戰部黨派處，派人到北京大學搞調查研究工作，要求民盟方面也要派幾個人參加。選擇的調查對象是中文系、化學系的民盟成員。李文宜說「那時候，正在反右勝利之後，許多人在學校裡的教改中受到重點批判。對黨抱不滿情緒，守口如瓶，互相之間也不敢往來，特別對教學計畫經常更改很有意見。」[61]為了把會開得活潑一些，她選了個星期日，地點在頤和園，並在聽鸝館飯莊請吃午飯。由於民盟中央負責人都到北戴河休養去了，李文宜便把擔任民盟北京市委主任的吳晗請來。再說，他和北大文科教授都熟悉。誰知吳晗是吃飯時來的，吃完就走了，人家壓根兒就沒打算參加調研會。「在吃飯的時候，他鼓勵王瑤（北大中文系教授）這批教授多寫文章，自己吹噓貫徹雙百方針很努力。寫的稿子，報上登的也多。他知道王瑤筆下也快，便提出願意和王瑤比賽。大家說說笑笑。」[62]事情過去七年，一九六六年二月中央統戰部黨派處派人來問：吳晗在那次與北大教授在聽鸝館吃飯時是否說到自己在寫海瑞？李文宜很吃驚，說：吳晗沒說過海瑞二字。民盟中央可能有紀錄可查。

李文宜交代的另一件事是在一九六三年，她和楊之華、瞿秋白之女獨伊、吳晗夫婦等人相約到頤和園遊玩。大家邊走邊聊，李文宜「問及吳晗對馮友蘭、賀麟、邵循正等人的看法。吳晗自是左派面孔，好像很鄙視他們，說：『邵循正較好，也只能是算一個中間派。』」。[63]為啥要鄙薄同行？他自己不也是個學者嗎？當有起碼的涵養氣度。我曾親耳聽過蒙古史專家翁獨健稱讚邵循正，誇他學問好。邵循正精通德語、義大利語、俄語，還學過古波斯文、蒙古文、突厥文、女真文、滿文。他能直接把蒙文資料、波斯文資料、漢文資料和西歐諸國學者的研究成果糅合參證，互糾訛誤，作出史實訂正工作。邵循正的學生方齡貴在〈憶邵循正先生〉的一文裡，有這樣一個細節描述：邵先生在聯大講「元遺山與耶律楚材」，教室內座無虛席。開講不久即停電。邵先生離開提綱，摸黑繼續。聽講的人無不為邵師的高超見解和非凡記憶力所打動。黑暗之中鴉雀無聲，無敢譁者。講演結束時，電燈亮了，全場掌聲雷動，嘖嘖稱歎。那時的學者大多謙抑為懷，吳晗則例外。他排擠同事，貶低同行是一貫的毛病。李文宜說：「吳晗長期以來是看不起我的，連入盟介紹人都不願填我的名字。但我更看不起他。覺得他在政治上是沒有根基的浮萍，借革命浪潮的浮力飄到水面上來。所以一九五八年（反右後）民盟中央改造領導機關，醞釀主席、副主席名單時，我就在小型會議上，反對他當副主席。事後受到過統戰部的嚴厲批評。」[64]劉王立明不無諷刺地說：「吳晗先生盛氣凌人，當一個鬥爭戰士是足足有餘。」[65]對別人的批評，吳晗就沒放在眼裡。不是他看不起李文宜和劉王女士，而是已經看不起整個民盟了。吳晗在一張題為「清談家」的大字報裡，就指責民盟是個清談館。說「我所熟識的知識分子有一怕，怕到民盟開會，費事廢事，不解決問題」。[66]

在對知識分子管束越來越緊的政治環境裡，吳晗處處如魚得水。一九六一年秋，我聽過吳晗在中國戲曲研究院做「關於歷史與歷史劇關係」的專題報告。講演原本安排在下午，後拖延到晚上。上得台來，他解釋遲到的原因是自己是剛從鄧小平同志那裡出來。在頂燈的光照下，得意之色，格外分明。

回去告訴父親，父親只從鼻子裡哼了一聲。

吳晗既是鬥爭重點，民盟中央勢必舉全盟之力，就像反右運動中持續批鬥章、羅一樣。何況「文革」之初的領導者就是當年反右的領導者胡愈之、李文宜等交叉黨員。習慣於精心籌劃、按部就班的他們，沒想到領導「文革」運動以往用的招數全然不靈了。胡愈之等人非但沒能批鬥吳晗，自己倒做了檢查。一九六七年二月十八日胡愈之、李文宜等人來到民盟北京市委，向造反派做出檢查。寫成後的材料有二十多頁，檢查的題目是「關於一九六六年八月中旬民盟中央和北京盟市委共同籌辦鬥爭吳晗大會的問題」，[67]尾頁有胡、李二人的簽名。以下所述圍繞民盟準備鬥爭吳晗的種種情況，即來自這分彙報材料。

胡、李認為批鬥吳晗是盟中央和盟市委的一個大問題，從一九六六年四月就著手準備工作。四月十一日，中共市委統戰部部長崔月犁就叫交叉黨員、北京盟市委負責人關世雄在北京市民盟機關搞了幾次批判會。但革命情緒日益高漲的基層群眾越來越不滿，認為是假批判，真包庇，紛紛要求要求由民盟中央來領導。胡愈之緊急請示中央統戰部，統戰部黨派處彭友今指示：「北京市委要開大會，你開的，你收場。你們民盟中央要『頂得住，不插手』……這是高姿態。不插手是總精神、是原則。」

六月四日，由劉述周傳達了周恩來的指示意見，明確民盟本身就是革命對象，要自己清算自己。由是，批鬥吳晗聲浪減小。

七月十三日，在全國政協學委會主任副主任擴大會議上，中央統戰部副部長（平傑三、劉述周）宣布各民主黨派中央機關要開展文化大革命運動的時候，胡愈之又提出鬥爭吳晗問題，立刻遭到彭友今的反對，說：「那是北京市的事，盟中央不要管。」

八月三日，民盟中央成立文革辦公室。在成立會議上，胡愈之在動員報告中說：「關於鬥爭吳晗的問題，可以暫時擺一擺。」就是依據中央統戰部「不插手」方針而來。

八月十二日晚，民盟北京市委負責人聞家駟（聞一多之弟）、汪金丁來民盟中央，彙報請示鬥爭吳晗的問題。聞、汪二人說：「民盟市委準備在一個晚上集中三百人左右，揪鬥吳晗。民盟大多數群眾革命情緒高漲，北京市的革命形勢好得很。北大鬥陸平、工人鬥宋碩、文化部鬥夏衍，都是規模很大。民盟市委三百人鬥吳晗，規模太小了，而且是晚上開，對吳晗這個三反急先鋒未免太便宜他了。要求民盟中央與市委聯合起來，搞一個兩、三千人的鬥爭大會。要搞就要快搞，北京的形勢正是鬥反革命黑幫的高潮，也有可能搞上十萬人鬥吳晗的大會。如果大會開過之後，民盟再來開會鬥爭，成了馬後炮，更顯得沒有力量了。」胡愈之、李文宜聽後認為：從民盟中央機關幹部和地方盟員的情緒來看，是早就迫不及待地要鬥爭吳晗了，感到機不可失，也就同意了。當下商量了一個計畫要點，由李公樸女婿王健到中央統戰部報請批准。胡愈之建議，暫定以全國政協禮堂為大會會場。座位能容一千六百人，加座可達一千八百到兩千人。開會時間爭取在十七日或十八日。

八月十四日，北京市統戰部、中央統戰部、民盟中央的主席副主席會議都先後批准同意。這天晚上，李文宜代表民盟中央參加盟市委基層幹部會。會上，民盟基層幹部開始造反，姿態強硬，厲聲質問她：為什麼民盟要關門鬥吳晗？為什麼不開十幾萬人的大會？為什麼不請工農兵參加？本為批判吳晗而去，反把自己搞得差點下不了臺。

八月十七日，胡愈之、李文宜等人繼續開會研究批鬥吳晗的事。

八月十八日，毛澤東在天安門第一次接見百萬革命師生。除了地富反壞右等革命對象，中國人在老人家率領下全都瘋了。原定於二十一日鬥爭吳晗大會，因為一再擴充與會人數，而一拖再拖。此前一直主張「不插手」的彭友今，跑到民盟中央指責胡愈之、李文宜：「過去你們坐失良機。現在外地在京的有二、三十萬人，還有北京的學生衝進去，政協禮堂如何維持秩序？現在通知你們，部裡已經決定，這個會停開了。」說完，拔腿就跑。萬般無奈，胡愈之被迫在辦公會議上一再作自我批評。大意是由於自己對毛主席領導的文化大革命思想跟不上，搞吳晗批判會總想自上而下地包辦。不承想，就在當晚民盟北京市委機關幹部以突襲方式，把吳晗揪到西城羊肉胡同的市委機關，鬥了一次。八月二十日晚，民盟中央機關幹部和勤雜人員，同樣以突襲方式把吳晗揪到東城東廠胡同的民盟中央機關來，也鬥了一頓。自此，民盟的「文革」，走上了自下而上的階段，暴烈又混亂。在一個物質、精神兩缺的國度，民眾極易受到政治野心家的控制，又常把知識分子（特別是有些骨氣的）當作犧牲品。

八月二十四日，聞家駟到民盟中央與胡愈之、李文宜等人商量聯合批鬥吳晗的事情。就在這時，接到好幾個中學的紅衛兵勒令：七十二小時宣布民盟解散的通牒。民盟中央機關為了表示歡迎紅衛兵小將的革命造反精神，貼出公告：「停止辦公，報請中共中央處理。」下午，紅衛兵把吳晗等十一個反壞右分子揪出來，再鬥、反覆鬥。父親是頭號右派，自在其內。胡愈之、李文宜目睹全部的情景，他們歎道：「紅衛兵有沖天的革命精神，他們不需要經誰批准，也不需要左一次右一次的討論，說幹就幹了。對照起來，我們這些人則是顧慮重重，畏首畏尾。想起來是很難過的。」

八月二十七日晚，紅衛兵闖進民盟中央，封了門，奪了印。吳晗被打得皮開肉綻，攆出了南池子的四合院。

一九六八年，吳晗被捕入獄。

一九六九年，袁震、吳晗去世。

一九七六年，養女吳小彥在獄中自殺身亡。一家骨肉盡毀裂。

「天應醉，地豈迷？青霄白日風雷厲。」早上還是陽光灑地，傍晚卻已滿眼悲風。吳晗過去把自己看得那麼高，現在把自己踩得再低，也已是徒勞。俗話說：寬窄都是路。而眼下，突然沒了路。

人之禍福、事之成敗，當有因有果。曾那樣地投入革命，曾那樣地投靠中共，因耶果耶？抑或因即果、果即因？吳晗以學術起家，未以學術為業；成於政治，又死於政治。但我以為吳晗的意義，遠遠超出了單純的政治範疇。他是中國政治文化的一個符咒，是對中國的學術和學者的一個戒語。阮籍率意獨行至窮途，慟哭而返。吳晗一路張揚到絕崖，孑然而泣。阮籍的哭與吳晗的淚，不知道承載了中國世代文人多少恥，多少辱，多少憤與悔。歷史在他們身上刻寫的血與淚，是中國文人的不幸，更是時代的不幸，民族的不幸。千年遺傳下來的根性，使很多文人、知識分子對權勢抱有敬畏，也懷有期待，期待自己也能進入權勢。但我以為具有獨立人格的知識分子當與權勢保持某種疏離。而學術、思想和文化只有在與政權、政治、政黨的疏離中，方可體現其自身的價值，並放射出真理的光澤來。吳晗的人生，令人深思。國學大師劉師培出身書香門第，經史百家無所不通，不幸誤投袁世凱，成為「籌安會」六君子。一場黃粱夢下來，他曾有悔恨之語：「我一生當論學不該問政……」落魄的劉師培最後從政壇回到學界，執教北京大學近三年。死前，托人請章太炎大弟子黃侃來到病榻前，授以一本手抄《音韻學》，哽咽道：「這是我畢生研究得來的，此學非公莫傳，算是我臨終的一點自贖的心願吧。」遺憾的是毛澤東還不如北洋和民國，一點「自贖」的時間和機會都沒給吳晗。

大概是一九五三年，我到北海參加「六一」兒童節遊園活動，進門不遠處，只見吳晗被孩子們裡三層、外三層地圍個水泄不通，大家口口聲聲叫著「吳伯伯！」吳晗身著中山服，項繫紅領巾，和藹慈祥，有說有笑。吳晗是很喜歡孩子們的！因袁震身體不好，他和妻子抱養了一兒一女。一九五七年以前，他到我家開會做客，總要趁著空隙，到我和姐姐的房間，講上一兩則小故事。他很會講，繪聲繪色。有一次，故事講長了，薩空了還跑來催他快返回客廳。吳晗笑咪咪的，硬是把故事講完了才離開我們。我現在每每回想起他，就是那講故事的樣子，眼睛不大，很有生氣，臉上掛著笑容。

殘月一天，疏星數點。一九六七年冬季的一個晚上，我從紅衛兵抄家後剩下的書報裡翻出一封信。抽出一看，有四、五頁之多，密密麻麻，是劉清揚寫給父親的。信中大罵吳晗，數落他把持大權，獨斷專行。民盟中央的人都曉得，吳、劉二人是「一個釘子對一個眼」。因為早期民盟在北平的負責人是張東蓀，葉篤義，劉清揚等人。民盟北平支部承擔整個華北地區的盟務，分量很重。張東蓀認為吳晗與自己都是清華的，也都是做學問的，故有意扶植，把民盟北平支部的工作交給他。誰知自接手民盟北京市委的工作，情況大變，吳晗也擅權。張東蓀被共產黨判為「間諜」，垮了；好脾氣的葉篤義退避三舍；剩下個軟硬不吃的劉清揚和他對著幹，不依不饒的。若論政治資歷，吳晗還真不是劉清揚的對手。

那時的父親已病臥在床了。我讀信給他聽，當讀到「我最看不慣的是他（吳晗）把共產黨當成太上皇，自己甘做兒皇帝，還恬不知恥」一句，父親坐起，對我說：「把信拿來，我看。」

我遞了過去。他一頁頁攤開，點頭道：「是劉清揚寫的。」

我說：「爸，咱們留著吧。」

「不留，燒掉。」

見我捨不得的樣子，父親又說：「傳到外人手裡，就是罪證。」

看著薄薄的信紙在火中化為淡淡的灰燼，父親重新躺下，沉默無語。

一九七九年九月十四日，中共北京市委在八寶山公墓禮堂為吳晗、袁震夫婦舉行隆重追悼會。那天，我碰巧參加一個朋友的遺體告別式。於是，在吳、袁追悼會場的外面見到一些民盟的老前輩，還讀到許多輓詞。

記得一副輓聯的後幾句是這樣寫的：

《燈下集》中勤考據，
《三家村》裡錯幫閒。
低頭四改《朱元璋》，
舉眼千回未過關。
夫婦雙雙飛去也，
只留鴻爪在人間。

關於張畢來

先介紹張畢來。

張畢來是文學史家，他在東北師範大學任教時，開設了「新文藝運動史」。他撰寫的《新文學史綱》（第一卷）可能還略早於王瑤的《中國新文學史稿》。大概出於謹慎，書稿沒能像王瑤先生那樣及時公之於世。關於中國現代文學的起始時間問題，在代表性的八種觀點裡，張畢來是一家。張畢來還是紅學家，寫有《紅樓佛語》、《寶玉書聲》等。聽朋友介紹，他對賈寶玉形象的分析是有些新穎獨到之處。張畢來主要的功業體現在全國統一教材的編寫上。上個世紀五、六十年代的中學語文課本，他是重要的編寫者。

我曾指著課本後面編者的名字，問父親：「張畢來是誰呀？」

父親說：「我認識呀，民盟的。」

我又問父親：「為啥課本老要從《詩經》開頭。」

父親告訴我：「這是按中國文學史時序挑選的。」

我還記得，課本裡還有一篇是《紅樓夢》裡的一節，叫「劉姥姥一進榮國府」。我們讀得興致盎然，有的同學因此而讀了整部《紅樓夢》。

張畢來同所有知識分子一樣，政治上積極進取，也熱心盟務。在一九四九年十二月舉行的民盟中央一屆四次及五次（擴大）會議上，張畢來、楊榮國等人成為新增選的中央委員。但沒過多久，他遭到別人的檢舉，告發他有嚴重的「歷史問題」。檢舉人就是他曾經的同志、同事和難友楊榮國。這件事，民盟老成員、學者宋雲彬在一九五〇年十一月二十日日記[68]，這樣記錄著：

趕編第六冊語文課本，整日緊張工作。民盟總部組織委員會來函：本盟楊榮國同志控告張畢來同志在桂林解放前背叛立場中途變節一案，其中牽涉譚丕模、王西彥之處頗多，譚、王兩同志平日思想言行如何，楊、張兩同志爭端真相何在，統希函告經過，並提供意見，以資參考為荷。此致敬禮。民盟總部組織委員會啟。十一月十八日中組員字七九號。民盟負責人如周新民之流久不與余往來，此函可謂冒失之至，惟有置之不復耳。

那時，宋雲彬擔任人民教育出版社副總編輯，故民盟中央致函瞭解情況。誰知這個被茅盾在牯嶺文章裡稱為「雲郎」的人，一點不買周新民的帳。再說入獄的事。一九四七年前後的桂林師範學院，聚集了如宋雲彬、楊榮國、王西彥、舒蕪等一批知識分子。後來，當局改桂林師院為國立南寧師範學院並遷往南寧，在一次學潮中因逮捕進步學生未能得逞，遂將楊榮國、張畢來教授逮捕。張畢來入獄後情況如何？我在《舒蕪口述自傳》裡查到了一點情況。舒蕪是一九四七年到廣西南寧師範學院任教的。到任後，便遇到校方組織營救被捕的張、楊教授的事情。他二人都是地下共產黨員，公開身分則是民盟廣西省負責人。關押張、楊的南寧第一監獄的典獄長喜歡飲酒作詩，結交名人。南寧師院的幾位教授就投其所好，與他詩酒唱和，以換得探監的諸多方便。教授們不說自己是探監，而口稱「拜訪典獄長」。典獄長心裡也明白他們的來意，馬上吩咐「請楊先生、張先生出來」。楊、張二位暫時從階下囚變成座上賓，大家一同坐在典獄長的辦公室裡吃酒談詩。等到教授們起來告辭，典獄長下令「送楊先生、張先生進去！」座上賓復為階下囚。在典獄長的優待下，張畢來、楊榮國可以不吃囚糧，兩家的夫人每日可送可口的飯菜進去。一九四八年的下學期，新任南寧師院院長（唐惜分）出面將張、楊保釋出來。記性好的舒蕪在口述自傳裡，未涉及張畢來在獄中「變節」情況。而民盟函中說楊榮國控張畢來案牽涉到的譚丕模、王西彥，都是當時南寧師院的教授。譚丕模還是營救張、楊的組織者，詩酒唱和的成員之一。

在紅色政權下，誰的歷史上有「問題」，誰就註定倒楣一輩子。這個所謂的「入獄」事件，果然牽連了張畢來後半生。中共組織停止了張畢來的黨籍，民盟中央也出面調查。雖有宋雲彬等人出面澄清了張畢來的「歷史問題」，但不知為何他的黨籍仍遲遲不見恢復。於是，張畢來只有靠積極進取來彌補這不明不白的缺憾了。

反右運動中，張畢來是積極的，他也必須積極。一九五七年八月十六日，在民盟中央整風領導小組舉行的第五次會議上，為徹底改組章伯鈞把持的民盟中央機關刊物《爭鳴》，會議通過了以鄧初民、李文宜、陳翰伯、張畢來、楚圖南、薩空了等六人組成的《爭鳴》檢查組。四個月後，反右進入尾聲。十二月三十日，民盟中央舉行中央整風領導小組第十四次會議，討論研究民盟中央中委中的右派分子的處理問題及處理常式問題。這時的張畢來，已然是中央整風領導小組的成員了。他參加了會議。會上，領導小組作了分工，一個是右派分子處理方案組，一個是起草民盟反右工作報告總結組。起草組組長是周新民，組員有三人，張畢來位列第二。由此，他走進了民盟中央的日常工作。

進了民盟，他挺賣力的。一九五八年三月十日這一天，他連寫數份大字報。內容瑣細。從中，我們可以看到他的姿態。特選幾份，抄錄如下：

過去的《爭鳴》月刊的政治態度必須檢查。這項工作進行得非常慢。很多同志對檢查小組的召集人鄧初民同志提出了意見。我是檢查小組成員之一。對這項工作的推延，有責任。因為《爭鳴》復刊以來的半年中，我一直沒有向召集人提議繼續檢查。張畢來三月十日

——民盟中央一般整風大字報彙編第五九二號

我建議結合一般整風，馬上開始檢查《爭鳴》月刊過去的政治態度，先由參加過去的編委會的左派同志檢查，然後由檢查小組來檢查。張畢來三月十日

——民盟中央一般整風大字報彙編第五九三號

薩空了同志說，願就《爭鳴》問題檢查自己並同千家駒同志競賽，我非常擁護空了和家駒二同志展開競賽。我以為這是現在的「躍進」的具體辦法之一。希望二位同志帶頭。張畢來三月十日

——民盟中央一般整風大字報彙編第五九四號

我向大家保證，接受幹部同志們的意見，收到開會通知，自動出席會議，不等電話。不出席時，自動請假。

——民盟中央一般整風大字報彙編第五九五號

一九五八年十二月，舉行民盟第三次全國代表大會。改選中央委員會，右派撤下，左派換上。張畢來再次被選為中央委員。後來，胡愈之索性把張畢來調入民盟中央。到了一九六一年，根據他的表現，共產黨打算考慮重新恢復他的黨籍。

政治風雲，瞬息萬變。自一九五九年的廬山會議後，毛澤東一再強調階級鬥爭。說：資產階級與無產階級兩大對抗階級的生死鬥爭……看來還得鬥下去，至少還要鬥二十年，可能還要鬥半個世紀。一九六二年的中共八屆十中全會，毛提出階級鬥爭「從現在起，必須年年講，月月講，天天講」。在一九六三年召開的中央工作會議上，毛更明確喊出「階級鬥爭，一抓就靈」的口號。在這個政治背景下，任何一個單位都要狠抓階級鬥爭並貫徹階級路線。搞階級鬥爭，首要的事情就是劃分左中右，然後尋找並確立鬥爭對象。民盟中央是大知識分子雲集之地，張畢來原屬二、三路角色。但一場反右下來，大知識分子剷除殆盡。這時再看張畢來，就不屬於二、三路，被挪到了第一排。名位提升了，對他的關注程度提升了，他的「問題」跟著也提升了。二十世紀六十年代，中央統戰部對民主人士的政治傾向及表現做了重新排隊，以便確立下一批革命對象。在民盟中央，他們把目光投向了幾個人，張畢來是其中的一個。為什麼選中了他？「歷史問題」還在其次，惹禍的是他的文章。說來可笑，張畢來的問題文章都是談戲的——一篇是說《桃花扇》，另一篇講賽金花，皆與政治無涉，他真的挺冤。細想，自一九四九年始，我們的知識分子有多少人的所謂政治問題是與政治相關呢？

李文宜在給中央統戰部的彙報材料[69]裡，這樣說：

正當一九六二年帝、反、修反華大合唱，國內有三和一少、三自一包的反調遙相呼應的時候，張畢來的言論行動上，也冒出了反黨、反社會主義反毛澤東思想的東西，參加了反動思潮大匯合的逆流，和舊知識分子大反覆的行列。下這樣一個結論的依據，來自於張畢來的兩篇文章。一是〈從煞風景的侯方域說起〉，一是〈孽海花前言〉，兩篇文章中所放的毒，就可以看出他是怎樣在歌誦封建主義、資本主義、和大捧民族敗類、叛徒侯方域，同情漢奸賽金花了。更不用說還寫了一系列的壞文章，到貴州去做報告，開了不少的『自由化』的座談會等……

（一九）六三年以來，我們多次指出這是嚴重的政治立場問題，不只是違反毛主席的文藝方針問題，說明他認識錯誤作深刻檢查。但是三年多以來，直到在前第一小組學習會裡，學習毛主席《延安文藝座談會講話》時，他的發言還是停留在只檢查錯誤地違反了毛主席的文藝方針，避開政治立場，也就是絕口不談他所犯錯誤的極要害的關鍵問題。當然，問題是嚴重的。

這裡，有必要介紹一下話劇《桃花扇》。抗戰時期，戲劇家歐陽予倩從抗日的政治需要出發，借題發揮，偏離原著，把侯方域處理成投降叛徒，以凸顯李香君的民族氣節。一九六一年中央實驗話劇院重新排演此劇，舞臺陣容強大。由鄭振瑤、石維堅分別扮演李香君、侯方域。公演成功，很是轟動。結尾一場的侯方域，身著清制衣飾，長辮子，馬蹄袖。這引起了行家議論，張畢來在一九六二年六月二十八日的《光明日報》上發表了〈從煞風景的侯方域說起〉。文章認為：侯方域「兩朝應舉」是事實，但孔尚任最後卻寫他「入道」，與李香君一生一旦，都是正。從頭到尾，就政治品質而論，侯方域是乾淨的。現在的舞臺，他著清代衣冠而出，辜負了李香君一片忠貞，當然就覺得大煞風景了。接著發表的是勉仲的文章，也認為話劇中侯方域的頂戴新裝，無疑是有些煞風景的。然後，劉知漸（文史研究工作者）站出來說，因讀了張畢來的文章，如骨鯁在喉，很想一吐為快，便寫了〈也談侯方域出家〉。文人無非是就戲論戲，可到「千萬不要忘記階級鬥爭」的節骨眼兒，特別是到了江青暗中插手意識形態的時候，那就是階級鬥爭新動向了！真個是戲文裡唱的：「你這般攀今攬古，分甚枝葉？我跟前使不著你之乎者也、詩云子曰，早該豁口截舌。」果然，穆欣率先拋出批判文章。文章開頭就不客氣：「前些日子首都公演歐陽予倩的話劇《桃花扇》，頗有幾位知識界人士的憤懣不平……」戰鬥號角一旦吹響，眾多響應者蜂湧而至。文人整文人，是自古的傳統。政治形勢越發嚴峻，張畢來問題也就越發嚴重。

「文革」運動開始，民盟中央革命群眾便貼出了「揪出張畢來」的大字報。民盟中央「文革辦」

在確立批判對象的時候，張畢來自然是一個。但如何定性，李文宜猶豫不決了。她向中央統戰部袒露出內心的矛盾——

……這是一個內心的矛盾。

第二，我也想過，如果給張畢來戴帽子的話，還是慎重些的好。因為相對地比，他在學術上也還夠不上是個什麼「權威」、「祖師爺」。從政治上說還要聯繫一個人的歷史和他的社會聯繫，還需要進行許多調查研究工作。

第三，幾年以來張畢來總是表示願意改，願意承認錯誤，多次要求我們給他以幫助。毛主席教導我們，要與人為善，一看二幫，雖然從幾次做的檢查看，還不肯認真的認識自己的錯誤，但他總是在表示願意改正錯誤。那麼只好耐心等待了。所以，我在思想感情還對張畢來改正錯誤寄以希望，沒有把他當敵人看待。

第四，由於我的世界觀沒有根本改造好，立場、觀點方法上都存在著錯誤，政治水準很低，對張畢來的錯誤認識很差，也沒有作過調查研究，沒有經過仔細分析，所以我認為還不能說已經全面地作了結論了。群眾的眼睛是雪亮的，大字報上的批判是有力的，尖銳的，痛快的。在這個問題上是立場堅定、敵我分明的，是值得我學習的。

有人提到張畢來在桂林時期勾結特務陷害進步人士問題。過去就是因為這個問題在一九五一年停止了他的黨籍，進行調查處理。民盟也因為有楊榮國等同志告他，停止了他的中央委員、留盟察看了一個時期。後來經過組織上、特別是他的前工作機關人民教育出版社，進行了長時期的專案調查搞清楚了這個問題，作了結論，所說的進步人士不是由張畢來陷害的。這是有統戰部的檔案可查的。

但是我也不能認為張畢來歷史上一切問題都沒有了。特別當赫魯雪夫叛變馬列主義、勾結美帝印度反動派大肆反華的時候，張畢來那麼推崇民族叛徒侯朝宗、美化漢奸妓女賽金花，到底用意何在？不能不令人懷疑。這個根，他是從來沒挖過的。[70]

一九六六年八月，史良等人十一人被揪鬥，其中也包括張畢來。一介書生在政治狂飆裡掙扎求生，內心之驚恐可想而知。野蠻有野蠻的強悍，文明有文明的軟弱。強者有權對弱者按他們的行為方式施虐。第二天，張畢來打電話找王健要求彙報思想情況。王健自己都弄不清眼前發生的一切，他能說什麼呢？

九月二十六日，進駐民盟中央的紅衛兵組織「紅鷹縱隊」（系首都紅衛兵聯合行動委員會所屬十大縱隊之一）抄了張畢來的家，被抄的財物隨即下落不明。對這次抄家行為，李文宜是不滿的。在彙報材料[71]裡，她表達了不滿，同時也檢討自己：

當時我是來和他們（指紅鷹縱隊）講政策的，因為總理也說過，抄家要經過調查研究，要和原機關、居民委員會、派出所三結合，研究到底該不該抄？抄的東西也應給收據，抄的東西上繳國家歸公。而紅鷹他們不容分說的，開口就罵，我對他們反感很大⋯⋯

由於我對張畢來的改造還寄以希望。聽說紅鷹縱隊去抄家的時候，張還在機關（指民盟中央機關）參加勞動。我回家出大門時問過同志們張畢來回家沒有，如果沒有，叫他到老家去暫避一下，免得回去碰上了⋯⋯

（我）愛憎不分明，甚至對犯過錯誤的右派分子，不管戴過帽子或沒有戴，摘過帽子或沒有摘，表現得對他們仇恨不大，鬥爭性不強。看起來我和這這些人來往交朋友，為他們服務，如照顧潘光旦坐車，去看費孝通生病，問葉篤義的痔瘡好否？想為楊汝玉（民盟機關女幹部，後劃右發配到蘭州工作）調工作照顧她的家庭，考慮陳新桂的工資等等一大堆問題。串聯起來，確實犯了投降主義的右傾錯誤。

四天後，即國慶日前一天的晚上，張畢來的兩個孩子突然找到李文宜的家。事後，她又寫了一份彙報，標題是「張畢來的孩子來談些什麼？」[72]讀來心情沉重，我實在搞不懂李文宜為啥要彙報人家的一雙兒女？

他們問我他們的父親到底犯了什麼錯誤？說他們的父母從來沒有給他們講過，想聽聽我的意見，並且要求看看他父親的大字報。大的是女孩子，好像是（一九）六六屆的應屆（大學）畢業生。小的男孩子是外語學院英語系學生。

女孩說他們剛回到家，看到牆上貼了紅衛兵大字報，知道家已被抄過了，也不感覺到有什麼不好。男孩子接著說，這是革命行動，我們在武漢還支援武漢的紅衛兵抄了大資本家的家。那個混蛋把蔣該死（介石）的照片，藏在毛主席的鏡框背後，還抄出了大量的反革命的東西。他們講得眉飛色舞，看起來很天真。

女孩說，我們回家打算休息一兩天。正在裡間房屋看書，聽得外間屋裡有人講話，出來看，媽媽說是民盟的紅衛兵來跟爸爸要照相機的……他們看見我們也帶了紅衛兵袖章，立刻問我們是什麼人？媽答應是我的孩子們。他們聽了態度很不講理，我也就和他們頂起來了。媽又怕弟弟和人家吵，又怕弟弟騎回的同學的自行車給他們拿去（媽說抄家的時他們要過自行車的）就把弟弟推出房門要他快走，弟弟本來有事先走了。媽媽又叫小弟拉我出來。我忍氣出來，心想爸爸到底犯了什麼錯誤，要把問題弄清楚，就到民盟中央去找您。問一問到底我們能不能當紅衛兵？您不在，我憋了一肚子氣感到委屈就哭了。有同志告訴您住的地方。所以，我們就來找您談談。請給我們說說。

我問男孩：「你姐姐談了，你的看法怎樣？」

他說：「不管怎樣，抄家是革命行動。我沒有意見，但他們什麼都拿，把我的房間抽屜也扭開了。《毛選》也拿去了，還有上級領導發給我們批判用的編了號的祕密文件也拿去了，我怎麼還給組織呢？電唱機全是英語片，是為了我學英語用的，他們拿去也無用。他們不應當想拿什麼就拿什麼，拿不到手的照相機還來要。這樣的紅衛兵的品質成問題。他們不許我們當紅衛兵，不當就不當，不能說不當紅衛兵就不能革命。不過，說爸爸不是革命幹部的話，過去我們填表，一直是革命幹部的。我們不清楚爸爸犯了什麼錯誤。如果是反革命，我們要脫離家庭，和他劃清界線。同時報告組織，立即退出紅衛兵。」

我又問女孩：「你的意見呢？」

她答：「我也和他的意見一樣。因為聽說您是民盟機關負責同志。我們希望您把父親的錯誤性質告訴我們。他能不能算革命幹部？他過去是不是黨員？怎樣脫黨的？今後我們該怎麼辦？請您指示。」

我說：「分兩個問題，但兩個問題有聯繫。一是你們爸爸所犯錯誤，二是你們能不能當紅衛兵？是不是？」

他們都點點頭。

我說：「我不能代表組織，因為沒有開過會。我個人意見，你們爸爸所犯的錯誤是嚴重的，但組織上會沒有做最後的結論，也就是說還沒有定性。但群眾的大字報是相當多的。」

她問：「我們要求到民盟去看看他的大字報可以嗎？」

我說：「紅鷹縱隊進去以後，大字報都收起來了。我有大字報彙編，過兩天我去機關可以拿回借給你們看。你們都有一定的分析能力了。你們可以自己去分析分析。」

我說：「你父親曾兩次入黨是事實，兩次雖然脫了黨。據我瞭解歷史上的問題基本上弄清楚了。（一九）六一年正考慮他的入黨問題，不料（一九）六二年他又寫文章犯了錯誤，入黨問題又停下來了。在這次犯錯誤以前，算不算革命幹部？如果從廣義說，你們過去填的表格也不算有錯。

因為他在原機關教育出版社工作十年來，兩次受到表揚。現在是要重新考慮的了，到底這樣算革命幹部？是不是只有黨員才能算，不是黨員就不能算？標準怎樣定，我不清楚。你們還是向你們組織上去請教吧！你們可以從思想上同你們的爸爸劃清界限，也不一定脫離家庭，還是應當說明你爸爸改正錯誤呢？紅衛兵的條件我不清楚，是不是非紅五類不可？這我還得向你們學習。你們比我清楚得多。」

他們都搖搖頭，說不清楚。

女孩講：「周總理是講過紅衛兵是核心力量，但也可以吸收非紅五類的革命青年參加，達到團結中間力量。因為我們外出了幾個月才回來，還沒有研究這個問題。」

我說：「你們的問題是不是找你們的紅衛兵負責人研究一下。」他們都笑了，說：「我們都沒有負責人，也都是負責人。」

男孩說：「我們學校的紅衛兵是我搞的。紅袖章是我發給大家的。」

我問：「有多少人？」

說：「有六百多人。」

女孩說：「我們有二仟多人。我可以找一個女同學，她政治水準不錯，我去問她。」

男孩也說：「我也可以去找我們學院裡政委副主任，因為主任犯了錯誤。」

過了兩天，女孩子拿去大字報彙編，張畢來寫的兩篇文章及他過去的一部分檢查，都給他們了。又過了幾天，男孩子送還我了，並說，要立刻去西南串聯，準備去一年。

孩子們有如猛地從溫暖的床榻被惡鬼拉起來拋到荒野雪原，可憐又無辜，尚未領略生活食色，就初嘗人間傷痛。我始終無法想像，張畢來的子女是懷著怎樣心情、拿出怎樣的勇氣來一頁一頁翻閱父親的「錯誤罪行」錄。幾十年間，最歹毒的官方訓誡就是「出身不由己，道路可選擇」。被社會拋棄的恐懼，被他人歧視的恥辱，也使得這些子女常自虐，以求解脫。離父母盡可能地遠，就意味著和革命有可能地近。你看張畢來的兒子在讀完父親的材料以後，不就表態「要立刻去西南串聯，準備去一年」嗎？

世界上最親的人，一下子變成最殘忍的人。這種對生身父母的無情與決絕，對政治、對政治運動的嚮往與狂熱，都是毛澤東以革命的名義捉弄孩子、扭折天性的結果。我一向以為所謂的社會主義教育，其全部內容歸結起來，就是兩句話：誰都不愛，只愛毛主席；誰的話都不聽，只聽共產黨的話。小小心靈學會了恨，跟著共產黨去恨——恨敵人，恨異端，恨另類，恨骨肉，甚至恨自己。獨夫與懦夫同在，暴政與暴民共生。意識形態的極端性、落後性及野蠻性，不知道還要給這個民族增添多少恥辱，給我們的孩子灌輸多少愚昧。請看，現在它已經把我們的多少孩子製造成了既渴於情，又絕於情的小怪物。我以為：如果人性得不到張揚，無論是從前的「革命至上」、還是今天的「金錢第一」，骨血之間往往就是無法相容。而一旦死別在即，人又會幡然悔悟：生命中抹不去的永恆，還是父母。

是啊，父母一生可能有許多過錯，但他們總是盡其可能把最好的給自己的孩子。四十載光陰，一晃而過。算來張畢來子女的年齡，當與我相差不算太多。但不知姐弟兩人今在何處？對那一代而言，當年有多少被革命引燃的青春之衝動，現在就有多少遲暮之傷痛。我從心裡不願意他們讀到這篇文字。社會太殘酷，命運太悲苦，連孩子都不放過。

一九七八年以後，張畢來日子好過了，當上了全國政協委員，民盟中央副主席。但他已調整了方向，把更多的時間和精力放在了寫作和紅學研究上。是呀，經歷那麼多的風浪，忍受那麼多的委屈，人總要聰明起來吧。再說，人家本來就是做學問的，被政治牽著鼻子跑了一圈兒又回到原點。多了生活閱歷，可人已老去。高爾泰有篇題為《辛安亭先生》的文章，提到張畢來。張、辛二人是上個世紀五、六十年代在人民教育出版社的同事和朋友，二十年後重逢。高爾泰筆下的張畢來，不過淡淡一抹，卻很生動：「他（指辛安亭）有個好朋友，叫張畢來，是研究《紅樓夢》的專家，在民盟中央當副主席。來甘肅視察，到他家看他。他讓女兒小明來叫我，去陪同吃一頓晚飯。師母和小明掌廚，飯桌上就我們三個。我發現他不會應酬，只是叫客人吃這個吃那個。我想我是來陪客的，有責任活躍空氣。但是想不出話來說。想了一陣，就問張畢來，你們民主黨派中央，平時都幹些什麼？他說例行公事。我問什麼例行公事。他說雜七雜八。我問什麼雜七雜八，他說多了去了。我問是不是統戰工作？他停了一會兒，一字一頓，說，就是統戰工作。這些問題，問得不好。我的幾個好朋友，事後從辛老家人得知，沒有不罵我的。有的說我粗野得像個酒鬼。有的說我丟了辛老的臉，讓辛老下不了臺。有的說人家正面回答，是看辛老的面子，要不然，幾句官腔就打發了你……」

顯然，仕途疲憊、激情耗盡的張畢來已悟透民主黨派，其宗旨就是「例行公事」和「雜七雜八」了。

是彙報，也是密告

在中央統戰部的檔案裡，當有一份寫於一九七〇年九月的民盟中央彙報材料。彙報人是交叉黨員李文宜，反映的對象是史良，胡愈之。彙報材料共五頁，用的是北京石景山印刷廠印製的紅色虛實雙線十四行紙。字跡清秀，為李文宜親筆所書。材料[73]抄錄如下——

昨天（星期五）學習後，胡愈之向我借大字（版）《參考消息》（九月七日）。我說在家裡。他囑我下星期一帶給他。今天我想不如送到他家裡去，藉以談談。

下午六時到他家。他和沈茲九都很高興，留我吃飯。

他說：「史良的話靠不住。史說陳此生很危險，現在人家出院了。陳是支氣管流血，過去也有此病，這次厲害些，流血過多，已經好了。人還軟弱，醫生不讓出院。他因在醫院看到九大二中全會公報，住不下去了，所以急於出來。陳一回家就來電話要我去談談。我打算吃過晚飯同茲九一起去看他。」

我說：「那就請為我代問他好吧。」

他問：「怎麼你也熟？」

我說：「在香港就熟了。」

他說：「這人很好，他沒有參加過國民黨，是硬要他做民革（指中國國民黨革命委員會）的工作的。」

我說：「他和李濟深、何香凝都很熟嘛！他是廣西人。去年一起在天安門觀禮後，後來就到我家來看我，還通過幾次電話。我從沙洋回來，他還找我談過，問我怎能回京的？還去不去沙洋？因為他愛人盛此君在美術出版社幹校，不知何時才能回來？據說身體不好。他很著急。」

胡說：「文化系統是搞得不大好。因為搞『五・一六』厲害，許多人受運動影響，幹校多在山區，老年人都受不了。」

我反問他：「你怎麼也很熟的？」

胡答：「他是人大常委副祕書長嘛！」

我說：「哦！所以他看了公報要急於出院了。你們要忙起來了啊！」

胡說：「許多人都關心名單，你聽到什麼消息？軍代表他們忙不忙？」

我說：「沒有聽到什麼消息，軍代表忙不忙我也不知道。你說誰關心名單？」

他談了華羅庚一段話。說：「華羅庚因有任務，在上海工作搞了兩個多月，現在回來了。他（指華羅庚）說（全國人大）上海代表名單中沒有一個熟人，連宋慶齡、陳望道都沒有。」

我問：「你見到華（羅庚）嗎？」

他說：「華（羅庚）住百萬莊，我是聽人說的。宋（慶齡）總應該有的吧！」

沈茲九說：「何香凝也不會沒有的。」

我也說：「華羅庚，童第周是國際水準的科學家也不會沒有吧？」

胡又扯到史良頭上，說：「史良那麼高興計算還有多少人大常委會的副委員長。在（各民主黨派）學習小組會上，搬起指頭數死了幾個人，有問題的幾個人，還說有問題的要靠專案，工作艱巨。」（字底曲線為李文宜本人標示）

胡問我：「她的意思是不是說問題沒有查清楚的都不能做代表？」

我說：「她是說了某工廠一個女代表因有問題，群眾不同意鬥爭了她，另換一個女代表……我還想不到她有什麼別的意思。」

胡說：「她對副委員長那麼感興趣，就是她想當副委員長。」

我問：「她幾級？」

胡說：「五級。我原來六級，因當了（全國人大）常委，升了一級和她一樣的！高崇民最高了，三級。」

我說：「你估計她能如願以償嗎？」

胡說：「她就是說楊明軒死了，程潛死了……那麼，她可以出來了嘛！所以我說要取消（人大）常委會，她最不喜歡聽的，我偏要刺她。」

我說：「那麼她可能當副委員長了」

他說：「除非不要常委會。」又笑著說：「我也刺的太多了。」

……

胡說：「史良說何香凝問了沈茲九，所以我和茲九到醫院去看了她（指何香凝）。」

沈（茲九）說：「這位老太太腦子清楚極了，她還說到三十年前到過新加坡馬來亞等等。就是有些聾，睡在床上不能起來。每天要扶起來坐在床上畫畫。我們去時她剛畫起一張畫。只是腕力不行，手發抖。我還問她還畫不畫老虎？老人答，現在不能畫老虎了。可見她的腦子很清楚。」

胡說：「三四月間，陳此生就告訴了我，總理叫廖承志（即廖仲凱、何香凝之子）去看他母親，總理並對醫院醫生講要保證醫好病，好參加人大大會。總理真體貼入微。這樣的老人很少了，影響也很大，對臺灣也有影響。她不會不出來的（指出現在全國人大的名單裡）。」

我說：「何香凝在華僑方面影響也很大，可能在華僑界中出來吧？」

胡又說：「有些人可能安排在政協，因為政協不用選舉，好辦。不知政協有無消息？」

我說：「一點也不知道。」

胡又說：「千家駒從幹校休假回來，來看過我。他現在好了，機關宣布他是人民內部矛盾。工資已經恢復了。」

沈（茲九）說：「討論（全國人大）北京名單時，到全國婦聯學習過。後來才知道她們還學了文件，我打電話去問。回話說，各人在家學習。這次學公報也沒有通知我。」

我想其中可能有文章。

談後一同出門搭十三路公共汽車。我問胡為什麼不坐汽車？他說司機要學習。

一九七〇，九，十二晚 李文宜

材料裡，李文宜彙報了史良，也密告了胡愈之。彙報的實質就是密告。密告的方式就是彙報。

我對密告的認識來自監獄。告密叫祕密告發，中國監獄的管理細則對此有明文規定和專門條款。它要求在押囚犯彙報任何事，密告一切人。這被視為罪犯改過自新、向政府靠攏的表現。如果犯人彙報的多、密告的多，經查實內容無捏造，還可受到嘉獎，乃至減刑。有政府提倡，自然就很盛行。

中央統戰部從一開始就建立的這麼一套針對民主黨派和民主人士、知識分子、資本家、工商業者的彙報密告制度。反右以後，毛澤東把知識分子、民主黨派都劃分到無產階級的對立方面。於是，對他們的動態監控全面啟動。除了大量安插交叉黨員以外，還派暗探、搞臥底，四處安裝監控設備。別說是給右派章伯鈞、費孝通家派探子，就連毛澤東的好友黃炎培的住房，不也是裝上竊聽器了麼？極具社會主義特色。這是誰制定的？它合法嗎？是不是當上執政黨，就啥都可以幹了？所謂的「統戰」，依我的感性理解，就是指兩個信仰立場不同的個人和團體，攜手共做一件事。毛澤東的解釋就更為簡單：統戰工作就是交朋友。既不神祕，也不特殊。廣交朋友，可以壯大自己，還可以扭轉形勢。民盟從抗戰中期到一九四八年，折衷於兩黨之間，協調關係，緩衝摩擦，使共產黨獲益不少。要不毛澤東怎麼把「統戰」列入三大法寶呢？共產黨為了「統戰」，可謂心機用盡，手段用絕。想當初，國民黨把中共的「統戰」說成是人世間最卑劣陰毒的東西，那時的人們覺得是汙蔑攻擊。但此後看到中央統戰部在各民主黨派安插那麼多的眼線、做的那麼多手腳，真覺得人家還說對了——陰毒又卑劣。

很榮幸，我步父親的後塵，也成為了彙報、監控對象。大概在一九八五年前後，民盟北京市委組織座談「吳晗」電視劇劇本。我出席了，主持人非讓我發言，便講了兩句，開頭就提到父親說「吳晗是壞人」的那句話。我的即興發言被「彙報」到中央統戰部。沒多久，我被上面點了名。一九八八年，我參加民盟中央召開的中青年統戰理論座談會。我的公開發言和私下聊天的內容均被詳細記錄，及時彙報上去。開會時我的座位，也在中央統戰部幹部繪製的平面圖上標誌出來。沒多久，鄧小平親自點了我的名，上了黨內文件。我的大哥、表哥知道了，嚇得跑來找我。

表哥流淚勸道：「你的母親老了，再也經受不住打擊。你千萬別惹事，搞不好又進去（指監獄），我們可都救不了你。」

大哥神色凝重，只說了一句：「小愚，你搞不了政治，也不宜搞政治。」

我有舌難辯，有口難言。我萬分憤怒，卻無處發洩。為什麼我們的執政黨可以明的、暗的侵入任何一個人的私人領域，為所欲為？我們哪裡還享有人的自由和尊嚴？任何社會都有黑暗，但這裡的黑暗，一般人恐難想像。大概胡愈之自己也沒料到有人在彙報、監視他。共產黨打造的鐵籠子，關敵人，關朋友，也關自己人。當一些很高級很體面的部門也成為祕密員警機關，你就可以明白我們的國家政治距離文明有多麼遙遠。現在，這一套仍在擴大使用，且技術先進。在官方看來，行為越隱蔽，權力就越鞏固。但請不要忘記：人類越進步，這種錯誤和罪惡就越顯得可怖、可憎。假如把這些祕密檔案和招數全部予以公開揭示，我想，每一頁、每一項都是爆炸性的，人們就明白啥叫恐怖，啥叫醜惡。共產黨將面臨怎樣的人權指控和道德譴責。讓我不明白的是——執政者的成功難道非要以酷虐為代價？果真如此，這種政治成功在人類意義與人性的天平上是個什麼成色？一個國家如果鼓勵告密並建有密告機制，我想，這個政權一定是邪惡的。

李文宜性情平和，講話柔聲細氣，行事風格如鹽在水中，但知其味，卻不見有鹽。驀地見此彙報，竟是如此不堪。是人品壞嗎？不是。要知道很多邪惡，正是由那些不能被稱為惡人的人作出來的。況且，李文宜之所為乃行分內之事，也是職責所在。參加共產黨，給我的感覺好像要麼去犧牲，要麼做幫兇。

再說想當副委員長的事，史良在民盟中央領導層裡論資排輩，論貢獻、比聲望，自張瀾、沈鈞儒等人病故，自章伯鈞、羅隆基等人被整死，橫著數豎著排，恐怕也該輪到她了。胡愈之有同樣的心思，也很自然。他既是民主黨派的實權人物，本人還是有名的新聞出版家。用民主黨派名額給自己再往上提一把，有何不可？再說了，江山本來就是共產黨的。據我所知，連續當了三屆（二、三、四屆）全國人大常委的史良，在五屆人大會議召開之前親自出面，直接找了鄧穎超。話沒說上幾句，眼淚流了下來。不久，史良當選為第五屆全國人大常委會副委員長。第二年（一九八三年六月），胡愈之也被選為副委員長了。

一九八五年九月六日，史良病逝。第二年，一九八六年一月十六日胡愈之病逝。人之根本底色是「死」。

任你東西南北風，世事原是一場大夢。

她也彙報自己

李文宜也反映自己的要求，其中有一份寫於一九七二年的材料，反映的就是關於自己的住房取暖問題。手稿[74]抄錄如下——

黨支部並轉軍代表：

關於我的住房和取暖問題，發生一些困難。現將情況彙報以下，請予研究指示！

自一九四九年建國以來，黨委任命我為中央勞動部辦公廳副主任，勞動保護司司長，勞動保護科學研究所所長等職務，定為行政十級。我原住西城區德內大街延年胡同五號勞動部高幹宿舍的一個獨院，住房連廚房廁所等大小共十間，有衛生設備和暖氣，房金每月十三元，每月交暖氣約八元左右。

一九五七年七月，黨組織調我到民盟中央機關參加反右鬥爭工作，其後不久，就擔任民盟專職工作。（一九）五八年十二月中全會改選領導機構，被任副祕書長，自一九五六年二月民盟二代大會繼續被選為中常委。從（一九）六〇年起曾先後共兩年被任為代祕書長和三年代組織部長等職務。我調職民盟後，仍住勞動部宿舍。後因該部新添幹部急需用房，屢次催我搬遷。而民盟又找不到適合的房屋。直到一九六五年才找到我現在的住處——西城區復內大街大沙果胡同三十二號。我於同年九月搬來居住已七年多了。

遷居以前是經過考慮的。從政治方面，這住所在解放初期鄧初民同志住過五年，他那時也是民盟中央常委，此房屋為民盟中央的宿舍，房管局的材料寫明由民盟使用。鄧遷出後系張雲川居住了十多年。（一九）五七年張劃為右派，歸到農工民主黨。一九六五年春，張雲川病故，其家屬人少，由民盟另撥三不老胡同宿舍居住，讓我搬進去住。我想，我也是民盟的中常委兼副祕書長，住鄧、張等人住過的房屋不為過分。第二、從經濟方面，此屋連廚房廁所在內共八間，另有一小間鍋爐房，也有暖氣設備和衛生間。與我原來住勞動部宿舍條件差不多。只是院子略較寬敞，房金十四元。比原來住房只多了一元。所以住進來後也很合適，交通也較便利。可我從來沒有想到我的級別低。

問題是從暖氣用煤上提出來的。張雲川居住時，每年冬季由農工民主黨機關供給取暖用煤。我住進後一九六五年冬民盟中央機關供給取暖用煤……一九六八年民盟機關群眾團體勤務組負責人蘇××、梁××通知我說：「為了改革不合理制度，機關停止了你的暖氣用煤供給，已請示政協軍代表。政協軍代表說，十級幹部不應住進有暖氣的房屋。」

……為了冬季取暖，我每年需要開支兩百元。這項開支對我來說負擔不輕。要減輕負擔，只有換房。但換房也不簡單，和我共同生活的兩位老姐姐體弱多病，不能住樓房。我自已也已七十，侄兒工廠沒有宿舍，只有住在一起，可以互相照應，換房條件是很困難的。最後還是不搬家為好。

為什麼說需要二佰多元開支呢？以一九七一年冬為例，列表如下：

煤建公司的煤買三噸半	煤費九十一元
卡車運輸	十．五元
人工搬運費兩元一噸計（搬進大門）	七元
另買煤球燒火爐取暖三仟三佰斤	三九．六〇元
工人住房無暖氣設備，蜂煤爐	十七元
鍋爐工人津貼每月十五元四個月	共六十元
工人毛巾肥皂等用費	共五．五六元
	總計二三〇．五六元

最後，我不知政協軍代表是哪位說的「十級幹部不能單獨住有暖氣設備的房屋」？也不知這一條是否有規章制度明文規定？也希望具體查明。如確有此項規定，當另想辦法解決我的問題。

此致

敬禮

李文宜一九七二年六月二日

（附單據）

社會主義是等級制，每一個人從生到死，無不生活在等級之中。而貴賤之分，等級之別，就是通過住房、暖氣、用煤、汽車等大量的細枝末節體現出來的。人納入了等級、特別是進入高等級別之後，自會變得異常敏感，錙銖必較。沒人不在乎級別，「十級」啊，「十級」！難怪李文宜要念叨不已，要理直氣壯地維護「十級」待遇。你看這份材料，人家連鍋爐工用的肥皂錢都開列出來了。奇怪吧，人格、涵養都到哪兒去了？幹部活得好賴靠的是級別，人格涵養管啥用。我們國家的文明與進步，就從這條底線上培養起來。現在更好了，等級制未剷除，又復活了世襲制。看看每一屆各級領導班子和人大代表、政協委員名單吧，你便明白個八九分了。所以，李文宜打報告要二百元的冬煤補助，實在算不得什麼。不過，那時的十五元足夠一個月的生活費。

這事讓我聯想到父親的做派，不由得要囉嗦兩句。一九五七年以前，家裡配有很多警衛與服務人員。父親真不把他們當外人，把水、電、煤、取暖、洗浴，茶水，肥皂，手紙，一概包了。這還不夠，還把廚師提供給他們無償使用：每天午、晚兩頓飯，給章家做完飯，就給他們做。油，鹽，醬，醋，薑，蔥，蒜，也一概包了。逢年過節，一定請他們吃席，滿院子的酒氣肉香，父親還要舉杯說點喜慶話。即使在反右以後，父親照舊如此。到了一九五九年，物質供應有點緊張。父母劃為右派，門庭冷落。一次，母親用心地查看洪祕書做的生活帳目。發現我家每月用來燒菜的大豆油二十七、八斤，最多的一個月是三十斤！二老驚呆，你看我，我看你，不知該說啥好。

許多事情不可思議，奉行公有制的人，常常公產私用；維護私有制的人，往往私產公用（自願或強迫）。前者如果是無產階級、後者屬於資產階級，那我就覺得資產階級要比無產階級受看多了。

骨子裡，藏的就是專制

從一九六六年到一九七六年，八個民主黨派關張歇業十年整。其間，民主黨派是個什麼樣子？外面的人無從得知。勤於彙報的李文宜提供了一份「十年總結彙報提綱」[75]底稿，這讓我們多多少少看到民主黨派十年間的大致輪廓。

一九六六年八月，紅衛兵運動走向社會，勒令民主黨派停止活動。經中央統戰部與各民主黨派、工商聯負責人商定，由民主黨派在八月二十七日分別貼出公告或通知：「從即日起停止辦公，聽候中央處理。」紅衛兵收繳了幾個黨派的印鑑。各機關僅留少數中共黨員和共青團員和骨幹留守機關值班。此後，各黨派機關先後成立了革命群眾組織，批判資產階級反動路線，開展文化大革命。

一九六九年四月一日，政協全國委員會機關軍代表向各民主黨派中央機關和全國工商聯機關派駐了軍事代表組。軍代表組領導各機關革命群眾。按照毛主席的「鬥批改」步驟，進行「鬥批改」，開展了清隊和審幹工作。有問題的太多，「乾淨」人沒剩幾個。年底絕大多數幹部、職工都到幹校去參加「鬥批改」和生產勞動，各民主黨派機關中僅留下個別幹部和職工暫時留守機關。不久，根據政協軍代表的安排，將各黨派機關集中遷往全國工商聯辦公大樓內。

一九七〇年十月，各民主黨派機關的軍代表組合並成一個軍代表組。宣布各黨派合署辦公，成立聯合辦事組。在軍代表組領導下，承辦機關日常行政工作。

一九七二年十月，統戰系統軍管副組長、政協全國委員會機關軍代表李啟煌宣布各民主黨派機關撤銷軍管。在中共中央對各民主黨派機關的體制未確定以前，成立一個各民主黨派中央機關臨時領導小組代行黨委的職權。各民主黨派中央機關臨時領導小組一九七二—一九七七年的五年工作，歸納起來有五條：一學習毛澤東著作；二組織幹部分批到幹校（先後在湖北沙洋和北京）輪訓；三組織機關日常行政工作；四繼續審查幹部；五辦理統戰部、政協領導臨時交辦的各項工作。後兩項更為重要。所謂審幹，就是清洗隊伍。臨時領導小組有三人主管這項工作，組織大部分交叉黨員進行大量的內查外調。清查對象有一百七十六人。依據一九七七年六月的統計，民革、民盟、民建、農工、民進、九三、致公、臺盟、工商聯八個民主黨派機關當時共有人員二百一十五人。清查比例，高達百分之八十二。每個清查對象，他們都作出了書面審查結論，一九七三年底清隊審幹基本結束。還有七、八件專案材料報中央統戰部，未獲批覆。另一項工作是協助和配合政協全國委員會組織的愛國人士學習組的工作，共有四個學習小組，九十餘人參加，每週在黨派機關參加學習。臨時領導小組組織了十多名幹部與會，擔任小組祕書和記錄工作。按時將他們的學習情況、發言內容、思想動態編印成簡報，報送中央統戰部。

「彙報提綱」裡有很大部分是對民主黨派中央機關現狀的描述——

八個民主黨派機關和全國工商聯機關現在共有工作人員二一五人。從政治面目上分析：共產黨員三十四人，民主黨派成員一〇〇人，非黨派成員的一般群眾七十四人，另有專政對象七人。

從年齡狀況上分析：四十五歲以下者只有二十四人，四十六—六十歲者一百三十人，六十一歲以上者六十一人。機關幹部的平均年齡大約為五十五歲。

十年來，八個民主黨派和全國工商聯機關工作人員減少了二分之一強。文化大革命初，實有人員為四三八人。十年中，調出三十四人，退休一三五人，退職十人，逮捕五人，開除、遣返六人，死亡三十三人。除去年經國家批准增添四個司機外，十年來，基本上沒有調進幹部。現有幹部的多數在民主黨派機關工作了二十多年，情況比較熟悉，還能做些工作。

就工作方面來說，由於大多數幹部較長時間沒有工作可做，思想上比較苦悶。部分中年的同志認為在民主黨派呆了二十年，虛度了年華，斷送了青春。現在生產戰線，業務部門都是大幹快上，而黨派機關依然如故，只是看書學習，拿薪吃飯，心中不安。另一小部分年紀較大的幹部則存在著一種「求安望六」的思想，覺得民主黨派機關工作也不多，也不累。比較清閒，到了六十歲退休就算了；或者到了六十也不願意退休，希望在這清閒機關裡養著。

關於黨內的一些情況：在民主黨派機關中的中共黨員三十四人，建立了一個黨支部（鄧初民、楊東蒓二位的組織關係也在這個支部）。經過整黨，所有黨員都先後恢復了組織生活。黨的生活制度還是正常的。過去黨派機關中我黨的支部是屬於統戰部機關黨委領導的，現在統戰部還沒有成立黨委，我們黨支部的上級領導關係也還不明確。

大多數黨員同志是一九五七年反右鬥爭中，由統戰部派來黨派機關的。過去的部領導經常講這個崗位很重要，是處在階級鬥爭的第一線，是為黨做好耳目。但是，同志們感到過去統戰部領導對我們這些同志使用多，培養、教育很少。比如，過去毛主席、黨中央對統戰工作的指示和批示的文件聽不到，統戰工作的文件材料也看不到。過去部裡有些報告，部機關內共青團員可以聽，而黨派機關中的黨員聽不到……

黨派機關中黨支部的任務是什麼？也希望部領導上給予明確指示。過去統戰部曾經規定（中共黨員）在民主黨派機關中有「幾不」：不搞黨派組織工作；不擔任正職；不管人事（實際上這是行不通的，幾乎所有是民主黨派的人事工作都由我黨同志擔任）；不代他們起草文件等等。這些規定今後哪些還適用？哪些需要變更？黨員在民主黨派應該怎樣進行工作？也希望部領導給予指示。[76]

「彙報提綱」裡，最後提出了關於民主黨派怎麼辦的問題。對此，似乎搞統戰的中共幹部自己也鬧不清了。他們說，首先是統戰理論模糊，資產階級及其政黨既是革命對象，又是統戰對象，這個性質該怎麼確定？其次民主黨派現階段任務，是否就剩下組織學習座談和反映情況這兩項？再有，民主黨派今後體制問題。如果還要保留，是否讓他們建立從中央到省區市縣到基層的自成系統？另外，八個民主黨派是分是合？主張合併的人認為，民主黨派的現狀是「臭，老，散」，有廟沒和尚，有和尚沒燒香的，正在逐漸消亡，合併可以作為消亡的過渡；各黨派的頭面人物已經越來越少，有些黨派已無適當人選擔任主席、副主席、祕書長等職務；各黨派中有從事民主黨派工作能力的人也越來越少，合併可集中力量。反對合併的人則認為：各民主黨派的形成各有其歷史條件和特點；各黨派頭面人物的思想狀況比較複雜，他們未必願意合併；一九七一年在民主黨派去留問題上，毛澤東就指示「民主黨派還是可以存在的」，而這個「存在」當指八個黨派；再從國際影響來看，中國仍有八個民主黨派存在，比合併起來好。

共產黨一黨獨大，毛澤東一人專權，民主黨派已是山窮水盡，到了無路可走，無話可說，無事可做的絕境。民盟中央的大宅院成了廢園，與民主黨派共生的統戰幹部，也同處「三無」的境地，他們也寂寞。但資深的民盟交叉黨員並非真的無路可走、無話可說、無事可做，他們還是有本錢的，也是有腦子的。幾十年和中國高級知識分子、民主人士做朋友，給自己積累了不少的政治資本；幾十年和民主黨派一起搞民主運動，腦子也比其他中共幹部開竅，懂得一點人類文明與社會進步。他們還想有所施展和作為，只不過在等候和尋找時機。終於一個機會來了——「一九七二年十月，毛澤東在湖南第一師範的老同學、民盟中委、民盟湖南主委周世釗來京開會。李文宜、胡愈之、楚圖南、楊東蓴、薩空了、沈茲九等人商議，決定利用周世釗有『通天』渠道就廣開言路、發揚民主等重大事宜，向毛澤東上書。這件事，幾個人經過密議，決定繞過各民主黨派機關的軍代表組。他們當中以胡愈之的態度最堅決。由他挑頭兒，總負責，其餘幾人分頭準備。信很長，裡面談了嚴懲林彪集團問題，落實幹部政策問題，解放知識分子問題，總結軍隊支左問題，知青上山下鄉問題，恢復尖端科研問題，開放禁書問題等八個問題。長信寫好，由周世釗面呈毛澤東。胡愈之等人希望能直接進言，老人家卻指定由汪東興出面打理。在十月三日、五日的兩次接見中，以胡愈之的發言最有分量，他不但著重談了發揚民主、廣開言路，還「明確提出希望在可能條件下恢復民主黨派的活動，還提出恢復民主黨派辦的報紙」。[77]

與汪東興談話後，事情既無下落，也無結果。後來隱約得知：毛澤東很不高興，甚至與期待的效果剛好相反。[78]這沒什麼可奇怪的，他早就從革命者變為專制者。依我看：革命的骨子裡，藏的就是專制。

「文革」後的忙碌

一九七九年以後，民主黨派的一些老前輩突然忙碌起來。我的母親也忙活了好一陣，經常都收到民盟老盟員和農工黨老黨員的來信，請求疏通關係，幫他們平反冤案、退還房產與抄家物資、解決子女返城就業、恢復本人公職、工資等問題。民盟成員給李文宜寫信反映情況、申訴委屈、懇請幫助落實政策的人很多：認識的，不認識的，北京的，外地的，都有。這裡出示的幾封信皆為民盟老成員、文教界高級知識分子所寫。現在這些信都成了「名人手跡」，流入市場後搶手得很呢。

例一：一九七九年十二月十八日，北方交通大學理化系教授、系主任、民盟支部負責人余守寬先生致函民盟。余氏夫婦是一九五〇年從美國回來的。一九七〇年妻子外遷到寧夏衛生學校教書，一九七四年病退回京，經常臥床不起。余先生請求調回「文革」中去吉林插隊、後當了石油工人的兒子，以協助料理家務。

一九七九年十二月二十七日李文宜批示：關於調孩子問題與教育部聯繫。

例二，一九七九年七月三日，民盟中央組織部副部長楊一波先生來函對所謂的「政治歷史問題」複查有意見，對五屆全國政協取消自己的委員資格也有意見。要求重新複查，恢復委員資格。

李文宜做了如實反映。一九八一年接民盟中央負責人事的辦公廳高天主任電話，說：楊一波的問題解決了，補上全國政協委員。

例三，一九八〇年六月四日，中央工藝美術學院裝飾系教授、副系主任、民盟支部負責人徐鵬飛先生提出申請。原有自住房十二間，在東四大通胡同×號。「文革」中主動交給房管局，自己留下四間。其餘由房管局租給四戶人家。現在子女長大成人，自己患病在床，請求民盟組織與有關方面聯繫，退回原住房。徐鵬飛先生還請院領導、美術家雷圭元先生也簽了名，還補充一句：請民盟市委代為聯繫。

李文宜收到後，與另三位民盟市委負責人去函，希望有關方面儘快解決私房問題。一九八〇年十二月一日民盟電話催辦房管單位。北京朝陽房管所答覆：「可以按政策解決，但徐（鵬飛）是四級教授，緩辦。」當他們還在用電話做交涉的時候，徐鵬飛先生已經病故。

例四，一九八一年八月三日，中央歌劇舞劇院歌唱家樓乾貴（盟員）夫婦來函，說明自己一家六口在「文革」中，被迫住在由一大間隔成三小間的房子裡。希望能予以照顧，搬遷到較為寬敞的住房。樓先生另有一函是申訴自己對落實右派改正問題的不滿。信函像兜圈子一樣在民盟北京市委，中央文化部黨委統戰部，中央文化部藝術局，全國政協辦公廳之間轉來轉去，層層皆有批示。轉到最後，回到本單位。中央歌劇舞劇院黨委辦公室於一九八七年四月二十八日致函民盟北京市委。詳細敘述了樓乾貴的檔案問題，劃右結論問題，改正問題以及劇院對他的使用問題。主管單位無誠意解決，民盟也是「沒轍」。民盟負責人無奈在中央歌劇舞劇院黨委公函上寫道：「給樓乾貴同志一閱。一九八七年五月十八日」

例五，在一摞「非政協委員未落實政策的黨外人士」的信函裡，有人民文學出版社專業翻譯家張友松先生（盟員，北京市政協委員）的一封親筆信，要求把每月生活費一百元，恢復到「文革」前的每月一百五十元。民盟兩次去信人民文學出版社，都未獲解決。張友松再次申訴，一九八三年，民盟再次催辦……仍無下文。

民主黨派重新開張，許多成員紛紛上門。有苦的，要訴苦；有冤的，要伸冤；有事的，要辦事。出現這種情況，是再正常不過的了。人給共產黨欺負了，還不敢直接找共產黨，許多民盟成員來信的尾頁，常附上這樣一句：「千萬別把信轉回單位」。面對這種情勢，（中共）民主黨派臨時領導小組緊張得要死。他們在給統戰部彙報材料裡寫道：「現在找民主黨派的人，基本上都是要解決什麼『落實政策』問題、子女工作、生活安排等問題。如果民主黨派主要就搞這些工作，代表所謂成員合法利益，路線上就會出問題。」[79]這些中共統戰部高層幹部，對人是沒有半點同情心的，僅僅是在執行政策。一九八〇年前後，為配合胡耀邦落實知識分子政策，平反冤假錯案，也為恢復民主黨派元氣，中央統戰部和全國政協組織力量，由民主黨派出面下到一些省市調查研究，蒐集情況，反映問題，以求最後妥善解決。其中，民盟中央是參與其內的主要力量。一九七九年胡愈之、李文宜等人在廣州召開了中南、西南八個省、區盟務座談會，強調要貫徹「長期共存、互相監督」方針。會上，人們提出要把「互相監督」的新內容作為民盟的中心任務。會外，則有人說：「我們心有餘悸，不是過去『四人幫』迫害的餘悸，而是現在大量依然存在心有餘悸的問題。如果不能得到解決，不能發揚民主，中國知識分子不可能為『四化』發揮積極性，民盟的工作也很難開展好。」[80]

李文宜意識到貫徹「長期共存、互相監督」統戰方針，最大的障礙來自中共黨內。於是，她和其他幾個交叉黨員決定找黨內同志談談，一談，就深感問題嚴重，回到北京，她寫了兩份彙報材料。一份叫「從黨內瞭解的廣東情況」，[81]其內容就不止是統戰工作。它還涉及中共官員的任用等問題。現摘抄如下——

據說長期以來，廣東省委內形成一派掌權的局面。從黃永勝，劉興禮、丁盛以至『四人幫』橫行時，這批人至今一直掌權。林彪自我爆炸後，江青多次來廣東保護他們，其中有個「三十一辦」，是類似林彪的「小艦隊」的組織。現在省委組織部長向××和一些單位的政治負責人，是這個「三十一辦」的人。習仲勳同志到廣東後，黨內整風。省委常委冠慶延同志作整風報告，提出有十三個問題要清查，其中有「三十一辦」問題，至今無結果。目前這種派系主要抓了三個要害部門，即組織部，宣傳部，統戰部的政治處工作。宣傳部長陳××，曾寫過一本小冊子，其中二十多處攻擊鄧小平同志，黨內整風已揭發，但被壓下了。統戰部政治處處長侯××，曾經把一批民主人士集中起來，強制他們搞周總理、葉副主席的「黑材料」。統戰部副部長李××，也靠揭古大存（中共廣東省委負責人）當上了省人委人事處長。他在文化大革命中到中山醫學院整柯靈同志，有幾位老教授迫害致死。調出後因亂搞男女關係再次調工作，竟調去了香港。在香港因搞妓女被調回廣東，反升為統戰部副部長。他分管統戰部政治處。統戰部還有一位副部長譚×，在文化大革命中打死了幾個人，整風中被揭發。目前，統戰系統落實政策由侯××負責。幹部群眾因之對政策能否落實沒有信心。

廣東曾搞了三次突擊提幹。粉碎「四人幫」以後搞打砸搶升官的，大有人在。統戰部升的副部長也是如此。據說，全省打人殺人升官的有四百多人。

群眾對廣東省委調到中央去工作的幾個人，很有意見。群眾稱「張無糧，焦無菜」，指的是張根生，焦林義。張根生在廣東省委書記任內分管農業，搞得特別糟。吹過畝產六萬斤，減產謊報增產。他多次下農村視察，每次都帶大批的人下去大吃大喝，把老百姓吃光了走。群眾叫他「張蝗蟲」。群眾很不理解為什麼反而要調到北京當上中央農林部第一副部長。他還攻擊過鄧副主席的重要講話。

雍文濤在廣東省委分管教育，搞出一個「屯咼經驗」要全省推廣。說大中小學只要能畝產六佰斤，就是好學校。對廣東省的教育起了很大的破壞作用。但是調到中央教育部任實際上的第一副部長。

王首道也是個風派人物。在廣東時排擠好人，逢迎壞人。

王首道、張根生、雍文濤調中央，都是有人保他們的。

有人看到廣州大街上貼了一張漫畫。畫了一口井，上面蓋了一個大石頭。石頭上坐了一個人（指韋××同志）。旁邊畫了一個人，手上拿了一把鍬，但撬不動大石頭。說這個撬不開石頭的人，指的是習仲勳同志。

有個楊××搞過周總理的黑材料，被調到河北保定當地委書記去了。

有個拖拉機廠，多年來沒有生產過合格的產品，廠長被中央下令撤職，省裡卻給他升了官。調到該廠的上級公司，分管這個拖拉機廠。群眾說，不知道中央知道不知道？

習仲勳同志初來廣東時，他們讓習辦公處和住處都放在一個島上，與群眾隔絕。習的祕書也是由他們派的人。

以上情況在廣東是公開的祕密，「三十一辦」的耳目多，專向「三十一辦」打小報告。群眾心有大悸。希望中央派人下去調查。並說廣東廣西同一個勢力。

李文宜寫的另一份彙報材料是「廣州問題反映」[82]，摘抄如下：

一、關於知識分子心有大悸的問題。在省民盟工作的黨員反映，……壞人能到北京升官，不知將來是否局勢會有大反覆。有些知識分子也老了，不能再受迫害。很想多做工作，但不敢發表意見。二、關於「互相監督」有什麼新內容的問題。主要是盟員個人已不敢向黨組織提意見，希望民盟能向黨提意見。座談會上大家說，過去對黨是「聽，跟，走」，現在看來要考慮……四、如何落實五十五號文件？省民盟還聽過一遍文件，但廣州市民盟根本就沒聽過傳達。民盟的組織幹部說沒看過這個文件。省委統戰部內設立了一個政策落實辦公室，各民主黨派派一名幹部參加工作（其他各省市大都這樣搞），各地被錯劃開除的盟員相當地多，不讓各黨派自己動手，不知道這項工作如何及時完成？五，我們在會外開了五次知識分子座談會，關於落實政策的一些問題，已經由胡愈之同志及時向習仲勳同志交去了。

各黨派還沒有一部汽車，這也使工作難於展開。我們去了是向文史館臨時借用一輛舊車。「哪裡有鬧紅塵香車寶馬？只不過送黃昏古木寒鴉。」廣東八個民主黨派沒有一部車。跌到這份兒上，該怪誰？民主黨派自身該自責——為啥退化到如此地步。但真正應當自責的是執政黨。你說民主黨派是一副慘相，毛澤東共產黨要的不就是這副樣子嘛！

若在三十年前，我看到這兩份祕密彙報材料會大吃一驚。現在，早已是波瀾不驚。材料裡提到的王首道，我還比較熟悉。他從一九五二年即擔任交通部的黨組書記，「三五反」、反右等多次政治運動，他幹得很起勁兒。單一個反右運動，就把近二百名工程師和民主黨派成員都打成右派，發配到東北密山。一九五八年，章伯鈞被罷免，他成為交通部長。王首道死後，在其生平簡介裡，稱他為中國交通事業奠基人。他給交通事業奠基，那些銜冤負屈、發配邊陲、凍餓而死的工程師和章伯鈞給他奠了基。

上個世紀八十年代，對臺統戰工作提到了中共議事日程。一個禮拜日的早上，九點來鐘的樣子，家裡的門鈴響了，開門一看，是李文宜。

我說：「李阿姨好。」

她笑咪咪的。問：「你媽媽在家嗎？我來看看她。」

「在的。」

見後，母親怪道：「大老遠跑來看，事先也不告訴我。」

我忙著沏茶。李文宜說：「不喝，不喝。」

母親說：「怎麼，茶也不喝了？」

李文宜解釋說：「不是不喝，是沒工夫喝。我來你們這棟樓是有任務的。」母親和我聽得有些疑惑。

見我把茶水端到面前，李文宜也就接了過來。呷一口，道：「好茶。」

她對母親說：「現在不是加強對臺灣的工作嘛，中央統戰部分配給我一項任務，就是調查國民黨八大夫人的生活情況。看看夫人們現在的生活狀況，有無困難。」

母親說：「她們的生活一般都還可以的，子女們大多去了國外。」

李文宜點點頭，說：「她們的情況，我大致也知道。和普通人相比，夫人們的日子當然要好過些。」

母親繼續問：「那統戰部為什麼派你來調查？」

問到這裡，李文宜也就不遮掩了，說：「大概是要給她們提高生活費吧。」

母親不再說什麼。

李文宜所說的八大夫人，我們這棟樓住著四位，即蔡廷鍇夫人，蔣光鼐夫人，龍雲夫人和黃琪翔夫人。我們都是家被抄、房被占後，統統攆到這裡。幾家人彼此往來，相處融洽。熱心的母親把每家的門號，告訴了李文宜。她不敢多逗留，幾口把茶喝乾，便告辭。

人一走，母親便憤憤然，道：「那邊有個臺灣，現在又來拉攏了！」

我說：「咱不生氣，這才叫統戰部呢。」

她也檢查了一輩子

李文宜的自我檢查材料特別多。從「三五反」到「文化大革命」，每逢運動，必寫檢查，且不止一份。「三五反」的檢查，每份有三、四頁。「文革」的檢查，每份多達四、五十頁，越寫越多，越寫越「水」。這讓我多少有些意外。有人說：你身處三國，就該舞棍弄槍。如果你活在魏晉，就當飲酒空談。如果你命逢唐宋，就會吟詩誦詞。那麼，你活在了中華人民共和國，就活該做一輩子檢查。章伯鈞、羅隆基檢查，史良、吳晗檢查，李維漢、李文宜也檢查。右派檢查，左派檢查。不知道毛澤東的正確、共產黨的偉大，是否就是建立在國民的罪錯感上的？我常想：今天的領袖怎麼也和從前的皇上一樣，需要萬民不斷表達效忠，並掏出心肝來。

李文宜「三五反」運動中的檢查，寫於一九五二年二月，前後寫了四份。分別是「我的反省和檢查」、「在三反運動中的反省」、「再自我檢查」和「檢查我的社會關係」。想必是一次不過關，再檢查；再不過關，再檢查。從前只見過劉王立明在「三反」運動中寫的長篇檢查，我邊看邊流淚——那麼高貴優雅的女士竟被逼匍匐在地，反覆數落自己。後來聽母親說，「三反」的時候，父親在交通部也檢查，原以為是身為部長要帶頭兒，結果也是差點過不了關。周恩來打過招呼，才算收場。看來，從「三五反」開始，我們的政治運動就是被徹底組織化了，並確立了一套完備的程式和嚴密的方法，人人有份兒。

「三五反」運動期間，李文宜擔任勞動部辦公廳副主任。那時的機關實行供給制，弄點現金很不易。她和總務處長一起私刻公章，用機關伙食帳虛報單據等方法，「以小公套大公」，給辦公廳弄了小金庫，計八千美元存入中國銀行。她未經上級批准，買小型吉普車，給辦公廳購買一架收音機、六個屏風、六個花瓶、一百個玻璃杯、牛皮沙發、臺布等。這些經濟問題還在其次，更主要的問題在於經她介紹到勞動部工作的幹部都成了貪汙分子。這下子，她就必須檢查自己的右傾立場了，還要全面交代自己的社會關係。其中一個細節，引起了我的注意。她說自己與這些貪汙分子的幾次談話，都是「採取婆婆媽媽的和平方式，來啟發誘導他們，企圖以真誠感動他們，以情理說服他們（筆者—李文宜還掉了眼淚），總希望他們能自動坦白……但事實證明：貪汙分子是極狡猾頑強的，沒有一個是能以道理說服的，而都是檢查委員會後來採取了群眾的意見，以嚴厲的教育方式，留部反省，他們才肯承認自己錯誤和坦白的……我這才懂得『打虎要狠』的道理。」[83]李文宜痛心疾首，一再責問自己為什麼沒有雷厲風行的作風？她歸罪於自己小資產階級家庭出身，歸罪於長期隱蔽的統戰工作所形成的自由散漫習慣以及喜歡花花草草、點綴美化環境的城市生活方式。這她所交代的社會關係，我左看右看覺得像一份口供。按時序排列，逐一寫出自己曾經接近的人。這裡面，包括了她的三次婚姻三個男人的親戚。羅亦農因很早脫離家庭，自無所牽涉。寫到李國楦，交代出他的兩個侄女。寫到周新民，交代了保持往來的周的妹妹。李文宜特別強調：在一九四九年前的統戰工作中，沒有和商人打過交道，也從未收過資產階級的禮物或賄賂。缺零用錢了，靠寫稿子掙得。還有一份檢查是交代自己和民盟的關係，她說民盟中央有兩個富人。一是周鯨文，「聽說他過去是東北大地主，現在天津還搞什麼出口貿易，在民盟中算是最有錢的人。」「再一個是劉王立明，聽說此人曾和幾個有錢的盟員集股搞小煤窯。」[84]今天看來，李文宜的交代都是無足輕重的小事，其實，那時被逼跳樓的貪汙分子，有幾個是因為大事？三五反的「老虎」都是被「無足輕重的小事」搞出來的，或被人為捏造出來的。本不是「虎」，打著打著，就是「虎」了。很多「虎」還被打死。民盟中央在死裡整潘光旦、劉王立明，不就是例證嗎？而且，請注意：李文宜揭發這周、劉王兩個人的時候，用的都是「聽說」，「聽說」也能作為事實？

反右運動之後，是「整風交心」運動。一九五八年三月，在中央統戰部領導下民盟中央展開「整風交心」運動。獲得提拔的李文宜一口氣寫了五十條，向黨交心。特選錄若干條，[85]在真真假假、虛虛實實裡，可以領略到她的意緒心態，這一年李文宜五十五歲。

1. 我是擁護黨的統戰政策的。但在很長一段時期，存在著輕盟思想。

6. 年年搞運動，搞的時候感到興奮，但是一個高潮連接一個高潮，不知何時方能搞完好過正常生活，又不免有感到厭倦的情緒。

7. 我擁護除四害，但對麻雀總感到不忍。可見還缺乏勞動人民的感情，農民是很仇恨麻雀的。

9. 看見了「工人職員退休養老條例」的公布，我不是首先為老年工人高興，而是首先想到自己的年齡已到退休之年還無建樹，有些傷感情緒。足見，殘存著的小資產階級個人主義的意識。

10. 有時也很想能早日退休，好去栽花種竹，寫字繪畫，清閒自在。這對人民事業說，不能不是圖個人享受的退坡思想。

11. 有同志生慢性病在醫院長期療養時能看很多書，我很羨慕！想，我也生這樣的病就好。這也是從個人出發。

12. 三十年沒有見面的表姐，聽說她住在一個小鎮上生活苦，一個月只能吃到五兩油。當時就感到有點同情，卻忘了她的已去世的公婆是地主。

13. 肅反時，勞動部有一個歷史上有問題的幹部許錫麟，跳樓自殺了。當時我內心只想到他還年青，家中還有妻兒等。但對於他抗拒運動卻並不仇視。

14. 「三反」運動時，勞動部有一個兼職醫生張友昆，因群眾大膽懷疑他貪汙，他吞安眠藥自殺了。他這種抗拒運動的死，沒有引起我對他的憤恨，心裡還有些為他的技術而惋惜。

15. 民盟組織對我這個成員的關係，似乎有我不多，無我不少。既不大關心我，也很少幫助我。沒有感到因有這個組織，認識有所提高。反而覺得增加麻煩，所以想脫離民盟，完全是從個人出發。

16. 我對「長期共存」，覺得到了社會主義，將來還要到共產主義時代，民主黨派的歷史任務應早結束，還要長期共存到何時？實際上是希望民盟結束，自己省些事。

18. 解放後，有人看不起民主人士，我很氣憤，覺得傷了我的自尊心。隨後又感到當個民主人士不大光榮，在某些場合以民主人士的身分出現，就很自然產生自卑感，也就想退出民盟，不當民主人士就好了。這完全是從個人出發。

20. 我對民盟的同志們毫無幫助，也不關心。我覺得這些工作自有人負責的。當民盟一度迷失政治方向的時候，我一方面恨右派，一方面怪左派，但自己呢？為什麼對黨和人民不負起責任來？

21. 自從民盟的組織路線是「團結教育改造大知識分子為主……」的時候起，我就覺得自己沒有本錢（知識缺乏），不能擔起主要任務，因而又產生自卑感。

28. 我們勞動部的勞動保護研究所，下放了九個幹部，三個到工廠，六個到農村。我送他們上火車的時候，心情上臨別依依，尤其對到農村去的幹部，心想：這一下，他們的科學技術會丟光的，豈不可惜？雖然下放前還是我動員的。

29. 處理右派時，有些右派分子如果他在鬥爭時態度好些是可以處理更寬些的。事實上，他們態度很可惡，群眾很氣憤。但我內心內總有點原諒他們。嘴裡沒說出來，怕自己犯右傾錯誤。

30. 有些右派分子不是在民盟發生問題，而是在他的工作崗位的機關犯了錯誤。對這些人，我心裡恨不起來，可見我原則性不強。

31. 對「專」的問題，內心矛盾很大，也很痛苦。三十年來，沒有抓住「專」的中心。解放前大部分時間鬧革命，搞運動，東飄西蕩，萍蹤浪跡，學無專長。解放以來，想專也沒有專成，專就更無基礎了。過去學了一點畫，心裡老想再搞，但工作的需要不是畫。

33. 處理右派分子時，我以為原則上應當首犯從嚴，從犯從寬。就是主謀從嚴，附和的從寬。所以對於小右派分子的處理較大右派分子還嚴，從政策上我很理解，但內心還感到有點不平。

35. 我以為右派分子陳新桂只有反動言論，並無反動的行為，可以處理輕些，後來才認識到反動言論可以起到極其惡劣的煽風點火的作用……我才知道我想錯了。

36. 去年五月在武漢見了幾位十多年未見的老同學，一時很高興，開始暢談。其中有一位是過去某女中校長，「三反」時被錯鬥撤了校長職務，迄今未恢復她的名譽。我未經調查瞭解事實，即對她表示同情，並安慰她說：「我在『三反』中也曾被群眾大膽懷疑過了呢，這是一次考驗。」現在想起來，我應當把「三反」運動偉大的作用和效果向她談才對。

42. 解放初期住北京飯店時，每人都能看到一份《參考消息》，以後部長級的人才能看到。民盟許多中委都有，而我因級別低看不到。我很生氣，寫了封信給當時政務院齊燕銘同志，例外允許我有一份。後來又停止給了，我又生過一次氣。現在《參考消息》看的面寬了，我反而不大看了。這是一種什麼心情作祟？

47. 平時我很少對問題學習獨立思考的能力，只要領導同志說的有理，我就非常信任，並且還有先入為主的毛病。

李文宜寫出的第二份「整風思想檢查」材料[86]，補交了九條心。

1.（一九五八年）五、六月間曾一度對民主黨派的工作幹勁不足，這是和總路線的偉大號召不相符合的，是有右傾情緒的。

2. 大煉鋼鐵的時候，在廣州看見群眾搬松樹，心想砍了可惜。當時情緒不是在群眾之中。

3. 小高爐上料的架子搖晃，擔心怕出人身事故，與群眾奮鬥的熱情不合拍。

4. 武昌蛇山上看見群眾挖土沒有支撐，怕出事故。

5.（後來鋼鐵）又不用小土爐了，我又覺得可惜。

6. 學校辦工廠高興，但課堂當工廠看不慣。

7. 歡迎婦女從家務勞動中解放出來，但不分輕重活，不分晝夜和男子比賽，就擔心健康不能保障。

8. 億萬群眾不睡覺苦幹，想到加班加點條例無法修改。

9. 不能參加民兵、有老大沒落之感、右傾情緒。

讀罷，我有些同情李文宜。革命形勢和現實狀況常在她的內心引起思想的波動、精神疲憊以及對他人不幸的憐憫，這些都是人性不自覺的流露，就像戒指套不住情感、鐵鎖栓不住溪水一樣。李文宜隱蔽的職業，的確令人感到人生的不自由。我的一個年輕朋友在上個世紀八十年代初，大學畢業以後分配到中央統戰部，工作條件好，收入穩定，上級也信任。但他沒幹幾年，就申請調離。別人都說他是個「傻帽」。現在，我似乎懂了：工作雖體面，但無人能計量他們在這樣的職業生活中究竟喪失了多少。

一九六二年，全國開展的旨在「反修防修」的階級鬥爭教育運動中，李文宜又作自我檢查。檢查材料[87]共分政策思想、工作作風、生活方面、產生缺點錯誤的主要根源、改正缺點錯誤方法等五個部分。這裡，摘錄第一部分，也是最主要的部分。

一、政策思想方面

1. 多年來，黨就指示要交朋友，及時地有系統地反映動態，並在一個階段一個時期進行一次階級動向分析，供黨制定政策時作參考……（我）反映動態工作零零落落地做了一些，做得很少。由於交朋友有自卑感，覺得自己不學無術，條件不夠，怕談話缺乏共同的語言，不受歡迎。總之，沒有政治掛帥，勇氣不足。李（維漢）曾經講過，要有把他們（指資產階級知識分子）吞下去、化過來的氣派。這才是無產階級的思想。自卑感完全是錯誤的。

2. 一九六一年以來，（統戰）部裡重申要進一步貫徹黨的「長期共存、互相監督」的方針。提出抓兩頭，一抓黨派領導機關，二抓基層組織……但我在學習領會政策的過程中，開始理會不深，在工作中曾發生一次錯誤。一九六一年四、五月間，我到上海參加民盟代表大會，看見陳望道工作報告的草稿上，寫了一段關於（民主黨派）代表利益的一段話，從文字上看，說服力也不強，寫上去給黨造成被動，就向上海統戰部王副部長建議，修改時取消了這段話……但我閉幕後，才瞭解到代表利益已做了不少工作。例如，上海華東師範學院張開圻教授夫婦，因重病，通過民盟組織向黨反映，轉到華東醫院治療問題。他們感激黨的關懷流下了眼淚，只不過大家沒有意識到這就是（民主黨派）代表利益。可見代表合法的利益貫徹執行得好，更能團結群眾在黨的周圍，聽黨的話，為社會主義服務，黨更加主動而不是被動。說明我學習領會不夠，影響到工作，對黨的事業不利。

3. 關於民主黨派發展組織的問題。一九六一年以來（統戰）部裡有所重申，民盟也搞了文件發下去了。但由於國家還有困難，一九六二年城市壓縮人口，精兵簡政，支援農業。在這種總的情況下，如果民主黨派強調發展組織，會發生副作用。意味著精簡下來的人都要求參加民主黨派，好代表他們安排工作的利益的話，工作就會遇到困難和被動了。（民主黨派）不再提發展，而只提個別吸收，我是完全理解的。同時少數民族地區不發展，也是早有規定的。民盟原在各省市的盟員，調到內蒙去的有五十多個，早已組織了學習小組，準備將學習性質的組織，改造成為民盟中央直屬的一個基層支部，已經黨派處同意和內蒙統戰部直接商辦。經幾個月的籌備和內蒙統戰部的同意。一九六二年十月民盟中央組織部副部長楊一波已經到了內蒙。中央統戰部接到電話，又臨時改變辦法，不成立支部了。這件事至今在內蒙盟員和盟中央少數領導同志思想上還不大弄得通。這個問題在我思想上是完全同意（統戰）部裡的意見。我自己檢查，我的政策水準很低，往往只看到業務上的需要，而看不到整個形勢的變化。在十中全會前，青海、新疆、西藏等少數民族地區情況是十分複雜的，階級鬥爭是尖銳的。如果民主黨派搞些正式組織機構，可能引起更多的複雜性，當時我是沒有意識到的。

4. 在右派分子摘帽子的工作上，幾年以來我都是依據政策方針，沒有出什麼差錯，但從政策思想上檢查，在一九六一年那一批摘帽子的工作中，思想上有一點受民革「一榜及第」的影響，堅持原則不是很堅定而是有點動搖的。從內部材料看，明知羅隆基和章伯鈞一樣本質惡劣。但羅（隆基）在公開場合表現積極，暑期不去海拉爾寫資料等，曾一時取得了群眾的好感。因之，我錯誤地領會（統戰）部領導黨派間照顧平衡的意圖，覺得內部的材料也許不全面，要幹部把羅（隆基）在公開場合的表現好的一面也放進去。經拒絕，我也沒有堅持。因為內部材料是真實東西，公開表現是假像……在研究（摘帽子）提名的過程中，民盟內外都有人主張提羅（隆基）的，我都堅決反對了。但是即使一分鐘的動搖也是錯誤的，是絕對不能容許的。

李文宜說「章伯鈞、羅隆基本質惡劣」，其依據是內部材料。內部材料說是一份材料，實則是一部監視器、刻錄機。它專門記錄和彙報上層人物的動態以及異端分子活動行蹤，以便實行有效控制或清除。操作者是中共中央直屬機關，其方法是大量運用眼線搜集指定類型人物的一切情況。右派屬於指定類型，資本家屬於指定類型，著名學者也屬於指定類型。我曾看到幾份關於梁思成的「內部材料」。梁思成在辦公室發的牢騷，在家中與朋友聊天內容以及隱祕的私生活等，內容無所不包，讀來毛骨悚然。而長期記錄、祕密彙報的人（即眼線），恰恰是梁思成的好友、同事、清華大學建築系教授、著名建築學專家。哪怕一鱗半爪，也能把人看得惶惶然。連續幾天，我怎麼也睡不著了，太可怕了！

人性如此荒漠卑劣，哪裡才能拾到一片綠葉？半個世紀以來，在政府鼓勵、社會提倡下，沒有誰為背叛親情而羞恥、沒有誰為出賣友情而自責，一切都成為政治覺悟的表現，並獲得稱許。在一個布滿陷阱的政治環境裡，人人懷有戒心的同時，也加強了權力的依賴，儘管這依賴本身就充滿了危險。「境迷離，一半仙狐，一半鬼。」心本善良的人們卻成了「耳語」者。「耳語」者最初來自俄語，它有兩層含義：一是指由於恐懼、怕被人偷聽而悄悄說話；二是指在別人背後偷偷告密。可以說「耳語」是前蘇聯史達林時代社會生活的特徵，但我們這裡一直很盛行。

尾聲

李文宜早年藝專的同學化名絲竹園，在一封信裡這樣形容她——

「……我看她平日的表情，無論對人對事，不管人家怎樣的狂熱，她總是那樣淡漠。看來，她常在打算自己的一些事。照理，那時我不會去十分注意她的。因為她既不十分美麗，又沒有什麼藝術上的特殊才能。而她的嚴肅氣概卻使我見了她，每有言說不出的感覺。我自學校回家以後，和老姐（指李文宜）通了好多次信。她的信是那樣的關切，以後又中斷了。我常常懷念她，但是一切都是無用。我記得我又去看她一次，帶一點傷感。以後就不見她了……她在天地不著的境界裡。」[88]我很欣賞「絲竹園」所說的：她在天地不著的境界裡——以散文的方式，道出了隱蔽職業的特點。

最後一次見到李文宜，她已白髮飄蕭。夏末，院子裡開著各色月季，這是她最喜歡的花卉。母親和她聊些家常話，問問民盟老朋友的情況，她的臉上堆滿慈祥的笑容。

她很清楚我坐牢、喪夫之事，表示非常同情。對母親說：「健生，民盟的人都知道你家的孩子，功課都非常好。」

我搶了一句：「我的政治課成績就不好。」

母親用眼角掃了我一眼，李文宜又只是笑笑。

臨走時，她對母親說：「小愚太不容易了，我要送她個小禮物。」遂即從裡屋，拿出一個長方形描金小漆盒，塞到我手裡。

我和母親告辭，她無論如何要送我們去公共汽車站。一路，她和母親挽著手臂，說著老話……

已往的情景逝去得如此迅速、如此杳渺。

一九九七年，高壽的李文宜去世。她的心腸並不壞，但吃著這麼一碗飯。於是，人就像書頁，每一頁都有了正面和背面。

團團飛雪，片片寒意。不知在冥冥中，她可曾悟到：此生為何？

二〇〇八年四月—二〇〇九年六月寫於北京守愚齋

【注釋】

[1][2][3][4][5][6][7][8][9][10][11][12][13][14][15][16][17][18][19][20][21][22][23][24][26][27][30] 手存李文宜「自傳」手稿，一九五六年。

[25] 救國會系中國人民救國會之簡稱。一九三五年十二月十二日，上海文化界馬相伯、沈鈞儒、李公樸、章乃器、陶行知、鄒韜奮等二八〇多人聯名發表《救國運動宣言》，旋即成立上海文化界救國會。十二月二十一日，沈茲九、史良、王孝英、胡子嬰、杜君慧、陳波兒等發起組織上海婦女界救國會。接著，成立了上海各大學教授救國會、大中學校學生救國會。一九三六年，上海、北平、南京、武漢、天津等地也成立了各界救國會。中共北方局負責人劉少奇提出應在上海設立全國各界救國會，以推動全國各地的救亡運動。同年五月三十一日，來自全國二十餘省市六十多個救亡團體的代表，共七十餘人在上海開會，成立了全國各界救國聯合會，選舉沈鈞儒、章乃器、李公樸、史良、沙千里、王造時等十四人為常務委員。在眾多民主社團中，被稱為「救國會派」。救國會派於一九四二年加入中國民主同盟。抗戰勝利後，為在民盟團結發揮左派力量，也為實現其制定的「走向社會主義」的政

治目標，一九四五年十二月，正式成立中國人民救國會。主要領導骨幹有：沈鈞儒、史良、陶行知、李公樸，曹孟君、薩空了、鄧初民、沙千里、胡愈之、沈志遠、千家駒等。一九四九年十二月十八日，沈鈞儒宣布「救國會光榮結束」，自行解散。

[28][29][76] 章立凡〈反右與中國民主黨派的改造〉，章詒和編《五十年無祭而祭》，香港星克爾出版，二〇〇七年九月。

[31] 手存一九五七年四月二、三日「民盟地方負責幹部座談會」紀錄稿抄件。

[32][33] 手存一九五二年七月九日羅隆基與于剛談話紀錄稿抄件。

[34] 民盟中央一般整風大字報彙編第八三四號，一九五八年三月十七日。

[35][36] 民盟中央一般整風大字報彙編第三六一號，一九五八年三月七日。

[37] 民盟中央一般整風大字報彙編第五一一號，一九五八年三月九日。

[38] 民盟中央一般整風大字報第三九七號，一九五八年三月八日。

[39] 手存李文宜「關於在梅龔彬家的座談會」彙報材料手稿抄件，一九六七年。

[40] 手存李文宜「關於民盟第一支部開聲討吳晗大會的問題」彙報材料手稿抄件，一九六七年。

[41][42][43] 手存李文宜「關於周總理的指示」彙報材料手稿抄件，一九六七年。

[44][45][46] 手存李文宜「關於人民大會堂安徽廳的大會」彙報材料手稿抄件，一九六七年。

[47][48][49][50] 手存李文宜「前文革辦公室抓了些什麼工作」彙報材料手稿抄件，一九六七年。

[51] 手存李文宜「關於民主黨派中央機關的文化革命運動如何開展問題（設想統一領導）」手稿抄件，一九六七年。

[52] 手存李文宜「關於民主黨派中央機關如何進行文化革命運動問題的討論方案」彙報材料手稿抄件，一九六七年。

[53][56] 手存李文宜「關於統戰部的運動問題」彙報材料抄件，一九六七年。

[54][55][57] 手存李文宜「關於在梅龔彬家的座談會」彙報材料手稿抄件，一九七七年十月。

[58][59][60][61][62][63][64] 手存「李文宜關於我和吳晗袁震的關係和問題」彙報材料手稿抄件，一九六七年一月。

[65] 民盟中央一般整風大字報彙編第七〇五號，一九五八年三月十五日。

[66] 民盟中央一般整風大字報彙編第三八四號，一九五八年三月七日。

[67] 手存胡愈之、李文宜「關於一九六六年八月中旬民盟中央和北京盟市委共同籌辦鬥爭吳晗大會的問題」彙報材料手稿抄件，一九六七年二月十六日。

[68] 宋雲彬《紅塵冷眼——一個文化名人筆下的中國三十年》第二〇一頁，山西人民出版社。

[69][70][71] 手存李文宜「關於對張畢來的錯誤的認識及其他問題」彙報材料手稿抄件，一九六七年。

[72] 手存李文宜「張畢來的孩子來談些什麼？」彙報材料手稿抄件，一九六七年。

[73] 手存李文宜「一九七〇，九，十二」彙報材料手稿抄件，一九七〇年。

[74] 手存李文宜「關於我的住房問題」彙報材料手稿抄件，一九七二年。

[75] [76] [79] 手存民主黨派中央機關臨時領導小組《彙報提綱》（初稿）抄件，一九七七年六月。

[77] [78] 何蜀《文化大革命中的民主黨派》。

[80] [82] 李文宜「廣州問題反映」手稿影本，一九七九年二月二十日。

[81] 手存李文宜「從黨內瞭解的廣東情況」手稿抄件，一九七九年二月二十日。

[83] 手存李文宜「我的反省和檢查」手稿抄件，一九五二年二月。

[84] 手存李文宜「檢查我的社會關係」手稿抄件，一九五二年二月。

[85] 手存李文宜「整風交心」油印稿抄件，一九五八年三月。

[86] 手存李文宜「整風思想檢查」手稿抄件，一九五八年。

[87] 手存李文宜「初步檢查」手稿抄件，一九六二年。

[88] 手存「絲竹園」信函抄件。

人物小傳

1. 千家駒（一九〇九—二〇〇二）浙江武義人。一九三二年畢業於北京大學經濟系，後入北平社會調查所為研究生。一九三四年任中央研究院社會研究所助理研究員。一九三五年兼任北京大學經濟系講師。一九三六年任中央研究院社會研究所副研究員。一九三七年任廣西大學教授，兼主編《中國農村》月刊和《國民公論》月刊。不久，被解聘。後任鄒韜奮主編之《大眾生活》編委和香港《大公報》社論撰寫人。一九四一年冬，太平洋事變爆發，回廣西桂林，賣文為生。一九四四年桂林淪陷，與歐陽予倩等赴廣西黃姚，辦《廣西日報》昭平版，兼任廣西黃姚中學校長。一九四五年抗戰勝利後，赴香港辦經濟通訊社，任中國民主同盟南方總支部祕書長，兼香港達德學院教授。一九四九年春，應中共中央之邀，回北平，參加新政治協商會議籌備會；同時，出任中國人民銀行總行顧問，清華大學、交通大學教授。中華人民共和國成立後，任中央財政經濟委員會委員，中央私營企業管理局副局長，中央工商行政管理局副局長，中央社會主義學院副院長，中國科學院哲學社會科學部學部委員等職務，並任全國政協第一、二、三、四、五屆政協委員，中國民主同盟中央委員會常務委員，民盟中央副主席。著有《中國的內債》、《廣西省經濟概況》、《新財政學大綱》、《資本主義再生產和經濟危機》、《社會主義的國民收入》（合著）、《中國貨幣發展史》、《中國社會主義經濟建設中的若干問題》等。

2.王西彥（一九一四—一九九九）原名正瑩，又名思善。浙江義烏人。一九三四年參加左聯。一九三七年，畢業於中國大學國學系。曾任福建永安《現代文藝》月刊主編，桂林師範學院教授。一九四八年，加入中國民主同盟。一九四九年後，歷任浙江大學教授，上海《文藝月報》編委，中國作協上海分會副主席，中國作協第三、四屆理事。著有短篇小說集《眷戀土地的人》，長篇小說《古屋》、《在漫長的路上》（第一部），文藝評論集《第一塊基石》等。

3.王昆侖（一九〇二—一九八五）原名王汝虞，字魯瞻。世居無錫城中姚寶巷。先後在北京新開路小學、第四中學和北京大學讀書。一九二二年七月，畢業於北京大學哲學系。同年，應聘為天津南開中學國文教員，參加國民黨。一九二六年，任黃埔軍校潮州分校教官，參加北伐戰爭。一九二七年，任國民革命軍總司令部政治部祕書長。一九三三年，加入中國共產黨。利用國民黨老黨員的合法身分，長期做中共統一戰線工作，曾任國民政府立法委員，國民黨候補中央執行委員。一九四一年，與王炳南、屈武等在重慶發起組織中國民主革命同盟（簡稱小民革）。一九四三年，與譚平山發起組織三民主義同志聯合會。一九四八年，赴美國考察。一九四九年一月回國。同年出席中國人民政治協商會議第一屆全體會議，當選為全國政協常委。後歷任中央人民政府政務院政務委員，北京市副市長，民革第二至四屆中央常委，第一、二、三、五屆全國人大常委，第三、四屆全國政協委員。一九七九年十月當選為民革第五屆中央副主席，一九八一年十二月當選為中央代主席，一九八三年十二月當選為民革第六屆中央主席。一九七八年三月、一九八三年六月先後當選為第五、六屆全國政協副主席。

4.王若飛（一八九六—一九四六）貴州安順人。在法國勤工儉學期間，於一九二二年，參與發起成立旅歐中國少年共產黨。一九二三年，赴蘇聯入莫斯科東方大學學習並轉為中共黨員。一九二六—一九二七年初，參與領導了上海工人第一、第三次武裝暴動。任中共江蘇省委常委、農民部部長和宣傳部部長。一九二八年六月，赴蘇聯莫斯科出席中共六大，後任中共駐共產國際代表團成員。一九三一年回國，任中共西北特委特派員，後在內蒙古包頭因叛徒出賣被捕。一九三七年獲釋後，任中共陝甘寧邊區區委宣傳部部長、統戰部部長。抗戰爆發後，一九三八年起，任中共中央華中工作委員會兼中共中央華北工作委員會祕書長，兼任八路軍副參謀長。一九四五年，在中共七大上當選為中央委員。同年八月與毛澤東、周恩來一起作為中共代表赴重慶同國民黨談判。一九四六年一月代表中共方面出席在重慶召開的政治協商會議。一九四六年四月八日在由重慶返回延安途中，因飛機失事於山西興縣黑茶山遇難。

5. 史良（一九〇〇—一九八五）江蘇常州人，女。一九一三年，在常州女子師範學校就讀。一九二三年，考入上海法科大學，攻讀法律。一九二七年畢業後，到南京政治工作人員養成所任指導員，後在江蘇臨時地方法院任職。一九三一年，開始在上海執行律師職務，前後近二十年。任上海律師公會執行委員，上海婦女救國會常委。一九三六年五月，當選為全國各界救國聯合會執行委員。同年十一月，被國民黨所逮捕，為歷史上著名「七君子」之一。抗日戰爭期間，在武漢、重慶等地從事民主運動。一九三八年後，任婦女指導委員會委員兼聯絡會主任，第一、二屆參政員。一九四二年，任民盟中央常委、重慶市支部組織部長。解放戰爭期間，為上海民盟執行部負責人之一。一九四九年後，任國家司法部部長，全國婦聯副主席。民盟中央副主席、主席。第一、二、三、四、五屆全國政協常委，第五屆全國政協副主席。第二、三、四屆全國人大常委，第五、六屆全國人大常委會副委員長。

6.向達（一九〇〇—一九六六）字覺明，筆名方回，湖南漵浦人。幼年入家鄉小學，畢業後考入長沙明德中學，中學畢業後考入南京高等師範數理化部，一年後改學文史，轉入高師文史部習歷史。一九二四年畢業後，考入商務印書館編輯所，任臨時編輯，旋任英文見習編輯、編輯。一九三〇年，任北京圖書館編纂委員會委員。一九三三年，任北京大學講師。一九三五年赴英國，初在牛津大學圖書館任交換館員；後在大不列顛博物館研究敦煌卷子和太平天國文書。一九三七年夏，在柏林、巴黎等地博物館、圖書館對流出國外之我國珍貴史料進行抄錄和照相。一九三八年秋，回國赴湖南，應浙江大學史地系之聘赴廣西宜山，任史地系教授，並整理從國外抄錄之大量資料。一九三九年，被北京大學文科所聘為中西交通史導師。一九四一年，受中央研究院歷史語言研究所之約，赴河西敦煌，考察莫高窟。一九四三年，任西北科學考察團歷史考古組組長，再次赴河西敦煌，考察壁畫藝術。抗戰勝利後回北平，任北京大學教授。一九四八年底，參加北大護校委員會，並接任北大圖書館館長。中華人民共和國成立後，任北大圖書館館長，歷史研究所第二所副所長，中國科學院哲學社會科學部學部委員，北大校務委員會常委，《歷史研究》和《考古學報》編委，北京市人大代表，中國人民政治協商會議全國委員會委員等職。著有《明清之際中國美術所受西方之影響》、《唐代長安與西域文明》、《唐代開元前後長安之胡化》、《中西交通史》、《敦煌學導論》、《鄭和航海圖》等。

7.尚鉞（一九〇二—一九八二）原名宗武，字健庵。化名謝仲五、丁祥生、聶樹先。河南羅山縣人。一九一七年，入開封河南省立第二中學讀書。一九二一年，入北京大學預科，後入本科英國文學系肄業。一九二七年，加入中國共產黨。抗日戰爭爆發後，開始研究歷史。一九四二年到雲南大學任講師、副教授。一九四五年，根據中共安排加入中國民主同盟。一九四七年，任山東大學教授。

一九四八年任華北大學二部史地系主任、教授。一九五〇年中國人民大學成立，任中國歷史教研室主任，兼任中國科學院哲學社會科學部歷史研究所學術委員、北京市政協常委等職。一九七二年，以原人民大學中國歷史教研室為基礎成立清史研究小組，任副組長。一九七八年，中國人民大學復校後，任歷史系任主任。主要史學著作有《中國歷史綱要》、《中國通史講義》、《中國資本主義關係發生及演變的初步研究》、《中國原始社會問題的探索》及《尚鉞史學論文選集》等。

8. 吳晗（一九〇九—一九六九）原名吳春晗，字辰伯。筆名酉生、梧軒、趙彥、劉勉之、劉恢之。浙江省義烏人。一九二一年入浙江省立金華中學。一九二七年秋，考入杭州之江大學預科。一九二九年，入上海中國公學大學部。一九三〇年赴北平，任燕京大學圖書館日文編考部館員。一九三一年初，寫成《胡應麟年譜》，胡適舉薦入清華大學史學系工讀生。一九三四年畢業後，留任助教。抗日戰爭爆發，一九三七年赴昆明，任雲南大學文史系文學教授。一九四〇年秋，任西南聯合大學歷史系講師、副教授、教授。一九四三年七月，加入中國民主同盟。一九四四年九月，任民盟中央執行委員兼民盟《民主週刊》主編。一九四五年十月，與聞一多創辦《時代評論》週刊。一九四六年九月，回到北平，仍在清華大學任教，並擔任北平民盟的主任委員。一九四九年二月，以副軍代表身分參與接管北京大學、清華大學，並擔任清華大學校務委員會副主任、文學院院長、歷史系主任等職務；四月當選為全國青聯祕書長；九月當選為全國政協委員；十一月當選為北京市副市長。一九五一年九月，任北京市文教委員會主任。一九五二年十一月，任北京市中蘇友好協會副會長。一九五三年六月，當選為全國青聯副主席。一九五四年二月，任《新建設》雜誌編輯委員會主任委員；六月當選為第一屆全國人大代表；十二月當選為全國政協常委。一九五五年二月，當選為北京市政協副主席；六月，任中國科學院哲學社會科學部學部委員，同月當選為中國歷史學會第一屆理事會理事。一九五六年八月，任中國科學院歷史所第二所指導委員。一九五七年三月，祕密加入中國共產黨。一九五八年三月，任國務院科學規畫委員會委員；十二月當選為民盟中央副主席。一九六〇年十一月，當選為北京市史學會會長。一九六〇年，寫成新編歷史劇《海瑞罷官》。一九六五年，代表作《朱元璋傳》第四次修改稿出版。一九六六年，「文革」中遭受迫害。一九六八年三月被捕入獄。一九七九年，獲得平反，恢復名譽。著有《胡應麟年譜》、《明太祖》、《朱元璋傳》、《燈下集》、《明史簡述》、《投槍集》、《三家村札記》等。

9. 吳景超（一九〇一—一九六八）曾名似彭，安徽徽州人（今歙縣）。一九一四年，進入南京金陵中學就讀。翌年考入北京清華留美預備學校，七年肄業。一九二三年，赴美入明尼蘇達大學習社會學，獲學士學位。一九二五年，入芝加哥大學社會學系，獲碩士及博士學位。一九二八年回國，任教於南京金陵大學。一九三一年，赴北京。在清華大學任教授。一九三二年，任教務長。是中國社會學大師、最早研究都市社會學代表人物。一九三五年，離開清華大學，任國民政府行政院祕書。一九三七年，國民政府遷至重慶，任經濟部祕書。一九四五年，任戰時物資管理局主任祕書。一九四六年，任中國善後救濟總署顧問。一九四七年回清華大學社會系任教授，並與錢昌照等人發起組織中國社會經濟研究會，出版《新路週刊》。一九五二年，調任中央財經學院教授，加入中國民主同盟，並當選為第三屆中央委員。第二、三、四全國政協委員。一九五三年，任中國人民大學教授。一九五七年，被錯劃為資產階級右派分子。去世十一年後的一九七九年獲得改正。主要著作有《社會組織》、《都市社會學》、《社會的生物基礎》、《第四種國家的出路》、《劫後災黎》、《中國人口問題新論》、《開展人口問題研究》、《搞活區域經濟》等。

10.汪世銘（一八九六—一九七七）字佩之，號心渠，安徽桐城人。一九一一年考入清華學堂，一九一八年畢業於清華學校，同年留學美國，一九二〇年畢業於佛吉尼亞軍校，一九二二年，畢業於哥倫比亞大學研究院。回國後曾任東北軍團長，湖南大學教授，財政部緝私副指揮，少將，國民政府軍事委員會外事局副局長。一九三二年參加中國國家社會主義黨，一九四七年中國民主社會黨革新派負責人之一。一九四九年，作為特邀人士參加中國人民政治協商會議第一屆全體會議。同年加入中國民主同盟。任全國人民代表大會一、二、三屆代表，國務院參事。

11.沙千里（一九〇一—一九八二）原名重遠，曾用名仲淵。江蘇蘇州人。一九二五年，以同等學歷考取上海法政大學法律系，一九二九年畢業。一九三〇年，創辦進步文化團體「螞蟻社」。一九三五年，創辦並主編《生活知識》半月刊。一九三六年，當選為上海及全國各界救國會聯合會執行委員，全國各界救國會聯合會常務委員、《救亡情報》編委；同年，與鄒韜奮等六人以「危害民國罪」被捕，即「七君子事件」。一九三七年獲釋後，主編《救亡週刊》兼任《國民》週刊編委。十月到武漢，創辦新知書店與《大眾報》，成立武漢螞蟻社。一九三八年，加入中國共產黨。一九四二年，參加中國民主政團同盟，同時為《新華日報》法律顧問。抗日戰爭勝利後，與沈鈞儒回滬合組律師事務所。一九四七年底到香港。一九四九年，隨軍南下，參加了接管上海市的工作，任市人民政府副祕書長。九月，作為中國人民救國會代表，出席中國人民政治協商會議第一屆全體會議。中華人民共和國成立後，曾任貿易部副部長，商業部副部長，政務院中央財政經濟委員會第六辦公廳副主任，地方工業部部長，輕工業部部長，糧食部部長，中華全國工商業聯合會副主任委員，中國民主建國會中央常務委員，中國民主同盟中央委員，第五屆全國政協副主席等職。著有《七人之獄》、《婚姻．子女．繼承》、《抗戰與民眾運動》，譯作有《格拉斯頓傳》。

12. 宋雲彬（一八九七—一九七九），筆名宋佩韋、無我，海寧硤石人。一九一二年入杭州中學。二十世紀二十年代參加過共產黨和國民黨，曾任黃埔軍校政治部編纂股長，商務印書館和上海開明書店編輯。一九二一年起，在杭州先後任《杭州報》、《浙江民報》、《新浙江報》編輯、主筆。一九二四年，加入中國共產黨。一九二六年春，任上海國民通訊社社長。一九二七年春，任武漢《民國日報》編輯，兼國民政府勞工部祕書。「四一二」政變後脫黨。一九二八年，任開明書店編輯。一九三六年在上海參加救國會。一九三七年，在武漢參加郭沫若主持的軍委政治部第三廳工作。武漢淪陷後，在桂林師範學院任教。一九四五年，參加中國民主同盟，任重慶進修出版社編輯，同時主編民盟《民主生活》週刊。一九四七年赴港，主編《文匯報》的青年週刊，在達德學院任教。一九四九年，出席中國人民政治協商會議第一屆全體會議。任華北人民政府教育部教科書編審委員會委員，國家出版總署編審局處長，人民教育出版社副總編輯。一九五一年，任浙江省人民政府委員，文史館館長，體委主任以及省政協副主席，文聯主席。第一屆全國人大代表，第一、第三、四、五屆全國政協委員，民盟中央委員。一九五七年，被錯劃為右派分子，一九七九年獲得改正，同年四月逝世。著有《東漢之宗教》、《王守仁與明理學》、《中國近百年史》、《中國文學史簡編》、《明文學史》、《玄武門之變》、《康有為》、《玄奘》以及日記《紅塵冷眼——一個文化名人筆下的中國三十年》等。

13. 沈茲九（一八九八—一九八九）胡愈之夫人。浙江德清人。畢業於日本東京女子高等師範學校。回國後，曾任《申報》婦女園地編輯。一九三六年，參加發起組織上海婦女救國會。一九三九年，參加中國共產黨。一九四六年，在新加坡參加中國民主同盟，創辦《新婦女》月刊。一九四九年，出席中國人民政治協商會議第一次全體會議。中華人民共和國成立後，歷任政務院文教委員會委員，全國婦聯常委，全國婦聯宣傳部部長，《中國婦女》雜誌社主編、社長。民盟中央常委。第一、二、三、五、六屆全國人大代表，第一、二、三屆全國政協委員。

14. 李濟深（一八八五—一九五九）原名李錦江，字任潮。廣西省蒼梧縣人。曾入廣東黃埔兩廣陸軍中學、廣東講武學堂、保定軍諮府軍官學校學習。一九一四年，任陸軍大學教官兼陸軍部軍事編輯局編修。一九二〇年底，後任粵軍第一師副官、參謀長、師長兼第一軍參謀長。一九二五年後，任國民革命軍第四軍軍長，國民革命軍總司令部參謀長，黃埔軍校副校長。一九二七年，參與「四一二」事變。後任國民黨廣州政治分會主席，廣東省政府主席，南京國民政府委員兼軍事委員會參謀總長。一九二九年，因反對蔣介石討伐李宗仁而被軟禁於南京湯山，一九三一年獲釋。一九三三年十一月聯合十九路軍蔡廷鍇等人發動福建事變，成立中華共和國人民革命政府，任政府主席兼軍事委員會主席。失敗後往香港，組織中華民族革命同盟，任主席兼組織部長。抗日戰爭爆發後，歷任國民政府戰地黨政委員會副主任，軍事委員會西南辦公廳主任，軍事參議院院長等職。一九四七年，發起成立中國國民黨革命委員會，任主席。一九四九年一月，在中國人民政治協商會議第一次全體會議上當選為全國政協副主席。中華人民共和國建立後，任中央人民政府副主席、全國人大常委會副委員長、全國政協副主席。

15. 何香凝（一八七八—一九七二）女，原名瑞諫，又名諫，廣東南海（今廣州市芳村區）人。一八九七年，與廖仲愷結婚。一九〇三年，東渡日本求學。一九〇五年，加入中國同盟會。在東京目白女子大學及本鄉女子美術學校學習，同時承擔收發孫函件等後勤工作。一九二四年，擔任國民黨中央婦女部長。一九二六年，當選為國民黨「二大」中央執行委員。後代理婦女部長職。一九二九年，出國旅居歐洲。「九．一八」事變後回國從事抗日救亡鬥爭，任全國各界救國聯合會常務委員等職。一九四六年，參加發起成立中國國民黨民主促進會的籌備工作。一九四八年一月與李濟深等在香港創建中國國民黨革命委員會，任中央常務委員。一九四九年後，任中央人民政府委員、華僑事務委員會主任委員、全國政協副主席、全國人大常務委員會副委員長、全國婦聯名譽主席、中國國民黨革命委員會主席等職。

16.周新民（一八九五—一九七九）原名周駿，安徽廬江人。早年就讀於安徽法政專門學校。「五四」運動期間，任安徽全省學生聯合會副會長。一九二一年，參加安慶社會主義青年團成立大會，是安徽最早的社會主義青年團團員，後去日本留學，畢業於明治大學法律科。一九二六年，加入中國共產黨，先後擔任左派國民黨安慶市黨部常委和左派國民黨安徽省黨部常委兼書記長。一九二七年，以教書和執行律師業務為掩護，從事黨務工作，歷任中國公學大學部、上海法科大學、復旦大學、雲南大學教授，上海政法學院教務長等職。一九三五年至一九三六年，開展抗日救亡活動，實為救國會發起人之一。一九三八年，擔任安徽省民眾動員委員會組織部副部長。一九四二年，以救國會成員的關係，在重慶加入中國民主政團同盟。從此在民盟擔任實際工作，協助中共與民盟聯繫。一九四七年，民盟被迫解散，潛赴香港。一九四八年一月民盟在香港恢復總部工作，負責會議總務工作。一九四九年春，任新政協籌備會常委會和政協會議第一屆全體會議主席團常委會副祕書長，參加起草中國人民政治協商會議組織法，並任民盟中央常委兼組織部部長，民盟中央政治局委員。第一、二、三、四、五屆全國政協委員，第一、二屆全國人民代表，中央人民政府辦公廳副主任，最高人民檢察署祕書長，瀋陽市副市長，中國科學院法學所副所長等職。著有《民法債編分則新論》、《民法債編通則新編》、《物權法要論》等。

17.周鯨文（一九〇八—一九八五）號維魯，遼寧錦縣人。青年時期，從北京匯文中學畢業後，入日本早稻田大學，旋赴美國，入密西根州立大學，畢業後赴英，入倫敦大學學習政治學。一九三一年返國，主辦《晨光晚報》。一九三三年塘沽協定後，在北平組織東北民眾自救會，出版《自救》週刊。一九三六年任東北大學祕書主任兼法學院院長，並代理校長。一九三八年初赴港，創辦《時代批評》半月刊。一九四一年，中國民主政團同盟成立，為發起人之一，一九四四年，改為中國民主同盟，被選為中央常務委員，任副祕書長。一九四九年後，出席中國人民政治協商會議第一屆全體會議。曾任第二屆全國政協常委、中央人民政府政務院政治法律委員會委員。一九五六年十二月去香港，後在香港主編《時代批評》及英文《北京消息》半月刊。一九八五年逝世，終年七十七歲。著有《人權運動綱領》、《風暴十年》。

18.邵力子（一八八一—一九六七）原名聞泰，初名景奎，又名鳳壽，字仲輝，筆名力子，紹興陶堰邵家人。清末舉人。一九〇六年，留學日本，加入同盟會。一九〇七年回國，與于右任等創辦《神州日報》。一九〇九年，在上海創辦《民呼日報》。一九一〇年，與于右任等人一起創辦《民立報》。一九一四年，參加革命文學團體——南社，加入中華革命黨。曾任上海大學代理校長，後任上海《民國日報》總編輯。一九二一年，加入上海共產主義小組，同年加入中國共產黨。一九二五年，任黃埔軍校祕書長。一九二六年退出中國共產黨。一九二七年後，任國民黨司令部祕書長，中國公學校長，國民黨甘肅省政府主席，陝甘省政府主席，國民黨中宣部部長。一九三七年抗日戰爭爆發後，任國際反侵略同盟中國分會副主席，國民外交學會會長，中蘇文化協會副主席，中華全國文化界抗戰協會理事，國民黨政府駐蘇大使，國民參政會、憲法促進委員會祕書長。一九四九年，為國民黨政府和平談判代表團成員，到北平與中國共產黨進行和平談判。後脫離國民黨政府，留在北平。同年應邀出席中國人民政治協商會議第一屆全體會議。中華人民共和國成立後，任中央人民政府政務院政務委員。是第一、二、三屆全國人大常委，第一、二、三、第四屆全國政協常委，民革常委。

19. 邵循正（一九〇九—一九七二）字心恒，福建侯官（今福州市）人。一九二四年，入福州英華書院。一九二六年，入福州協和大學。同年秋入北平清華大學政治學系攻國際法和國際關係。一九三〇年，入清華大學研究院改習歷史。一九三四年，赴歐洲留學，改習蒙古史。在法國巴黎法蘭西學院東方語言學院攻蒙古史，學習古波斯文；次年轉入德國柏林大學繼續研究蒙古史。一九三六年由法回國，被聘為清華大學歷史學系講師，講授蒙古文。一九三七年，隨校南遷赴長沙臨時大學、昆明西南聯合大學任歷史學系專任講師、副教授、教授，擔任蒙古史、波斯文和中國近代史諸課。一九四五年秋，應英國文化委員會之聘，與陳寅恪、洪謙、孫毓棠、沈有鼎連袂赴英，任牛津大學訪問教授，研究蒙古史。一九四六年，回清華大學任教。一九四四年，任清華大學歷史學系主任。一九五二年，任北京大學歷史系教授、中國近代史教研室主任，兼中國科學院第三歷史研究所（即今中國社會科學院近代史研究所）研究員。一九五二至一九五八年任該所史料編輯室主任。著重研究洋務派人物、洋務派所辦民用企業的性質和道路，開拓了對中國資產階級問題的研究。中國民主同盟成員，先後被選為全國政治協商會議第三、第四屆全國委員會委員，並擔任全國政協文史資料委員會委員。

20.胡愈之（一八九六—一九八六）浙江上虞人。早年就讀紹興第二中學，一九一四年輟學，考入上海商務印書館編譯所工作，為《東方雜誌》主要編輯。一九二七年「四一二」事變，被迫流亡法國。一九三一年九一八事變後，與鄒韜奮共同主持《生活週刊》，創辦《世界知識》。一九三三年，加入中國共產黨，參加中國民權保障同盟。一九三五年，與沈鈞儒共同發起成立救國會。抗日戰爭爆發後，任國民政府軍委會政治部第三廳第五處處長。後赴桂林，任廣西建設研究會文化部副主任。主持出版《團結》等報刊，組織翻譯出版了E.斯諾的《西行漫記》，並首次編輯出版了《魯迅全集》。一九四五年後，在新加坡創辦《南僑日報》、《風下》週刊、《新婦女》雜誌。並加入中國民主同盟，在新加坡建立馬來亞支部任主任委員。一九四九年後，任《光明日報》總編輯，出版總署署長，文化部副部長，中國文字改革委員會副主任，中華全國世界語協會理事長，第一屆中國出版工作者協會名譽主席等職。一九五三年，當選為民盟中央委員，一九五八年，任民盟中央副主席。先後當選為第二、三、四、五屆全國政協委員。一九七九年，增選為全國政協副主席。從一九五四年起，連任一、二、三、四、五屆全國人大常委。一九八三年，當選為全國人大副委員長。著有《莫斯科印象記》、《印尼語語法研究》等。

21.勉仲即黃裳（一九一九—）原名容鼎昌，山東益都（今青州）人。回族，交通大學畢業。一九四五年至一九五六年，擔任文匯報記者、編輯、編委。一九五一年至一九五六年，任上海電影系統創作所編劇，中國作家協會理事，上海文聯委員等職。著有《錦帆集》、《錦帆集外》、《關於美國兵》、《舊戲新談》、《山川．歷史．人物》、《榆下說書》、《銀魚集》、《翠墨集》、《晚春的行旅》、《河里子集》、《妝臺雜記》、《黃裳論劇雜文》等。

22. 徐炳昶（一八八六—一九七六）字旭生，河南南陽唐河人。早歲赴法留學，肄業於巴黎大學。回國後歷任河南留學歐美預備學校教授，北京大學教務長、哲學系主任，西北科學考察團團長，北平大學女子師範學院院長，北京大學哲學系教授兼研究所國學門導師。一九三一年二月，任北平師範大學校長。次年辭職，後任北京大學哲學系名譽教授，北平研究院歷史學會編輯兼考古組主任，史學所所長，西南聯合大學教授。一九四九年後，任中國科學院考古研究所研究員。一九五七年，參加中國共產黨。一九六四年，當選為第三屆全國人民代表大會代表。譯有《歐洲哲學史》等。

23. 華崗（一九〇三—一九七二）又名延年、西園，曾用名劉少陵、林少侯，筆名林石父（一作林石夫）、華少峰、曉風等，浙江龍遊人。一九二三年，就讀於衢州浙江省第八師範和寧波浙江省第四中學。一九二四年，加入中國社會主義青年團。一九二五年，任青年團南京地委書記。同年，加入中國共產黨，歷任浙江省委書記、江蘇省委書記和順直（河北）省委書記。一九二八年，去莫斯科出席中國共產黨第六次代表大會和中國共產主義青年團第五次代表大會，同時參加共產國際第六次代表大會和少共國際第五次代表大會。回國後任青年團中央宣傳部長、團中央機關刊物《列寧青年》主編、中共湖北省委宣傳部長、黨中央華北巡視員。一九三二年，任中共滿洲特委書記，於赴任途中被捕，判刑五年，關押山東第一監獄。一九三七年，經組織營救出獄，任中共湖北省委宣傳部長，籌辦武漢《新華日報》任總編輯兼《群眾》週刊主編。一九四三年，任中共中央南方局宣傳部長，派赴雲南做統戰工作，應聘雲南大學社會學教授。一九四五年，任國共談判中共代表團顧問。一九四六年，任中共上海工作委員會書記。一九四四年，任山東大學教授、校長、黨委書記，《哲學研究》編委，創辦《文史哲》雜誌並任社長。一九五四年，當選全國人大第一屆代表大會代表。一九五五年，受誣陷被捕入獄。一九八〇年平反昭雪，恢復名譽。

24.華羅庚（一九一〇—一九八五）江蘇金壇縣人。一九二四年，金壇縣立中學初中畢業。一九二九年，一篇論文受清華大學數學系主任熊慶來推薦，於一九三一年到清華大學工作。八年期間，從管理員至講師，進而保送到英國劍橋大學進修。一九三八年，華羅庚回國，在西南聯合大學任教授。一九四六年九月，赴美。先後任普林斯頓大學高等研究院研究員，伊利諾依大學聘為終身教授。一九四八年四月，選為中央研究院院士，任中央研究院數學研究所研究員。一九五〇年回國，先後擔任清華大學教授、數學系主任，中國科學院數學所所長，中國數學會理事長，中國科學院數理化學部委員等職。一九五八年，任中國科技大學副校長。一九七八年三月，任命為中國科學院副院長。一九七九年，加入中國共產黨。一九八一年，任中國科技協會副主席。一九八二年，接受美國科學院外籍院士，第三世界科學院院士，香港中文大學名譽博士，聯邦德國科學院院士等稱號。是第一、二、三、四、五、六屆全國人大常委，第六屆全國政協副主席，中國民主同盟副主席。著有《關於多數堆壘數論的一個問題》、《關於推廣的華林問題》、《關於指數和》、《優選學》等。

25.孫承佩（一九一五—一九九〇）山東桓台人。原名耿殿文。一九三四年，考入北平大學法商學院。一九三六年，參加中華民族解放先鋒隊，後任民族革命通訊社記者，《新蜀報》主筆，北平中外出版社社務委員。一九四六年，加入九三學社。一九四七年，加入中國共產黨。一九四九年後，任《光明日報》採訪部主任和總編室副主任，《新建設》雜誌代主編，北京市文化局副局長。曾當選為九三學社第三屆中央理事、第三和第四屆中央常委兼祕書長，第六和第七屆中央副主席，第八屆中央常務副主席。第二、三、第四屆全國政協委員，第五、六屆全國政協常委，第七屆全國政協常委兼提案委員會副主任。

26. 高崇民（一八九一—一九七一）原名恩洤，字健國。遼寧開原人。早年就讀於奉天（今瀋陽）省立農林學堂，加入中國同盟會。一九一三年，入日本東京明治大學政治經濟系。一九一九年畢業回國，任北京《正言報》編輯，後與人合辦《正俗報》。一九二二年，參與組織東北民治俱進會，任黑龍江省分會會長。一九二五年，加入中國國民黨。一九二九年，任奉天省農務會會長、東北邊防司令長官張學良的祕書等職。一九三一年，參與發起成立東北民眾抗日救國會，任常務委員兼總務部副部長。一九三三年，在北平參與組織復東會，被推為祕書長。一九三六年，西安事變時參與起草張楊關於停止內戰抗日救國的八項主張，任設計委員會主任委員。後參與成立東北救亡總會，任主席團委員兼組織部部長。一九四一年，在重慶接辦《反攻》半月刊，以東總名義加入中國民主同盟，祕密組織東北民主政治協會。抗日戰爭勝利後，被任命為東北解放區安東省政府主席。一九四六年，加入中國共產黨，被選為東北行政委員會副主席，兼任安東省主席。一九四八年，任東北人民政府副主席兼司法部部長。一九四九年九月，出席第一屆中國人民政治協商會議第一次全體會議，歷任中央人民政府委員，東北人民政府副主席，東北行政委員會副主席兼最高人民法院東北分院院長。第四屆全國政協副主席，中國民主同盟中央副主席等職。第一、二、三、四屆全國政協常務委員，第一屆全國人大常務委員，中國民主同盟中央常務委員等。

27. 唐小兵（不詳）

28. 張東蓀（一八八六—一九七三），原名萬田，字聖心，浙江杭縣（今餘杭）人。一九〇四年留學日本，入東京帝國大學哲學系。一九一一年回國。一九一二年，參加孫中山領導的南京臨時政府，任內務部祕書。一九一四年一月在上海創辦《正誼》雜誌，四月在北京創辦《中華雜誌》。一九一五年，在上海創辦《新中華》。一九一六年，初識梁啟超，積極參加反袁（世凱）鬥爭。一九一七年，接替張君勱主持上海《時事新報》。一九一九年，在上海創辦《解放與改造》（後易名《改造》）雜誌。一九二〇年，與梁啟超等組織共學社。一九二一年，主持中國公學。一九二七年，創辦《哲學評論》並主編《唯物辯證法論戰》。一九三〇年，接受司徒雷登的邀請，北上任燕京大學哲學系教授。一九三一年，與張君勱等人籌備發起「再生社」。一九三二年，在北平創辦國家社會黨機關刊物《再生》。一九三三年宣布成立國社黨，任中央常委。一九三四年十二月，與張君勱在廣州創辦海學書院，任校長。後回上海，任光華大學教授。旋又去北平，任燕京大學教授。一九三五年，在北平出版《文哲月刊》。一九三八年，到武漢參加國民參政會。一九四一年，與中共祕密合作，組織燕京大學學生赴解放區。十二月因抗日罪名被日本憲兵逮捕。一九四二年保釋。一九四四年，參加中國民主同盟，並被選為中央常委。一九四五年，籌建民盟華北總支部。創辦《正報》；十一月底，赴重慶參加政治協商會議。一九四七年，當選為民盟中央常委兼祕書長，華北總支部主任委員。一九四九年一月參加北平和談，九月參加中國人民政治協商會議第一屆全體會議，當選為人民政府委員，十二月當選為民盟中央政治局委員。一九五二年，參加燕京大學「思想改造運動」。十二月被民盟中央開除盟籍，辭去中央人民政府委員職務。一九五八年，從北京大學哲學系調到中央文史館。一九六八年一月，與長子張宗炳一起被捕。一九七三年，病逝於北京第六醫院。著有《科學與哲學》、《人生觀ABC》、《道德哲學》、《認識論》、《價值哲學》、《知識與文化》、《理想與社會》、《理性與民主》、《現代倫理學》等。

29. 張奚若（一八八九－一九七三）字熙若，陝西朝邑（今屬大荔）人。畢業於美國哥倫比亞大學，獲碩士學位。後加入同盟會。歷任北京法政大學及中國大學政治系教授，國民政府教育部國際出版局交換局局長，國民政府大學院高等教育處處長，中央大學法學院政治系副教授，北京大學講師，清華大學和西南聯合大學教授。一九三八－一九四五年，先後當選為第一、二、三屆國民參政會參政員。一九四九年，出席中國人民政治協商會議第一屆全體會議。後歷任中央人民政府委員，政務院政法委員會副主任，教育部部長，對外文化聯絡委員會主任，中國人民外交學會會長。是第一、二、三、四屆全國人大代表，全國政協常委，第一、二、三屆全國人大代表。著有《社約論考》等。

30. 張畢來（一九一四－一九九一）原名啟權。貴州凱里人。一九二九年考入貴陽省立師範學校，曾任該校學生自治會主席。畢業後在貴陽一小學教書。一九三六年，入杭州浙江大學文學院教育系，與同學組織讀書會、文藝社、歌唱隊等。一九三八年加入中國共產黨後，改名張一之。在金華協助臺灣同胞組織臺灣抗日義勇隊，任祕書及地下黨支部書記。一九四一年夏，在上海被日軍逮捕；秋季出獄，任教於中學。一九四二年初赴廣西，曾任桂林師範學院講師、副教授。一九四六年，加入中國民主同盟，任民盟廣西省支部書記。一九四七年夏被捕，次年夏出獄。一九四九年後，歷任東北大學、東北師範大學教授兼中文系主任，華東師範大學教授，人民教育出版社中學語文編輯室主任，民盟第三屆中央委員、第四、五、六屆中央常委兼宣傳部部長、學習委員會主任，中國《紅樓夢》學會副會長。第四、五屆全國政協委員，第六、七屆全國政協常委。著有《歐洲文學史簡編》、《新文學史綱》、《中學語文課本》（合編）、《漫說紅樓》、《紅樓佛影》、《賈府書聲》、《紅學芻言》等，譯有（印度）尼赫魯《走向自由·尼赫魯自傳》、（英）愛略特長篇小說《亞當比德》、（蘇聯）穆沙托夫長篇小說《小北斗村》等。

31.張雲川（一九〇四—一九六五）安徽蕭縣人。原名張長淩。一九二六年考入黃埔軍校第四期。「四·一二」政變後，被迫離開廣州赴武漢，後在國民黨第五路軍政治部供職，隨軍北伐。一九二八年離開部隊，到山東金鄉、諸城等縣師範學校任教。一九三〇年，加入中國國民黨臨時行動委員會，一九三五年易名為中華民族解放行動委員會，被推為中央委員。一九四二年，中國民主政團同盟成立，被選為中央委員。六月，去香港籌辦《光明報》，任副社長。一九四四年，再次到蘇北解放區，相機對汪偽軍策反。經過一年多努力，汪偽淮海省省長郝鵬舉於日軍投降後宣告向新四軍投誠（後為國民黨收買叛變，被解放軍殲滅）。一九四七年一月，中華民族解放行動委員會改名為中國農工民主黨，當選為中委、常委。次年五月，到北平與聶榮臻取得聯繫，參加了策動傅作義起義的工作。一九四九年九月，出席中國人民政治協商會議第一次全體會議。一九四九年後，任國務院參事室參事，第一屆全國人民代表大會代表，人大常委會法案委員會委員，第二屆全國政協地方工作委員會委員，兼任民盟中央副祕書長、農工民主黨中央執行局委員。一九五七年，被錯劃為右派。一九八〇年，錯劃的右派獲得改正。

32.郭則沉（一九〇六—一九七三）陝西臨潼界坊村（今屬西安市閻良區）人。一九二三年，入陝西省立三中，一九二六年春，赴日留學，加入中國共產黨。一九二七年回國，後再赴日本留學，結識楊虎城，隨楊回國。一九二九年夏，在楊資助下，赴德國柏林大學學習經濟學，恢復中共黨籍。一九三二年，加入德國共產黨，考入普魯士高等警官學校學習兩年。一九三三年回國。一九三四年，在楊虎城部任步兵訓練班、幹部訓練班政治教官。西安事變後，任陝西省保安司令部政治指導員。抗戰爆發，被任命為一一七師政訓處處長，並任陝西省抗敵後援會宣傳部主任、省教育廳科長等職。一九四〇年赴重慶，任陸軍用具製造廠廠長。一九四二年，加入中華民族解放行動委員會和民主政團同盟。與杜斌丞等會商建立民主政團同盟西北地方組織。一九四四年，選為中國民主同盟中央委員兼組織委員會副主任，被任命為西北盟務特派員，籌建民盟西北總支部。一九四六年，籌建民盟貴州支部。並擔任《新華日報》特約撰稿員。一九四七年，中華民族解放行動委員會改組為中國農工民主黨，當選為中央常委。一九四九年，作為農工黨代表出席全國政協第一屆全體會議。歷任第一、二、三屆全國人大代表，政協第二、三、四屆全國委員會委員，政協第三、第四屆全國委員會副祕書長，民盟第一、第二屆中央常委和第三屆中央委員，農工民主黨第五屆中央工作委員會委員、第六屆中央執行局委員、第七屆中央主席團委員兼祕書長。

33. 陳其尤（一八九二—一九七二）別名定思。廣東海豐人。早年就學於廣州博濟醫學堂，一九一一年，加入中國同盟會，參加廣州黃花崗起義及光復惠州戰役。一九一六年，畢業於日本東京中央大學政治經濟系。回國後任粵軍總司令部機要祕書，出任東山、雲霄兩縣縣長，國民黨政府駐香港中央特派員。一九三一年，在香港加入中國致公黨並參加致公黨第二次代表大會，被選為致公黨中央幹事委員會負責人之一。一九三八年，因揭發孔祥熙從事軍火生意，被蔣介石囚禁於貴州息烽集中營。一九四一年釋放，後到香港。一九四七，參與致公黨的組織改組工作，並當選為致公黨第三屆中央副主席。一九四九年，進入解放區參加籌備新政協並代表致公黨出席中國人民政治協商會議第一屆全體會議。中華人民共和國成立後，歷任廣東省人民政府委員，致公黨第四屆中央主席團委員，第五、六屆中央主席，第一、二、三屆全國人大常委，第一屆全國政協委員，第二、三、四屆全國政協常委。

34. 陳望道（一八九一—一九七七）浙江義烏人。先後就讀於義烏繡湖書院、金華中學、浙江之江大學。

一九一五年，赴日本留學，先後在早稻田大學、東洋大學、中央大學學習文學、哲學、法律，獲中央大學法學士學位。一九一九年回國。任教於杭州浙江第一師範學校。一九二〇年，譯作《共產黨宣言》出版。接替陳獨秀主持《新青年》的編輯，並參加「馬克思主義研究會」（亦稱共產主義小組）。一九二一年，成為中國共產黨最早的五名黨員之一，任中共上海地方委員會書記。一九二三年退黨。一九二三—一九二七年任上海大學任中文系主任、教務長、代理校務主任等職。一九三二年，發起組織成立中國著作者協會。一九三四年，創辦《太白》半月刊。一九三七年抗日戰爭爆發，組織上海文化界抗日聯誼會。一九四〇年，在遷於重慶北碚的復旦大學中文系任教。一九四三年起，擔任復旦大學新聞系主任，歷時八年。一九四九年後，歷任華東軍政委員會委員、文化教育委員會副主任兼文化部長、上海市人民政府委員，全國人民代表大會第一、二、三、四屆代表和第四屆常務委員會委員、中國人民政治協商會議第一、二、三、四屆委員和第三、四屆常務委員會委員，民盟中央副主席，復旦大學校長，中國科學院哲學社會科學部學部委員，上海市哲學社會科學聯合會主席，上海市語文學會會長，《辭海》主編等職。著有《修辭學發凡》、《美學概論》、《因明學概略》等。

35. 陳新桂（一九一三—一九八八）畢業於燕京大學，做過雜誌編輯，一九四五年，參加中國民主同盟，曾擔任民盟主席張瀾的祕書。一九四九年後，在上海民盟市委工作。後調民盟中央任宣傳委員，《中央盟訊》副主編。一九五七年，劃為右派分子，「文革」時期被遣送回老家勞動改造。一九八〇年改正，在民盟中央恢復工作。

36. 陳此生（一九〇〇—一九八一）廣西貴縣人。一九二〇年，上海復旦大學肄業，先後在廣東大學、中山大學、廣西大學、香港達德學院任講師、教授、教務主任。一九三三年，參加左翼作家聯盟。

一九三七年，參加李宗仁、白崇禧成立的廣西建設研究會，擔任該會的編輯委員。一九三九年文供社成立，任祕書。一九四一年，中國民主同盟成立後，在桂林祕密入盟。一九四五年，民盟「一大」選為中央委員。一九四六年，民盟在香港成立南方支部，負責編輯《民主》週刊。同年，參加中國國民黨民主促進會，任中央委員。次年在香港參加發起組織中國國民黨革命委員會，當選為中央委員。中華人民共和國成立後，歷任第一、二、三屆全國人大代表和第四屆全國人大常委，政務院文教委員會委員。廣西省文教廳廳長，省人民政府副主席、政協副主席。《光明日報》社副社長兼總編輯。民革中央常委兼副祕書長、宣傳部部長、副主席等職。去世後被追認中國共產黨黨員。

37. 梅龔彬（一九〇〇－一九七五），字電龍，號劍文，湖北黃梅人。一九二一年，考入上海東亞同文書院。一九二三年，加入中國國民黨，曾任國民黨上海特別市黨部祕書長。一九二四年，加入共青團，次年加入共產黨。一九二六年，為北伐鐵軍第四軍第十二師的政治部主任。一九二七年，參加南昌起義。起義失敗後，又赴海陸豐參加彭湃領導的武裝起義。一九二八年，受周恩來派遣任浙江省委委員兼宣傳部長，參與組織和發動浙東和浙西的農民暴動。一九二九年，在日本被捕，關押兩年。一九三一年回國。一九三三年，參與福建事變。一九三五年中華民族革命同盟在香港正式成立，梅龔彬任宣傳處處長。先後擔任暨南大學、中山大學、香港達德學院教授，編有《社會科學大辭典》。一九四七年，梅龔彬受潘漢年的指派，協助李濟深籌建中國國民黨革命委員會。中國國民黨革命委員會在港成立，擔任中央執行委員會委員。一九四九年後接受李維漢指示：「從現在起，組織關係轉到中央統戰部，作為中央統戰部派往民主黨派工作的一個不公開的共產黨員。」一九五五年，因潘漢年受株連。一九五九年起，隔離審查八年。「文革」中調江西農場勞動至病逝。

38.費孝通（一九一〇—二〇〇五）江蘇吳江人。一九三三畢業於燕京大學，獲社會學學士學位，師從中國人類學家吳文藻。一九三五年畢業於清華大學研究生院社會學人類學系。一九三六年底赴英國倫敦經濟學院學習社會人類學，師從英國人類學家馬林諾夫斯基。一九三八年，獲英國倫敦大學哲學博士學位。一九三八年回國，任教於雲南大學社會學系，主持雲南大學和燕京大學合辦的社會學研究室。一九四〇—一九四五年任雲南大學社會學教授。一九四五年，參加中國民主同盟。一九四五年起，歷任西南聯大教授、清華大學教授，副教務長。一九四五—一九五二年任清華大學副教務長、社會學教授。一九四九年出席第一屆政協會議。一九五二年起，歷任中央民族學院教授、副院長，國務院民族事務委員會副主任，中國科學院哲學社會科學部學部委員，中國社會科學院民族研究所副所長，中國社會科學院社會學研究所所長，中國社會學學會會長，國務院學位委員會委員。一九五七年，錯劃為右派分子，一九八〇年，獲得改正。民盟第二、三屆中央委員，第四、五屆中央副主席，第六屆中央主席。第一屆全國人大代表，第二、四屆全國政協委員，第五屆全國政協常委，第六屆全國政協副主席，第七屆全國人大副委員長。著有《內地農村》、《生育制度》、《鄉土中國》、《鄉土重建》、*Toward a People's Anthropology*、*Chinese Village Close-up*、《從事社會學五十年》等。

39.費振東（一九〇二—一九七五）江蘇吳江人。一九二二至一九二六年在上海交通大學學習。一九二六年，在荷屬東印度（今印尼）蘇門答臘島棉蘭市任華文報紙《蘇門答臘民報》主筆。一九二八年，在巴達維亞（今雅加達）八帝貫中華學校（八華學校）擔任教師。一九三三年，重返棉蘭任中華商會祕書主任。一九三七年七七事變後，兼任棉蘭華僑籌賑祖國難民委員會祕書處主任。一九四二年被荷蘭殖民政府驅逐出境，移居新加坡。太平洋戰爭爆發，亡命蘇門答臘。一九四五年日本投降後，任棉蘭華僑總會祕書長。一九四八年，再遭驅逐出境，到香港達德學院任職。一九四九年，出席中國人民政治協商會議第一屆全體會議。中華人民共和國成立後，歷任中央華僑事務委員會文教宣傳司司長、北京華僑補習學校校長。第一屆全國人大代表，中國民主同盟中央委員，中央監察委員會副主任。一九五七年被劃為右派分子。去世後的一九八〇年獲得改正。

40. 梁漱溟（一八九三—一九八八）原名煥鼎，字壽銘。祖籍廣西桂林，生於北京。一九一一年，加入同盟會京津支部，任該會機關報《民國報》編輯兼記者。一九一六年，任南北統一內閣司法總長祕書。一九一七—一九二四年，應蔡元培之聘，任北京大學印度哲學講師。一九二九年，任河南村治學院教務長，並接辦北平《村治》月刊。一九三一年與梁仲華等人在鄒平創辦山東鄉村建設研究院。抗日戰爭爆發後，先後任最高國防參議會參議員、國民參政會參政員。一九三九年，參與發起組織「統一建國同志會」。一九四一年，在中國民主政團同盟任中央常務兼同盟機關刊物《光明報》社長。一九四六年，任該同盟祕書長。一九四四—一九八〇年任中國人民政治協商會議全國委員會委員。此後任全國政協常委及憲法修改委員會委員、中國孔子研究會顧問、中國文化書院院務委員會主席等職。主要著作有《東西文化及其哲學》、《中國民族自救運動之最後覺悟》、《鄉村建設理論》、《中國文化要義》、《人心與人生》等。

41. 黃炎培（一八七八—一九六五）字任之，別號抱一。江蘇川沙鎮人（今屬上海市）。一九〇一年入南洋公學，選讀外文科，受知於中文總教習蔡元培。次年中鄉試舉人。一九〇三年，返鄉興辦小學堂。一九〇五年，加入同盟會，並與張謇等人創立江蘇學務總會（後稱江蘇教育會）。一九〇六年，回川沙創辦浦東中學。一九〇九年被選為江蘇諮議局議員。一九一一年，參加武昌起義。一九一二年，任江蘇教育司司長。一九一三年，任教育部課程標準起草委員會委員。江蘇省教育會副會長。一九一四年卸職後，周遊全國及美、日、東南亞各國，考察教育，從事教育改革的研究和實踐。一九一七年五月，與蔡元培等人創立中華職業教育社。一九一七—一九三一年，先後參與籌建南京高等師範學校、南京河海工程學校、暨南學校、上海商科大學、私立廈門大學的工作。「九．一八」事變後，創辦《救國通訊》，組織上海市民維持會（後改為上海地方協會），支持淞滬會戰。一九三八年，先後任國防會議參議、第一屆國民參政會參政員。一九四○年，為第二屆國民參政會參政員。一九四一年，成立中國民主政團同盟，先後任中央執行委員、常委和主席。一九四二年，為第三屆國民參政會參政員。一九四五年七月訪問延安，與中共領導人會晤。同年秋，黃炎培與胡厥文等發起組織中國民主建國會，任常務理事。一九四八年五月，參加民建會常務理監事會。一九四九年九月，出席中國人民政治協商會議第一屆全體大會。中華人民共和國成立後，歷任中央人民政府委員、政務院副總理兼輕工業部部長、第一、二、三屆全國人大副委員長，第一屆全國政協常委、第二、三、四屆全國政協副主席，中國民主建國會中央委員會主任委員等職。著有《學校教育採用實用主義之商榷》、《中國教育史要》等。

42. 黃琪翔（一八九八—一九七○）字御行，廣東梅縣人。早年在湖北第三陸軍中學堂學習，後入保定陸軍軍官學校炮兵科第六期，一九一九年畢業。一九二二年，回廣東追隨孫中山，歷任粵軍參謀、營長、團長等軍職，參加討伐陳炯明等戰役。一九二四年，加入中國國民黨。一九二六年七月，任國民革命軍第四軍第十二師第三十六團團長，參加北伐，屢建戰功，升任第十二師師長、第四軍副軍長、軍長。一九二七年南昌起義後，又與張發奎指揮部隊鎮壓廣州起義。一九二八年春赴日，後到德國柏林大學學習。一九二九年回國。一九三〇年，參加鄧演達創辦的中國國民黨臨時行動委員會。一九三三年十一月，參加福建事變。失敗後由香港移居德國，後回國任中華民族解放行動委員會總書記。抗日戰爭全面爆發後，任第七集團軍副總司令，第八集團軍副總司令，參加淞滬會戰。一九三八年，任國民政府軍事委員會政治部副部長。一九三九年，任第十一集團軍總司令。一九四九年，出席全國人民政治協商會議第一屆全體會議。歷任中南軍政委員會委員兼司法部長，國防委員會委員，國家體委副主任，第一、二、三屆全國政協常委，中國農工民主黨副主席等職。著有《軍事演講集》。

43.曾昭掄（一八九八—一九六七）字叔偉，湖南湘鄉人。一九一九年畢業於清華，赴美國麻省理工學院留學。一九二六年獲化學博士學位後，回國在中央大學任教授並兼任化學系主任。一九三一年，任北京大學教授、教務長兼化學系主任。一九三二年，發起創建中國化學會，並擔任化學會會誌總編輯，還多次當選為中國化學會會長及常務理事。一九三五年，擔任國立中央研究院評議員。一九三七年抗日戰爭爆發隨北大南遷，任長沙臨時大學、西南聯大教授。一九四四年，加入中國民主同盟。一九四八年四月選為國立中央研究院院士。中華人民共和國成立後，任北京大學教務長兼化學系主任、教育部副部長兼高教司司長、高教部副部長、中國科學院學部委員、化學研究所所長等職。曾被選為第一屆全國人大代表，第一、二、三、四屆全國政協委員。一九五七年錯劃為右派，一九五八年任武漢大學教授，一九七九年右派問題獲得改正。著有《炸藥製造與實驗法》等。

44.馮素陶（一八〇六—）雲南省廣通縣人（今屬祿豐縣）。一九二〇年，考入雲南省立第一中學，主編《滇潮》月刊。一九二四年，入上海南方大學。一九二六年，加入中國共產黨，後脫黨。一九三二年，應聘於南京私立文化學院任農村經濟學教授。一九三三年，在滬參加「中國領土保障大同盟」

籌備工作，任祕書長。一九三五年，在河南開封私立北倉女中任教。一九三七年，執教雲大附中。一九三八年，主編《戰時知識》半月刊，任雲南文化界抗敵協會第一屆理事會主席。一九四四年，執教雲南大學社會學系，同年加入中國民主同盟。一九四五年，出席民盟第一次全國代表大會，被選為中央委員。一九四六年，在上海民盟總部工作。一九四七年，流亡香港。一九四八年，代理民盟組委會主任委員。一九四四年，在西南軍政委員會文教部工作。一九五二年，在北京農業大學任政治經濟學教授。一九五七年，調中央社會主義學院任副教務長。一九五九年，赴太原主持山西民盟工作。一九八八年，加入中國共產黨。歷任山西省政協副主席、山西省人大常委會副主任、山西省人民政府委員會委員、中國人民保衛世界和平委員會山西分會副主席、中蘇友好協會山西分會副會長以及全國政協二、三、四、五屆委員會委員，六、七屆委員會常委，一、二、三屆民盟中央參議委員會副主任等職。

45. 彭澤民（一八七七—一九五六），近代華僑領袖。廣東四會人。後僑居馬來西亞。一九〇六年，發起成立中國同盟會吉隆玻分會，被推選為書記。一九一六年，被孫中山委為中華革命黨雪蘭峨副支部長。一九二五年，因支持香港工人大罷工，被英國當局驅逐出境。一九二六年回國，選為中國國民黨第二屆中央執行委員兼海外部部長。一九二七年三月，任武漢國民政府委員，財務委員會委員。國民黨二屆三中全會，復選為外事部部長。同年八月，參加南昌起義，被國民黨開除黨籍。一九三〇年，參加組織中國國民黨臨時行動委員會（中國農工民主黨前身）。一九三三年參加「福建事變」，失敗後在香港掛牌行醫。抗日戰爭期間，在海外開展民主救國運動。一九四一年參加中國民主同盟，抗戰結束後，任民盟南京總支部主委。一九四七年，在上海改組的中國農工民主黨，當選為中央監察委員會主席；四月，被選為民盟南方總支部主任委員。一九四九年後，歷任中央人民政府委員、全國人民代表大會常務委員會委員、中國人民政治協商會議全國常務委員、中國農工民主黨中央副主席、中華全國歸國華僑聯合會副主席，中國紅十字會副會長，中醫研究院名譽院長等職務。

46. 馮友蘭（一八九五—一九九〇）字芝生，河南唐河人。一九一二年，入上海中國公學大學預科班，一九一五年，入北京大學文科中國哲學門，一九一九年，赴美留學。一九二四年，獲哥倫比亞大學博士學位。回國後歷任中州大學、廣東大學、燕京大學教授、清華大學文學院院長兼哲學系主任。抗戰期間，任西南聯大哲學系教授兼文學院院長。一九四六年，赴美任客座教授。一九四八年末至一九四九年初，任清華大學校務會議主席。曾獲美國普林斯頓大學、印度德里大學、美國哥倫比亞大學名譽文學博士。一九五二年後一直為北京大學哲學系教授，是中國科學院哲學社會科學部學部委員。一九五六年，當選為民盟中央委員。第二、三、四屆全國政協委員。第五屆全國人大代表。著有《一種人生觀》、《人生哲學》、《中國哲學史》（上下冊）、《新理學》、《新世訓》、《新事論》、《新原人》、《新原道》、《新知言》、《中國哲學史論文集》、《中國哲學史論文二集》、《中國哲學史史料學初稿》、《四十年的回顧》和七卷本的《中國哲學史新編》等。

47. 賀麟（一九〇二—一九九二）字自昭，四川金堂人。一九一九年，考入清華學堂。一九二六年，赴美國留學，先在奧柏林大學獲學士學位，後又入哈佛大學獲碩士學位。一九三〇年，轉赴德國柏林大學專攻德國古典哲學。回國後長期任教於北京大學哲學系，並在清華大學兼課。一九五五年後，歷任中國科學院哲學所西方哲學史研究室主任、哲學研究所學術委員會副主任、中華全國外國哲學史學會名譽會長，以及中國民主同盟北京市委委員、中國民主同盟中央委員，第三屆、第五屆全國政協委員。

一九八二年，加入中國共產黨。著有《近代唯心主義簡釋》、《文化與人生》、《當代中國哲學》、《現代西方哲學講演集》等。翻譯西方哲學名著，如黑格爾的《小邏輯》、《精神現象學》、《哲學史講演錄》、斯賓諾莎《倫理學》等。

48.程潛（一八八二－一九六八），字頌雲，湖南醴陵人。一九〇三年，以第一名成績考入湖南武備學堂。一九〇四年，通過考核被保送留學日本，同盟會會員，國民革命軍一級陸軍上將。北伐時期，任第六軍軍長。抗戰時期，任第一戰區司令長官。戰後，任武漢行營主任，掌管華中軍政。之後武漢行營取消，改為湖南綏靖公署主任兼省主席，掌管湖南軍政大權。一九四九年，在長沙向共產黨投降，同年出席第一屆中國人民政治協商會議第一次全體會議。中華人民共和國成立後，任中央人民政府委員、人大常委副委員長、湖南省省長、民革中央副主席等職。「文革」時受到毛澤東、周恩來特別保護。

49.舒蕪（一九二二－二〇〇九）安徽桐城人。本名方管，學名方矽德，字重禹。曾任四川女子師範學院、江蘇學院副教授，南寧師範學院教授。一九四九年後，任廣西文學藝術界聯合會研究部長，南寧市文聯副主席，市人民政府委員會委員，南寧中學校長。一九五二年到北京，歷任人民文學出版社編輯、編輯室副主任、編審。一九五七年，錯劃為右派分子，一九八〇年獲得改正。一九四九年後，歷任廣西省文聯研究部部長，人民文學出版社編輯、編審，《中國社會科學》雜誌編審。著有《掛劍集》、《周作人概觀》、《說夢錄》（後改名《紅樓說夢》）、《周作人的是非功過》、《回歸五四》、《哀婦人》、《書與現實》、《串味讀書》、《未免有情》等。另有《舒蕪口述自傳》一種（許福蘆筆錄）。

50.童第周（一九〇二－一九七九）浙江鄞縣（今浙江省寧波人）。一九二七年，畢業於復旦大學生物系。一九三〇年，獲比利時比京大學科學博士學位。回國後曾先後任山東大學、中央大學醫學院、同濟大學、復旦大學教授，中國心理生理研究所研究員，英國劍橋大學、美國耶魯大學研究員。中國實驗胚胎學的創始人。一九四八年，當選為中央研究院院士，一九五五年，當選中國科學院院士，後任中國科學院發育生物學研究所研究員、中國科學院生物學部主任，中國科學院副院長。歷任山東大學教授、副校長，第三、四屆全國人大常委會委員，全國政協副主席。一九四八年參加中國民主同盟，一九七八年加入中國共產黨。

51. 雷海宗（一九〇七－一九六二）字伯倫，河北永清人。一九二二年，畢業於清華學校高等科。後赴美國留學，入芝加哥大學，獲文學學士學位。後入該校研究院歷史研究所，獲哲學博士學位。回國後，歷任南京中央大學、金陵女子大學、武漢大學、清華大學、西南聯合大學教授。一九五二年，任天津南開大學教授。著有《中國通史》、《中國的家族制度》、《世界上古史交流講義》等。

52. 楚圖南（一八九九－一九九四）雲南省文山縣人。十七歲入昆明私立聯合中學，三年後入北京高等師範。一九二三年，入社會主義青年團，一九二六年轉入中國共產黨。一九二三年起，先後在安徽、山東、河南等地中學執教。一九三〇年，逮捕入獄。一九三四年，出獄。抗戰期間，任雲南大學教授。一九四三年，加入中國民主同盟。一九四五年，擔任雲南民盟主委。一九四六年，任上海法學院教授。一九四八年轉到北平，參加新政協籌備工作。一九四九年，西南軍政委員會文教委員會主任。一九五三年赴京，任中央人民政府掃除文盲工作委員會主任委員。一九五四年任中國人民對外文化協會會長。第一屆全國政協委員，第二、三、四、五屆政協常委。一九七八年，擔任全國人大常委會委員和五屆全國政協常委。一九八六年一月，楚圖南被推選為民盟中央代主席；四月，被補選為第六屆全國人大副委員長。民盟五屆三中全會，當選為民盟中央主席。有譯作《希臘神話與傳說》、《草葉集》

（惠特曼）等。

53.楊東蓴（一九〇〇—一九七九）湖南省醴陵縣（今醴陵市）人。一九二〇年，參與組織北京大學馬克思學說研究會。一九二三年，在長沙加入中國共產黨。曾任長郡中學教務主任兼《國民日報》編輯。一九二六年，任湖南省總工會宣傳部長兼工人日報社社長。一九二七年，在日本從事翻譯工作。一九三〇年，回國後執教於高等院校，歷任中山大學、武漢大學和四川大學教授、廣西師範學校校長、香港達德學院代理院長，香港《大公報》顧問。一九三八年，任湖南省政府高級參議。一九三九年，在桂林任廣西地方行政幹部學校教育長。一九四九年後，歷任廣西大學校長、華中師範學院院長、國務院副祕書長、中央文史研究館館長、全國政協文史委員會副主任。第一至第四屆全國人大代表，第四、五屆全國人大常委會委員，第三、四、五屆全國政協常委。曾任中南軍政委員會委員、中南行政委員會委員。一九五三年，參加中國民主促進會，任民進第四屆中央常委兼祕書長、第五屆中央副主席。組織編輯出版了《文史資料選輯》、《辛亥革命回憶錄》。譯著有《費爾巴哈論》、《古代社會》、《狄慈根哲學著作選》。著作有《中國學術史講話》、《中國文化史大綱》、《高中中國史教科書》、《何物自由主義》等。

54.楊榮國（一九〇七—一九七八）筆名楊天錫，湖南長沙人。上海群治大學畢業，在長沙任中學教員。一九三七年，任湖南省文化界抗敵後援會理事，創辦《民族呼聲》旬刊。次年，加入共產黨。一九四六年七月，被國民政府逮捕。獄中繼續研究中國古代思想史，出獄後即出版了他的代表作《中國古代思想》。歷任東北大學、桂林師範學院教授。一九四九年後，任湖南大學文學院院長兼歷史系主任，並被選為湖南省人民政府委員、民盟中央委員。「文革」初期，被隔離審查，妻子折磨成精神病患者，溺水身亡。一九七三年，楊榮國恢復工作，此後曾任廣東省理論工作小組副組長、中山大學哲學系革命領導小組組長、中山大學革命委員會副主任、中山大學黨委常委、第四屆全國人民代表大會常委會委員等。晚年修訂的《簡明中國哲學史》將「儒法鬥爭」作為中國哲學史的主要內容。著有《中國十七世紀思想史》、《譚嗣同思想研究》等。

55. 楊明軒（一八九一—一九六七）陝西戶縣人。一八九七年入私塾攻讀八年，一九〇七年入西安公學堂，一九一三年公費留學日本，入東京同文書院學習，一九一四年回國。一九一五年，考入北京高等師範學校數理部學習。一九一九年，參加五四運動。同年九月回到陝西，先後擔任了省立二中教務主任，省立第一師範學校校長。一九二三年，任上海大學講師兼附中部主任。一九二五年，與中共黨員魏野疇等組織「國民黨同志俱樂部」和國民黨陝西臨時省黨部，並選為常委兼陝北二十三個縣的黨務特派員。一九二六年，加入中國共產黨。一九二七年，任國民黨西北政治分會委員和國民聯軍駐陝總司令部教育廳長。一九二七年「四．一二」政變被通緝，一九二八年入獄。一九二九—一九三六年期間先後在上海、西安從事教育工作。一九三七年赴歐洲考察教育，出席在巴黎召開的世界學生聯合大會。一九四二年，與杜斌丞共同籌建中國民主政團同盟西北地方組織。一九四六年，任民盟西北地方總支部組織部長。一九四八年，任陝甘寧邊區政府副主席。一九四九年後，先後擔任民盟西北總支部主任，西北行政委員會副主席，全國人大常委副委員長，《光明日報》社社長，中國民主同盟副主席、主席等職。

56. 鄭天挺（一八九九—一九八一）原名慶甡。字毅生，福建長樂人。一九〇七年，入北京閩學堂。一九〇八年，改入江蘇學堂。一九〇九年，入閩學堂高小部。一九一九年，考入順天高等學堂中學部一年級。一九一二年，考入北京高等師範學校附屬中學。一九一六年退學離校，入北京大學補習班。一九一七年，考入中國公學大學部，後又改以鄭天挺之名考入北京大學本科國文門。一九二〇年畢業，任北京政府經濟調查局編輯科科員。同年，應聘廈門大學國文教授。一九二一年夏辭職回京，任《京話日報》編輯；秋入北京大學研究所國學門為研究生。一九二二年夏，加入北大清代內閣大庫檔案整理會，參加明清檔案整理工作；九月在法權討論會擔任祕書；同年任教北京女子高等師範學校，又至北京法政大學、市立一中、春明公學、私立華北大學、勵群學院兼課。一九二六年四月，返北大任教。一九二七年七月至杭州，任浙江民政廳祕書；八月辭職；九月回到北京。一九二八年三月，任浙江禁煙局祕書；八月至杭州，任浙大祕書兼文理學院文科講師，又在浙江省立高中、浙江自治專科學校兼課。一九三〇年一月，為第二次全國教育會議籌備委員；二月，任國民政府教育部祕書；十二月任北京大學校長室祕書，兼預科國文講師。一九三三年冬，為北大祕書長，後兼中文系副教授。一九三六年又至歷史系兼課，並兼北平女子文理學院教授。一九三七年夏，任北大中文系教授。一九三八年三月赴昆明；五月被派至蒙自籌設西南聯大分校，負責蒙自北大辦事處，並在歷史社會系教課；九月隨校返回昆明。一九三九年五月，任北大研究所副所長。六月任北大文科明清史工作室主任。一九四〇年二月，任西南聯大總務長。一九四五年九月奉命赴北平籌辦開學事宜，並兼平津區教育部復員輔導委員會委員；十一月返北京，任北平臨時大學補習班第二分班主任兼代總務長。一九四六年七月，兼北大祕書長；冬，任北大史學系代系主任，後兼史學系系主任、北大文科研究所明清史整理室主任。一九四九年一月後，任北大校務委員會委員兼祕書長，並指派為常務委員會書記，仍兼史學系系主任、祕書長。一九五〇年五月，免去北大祕書長職務。一九五二年，院系調整，被調至南開大學，任歷史系教授兼中國史教研室主任。一九六一年四月，任教育部全國高等學校文科教材編選委員會歷史教材編審組副組長，主編《中國通史參考資料》。一九六三年三月，任南開大學副校長。一九六四年十月，任第三屆全國人大代表，又任中國人民政治協商會議天津市委員會副主席。一九七八年任第五屆全國人大代表。一九七九年十月，重任南開大學副校長；同年任《中國歷史大詞典》主編。一九八〇年，任中國史學會常務理事。同年十月加入中國共產黨。一九八一年五月，任中國史學會執行主席；同年，免去其副校長職務，十一月聘為中國檔案學會顧問。終年八十二歲。著有《杭世駿〈三國志補注〉與趙一清〈三國志注補〉》、《多爾袞稱皇父之臆測》、《滿洲人入關前後幾種禮俗之變遷》、《清代的八旗兵和綠營兵》、《清代皇氏之氏族與血統》、《宋景詩起義史實初探》、《清入關前滿洲族的社會性質》等。

57. 榮孟源（一九一三—一九八五）歷史學家。直隸寧津（今屬山東）人。中國大學肄業。一九三六年加入中國共產黨。一九三八年到延安。曾任八路軍總兵站衛生部股長，延安行政學院教員，北方大學、華北大學研究員。中華人民共和國成立後，歷任中國科學院近代史研究所研究員、室主任，中國社會科學院近代史研究所研究員。著有《蔣家王朝》、《中國近百年革命史略》、《中國近代史歷表》、《歷史筆記》。

58. 聞一多（一八九九—一九四六）原名多，號一多，字友三，輩名家驊。湖北浠水人。一九一三年，考入清華學校。一九二二年赴美留學，入芝加哥美術學院，後轉科羅拉多大學美術系。一九二五年回國，任北京藝術專科學校校務長。一九二六年，任上海吳淞政治大學訓導長。一九二七年春，任北伐軍總政治部藝術股股長；秋任南京第四中山大學（後改為中央大學）外文系主任。一九二八年秋，任武漢大學文學院長兼中文系主任。一九三〇年，任青島大學文學院長兼國文系主任。一九三二年，任清華大學中文系教授。一九三七年抗日戰爭爆發，任教於長沙臨時大學。一九三八年五月，任西南聯合大學中文系教授。一九四〇年，兼代中文系主任。一九四三年春，參加西南文化研究會。一九四四年，參加中國民主同盟，被選為民盟雲南支部委員兼《民主週刊》編委。一九四五年九月，選為民盟中央執行委員，民盟雲南支部宣傳委員兼《民主週刊》社社長。一九四六年七月十五日，被國民黨特務暗殺。著有《岑嘉州繫年考證》、《匡齋說詩》、《天問釋天》、《詩新台鴻字說》、《高唐神女傳說之分析》、《離騷解詁》、《敦煌舊鈔本楚辭音殘卷跋》、《詩經新義．二南》、《釋朱》等。

59.聞家駟（一九〇五—一九九七）原名聞籍。湖北浠水人。一九二五年，肄業於上海震旦大學。一九二八年，赴法國留學，在巴黎大學、格林諾布林大學攻讀法國文學，一九三四年回國，在北京大學教授法文。抗日戰爭期間，在西南聯合大學外文系講師、教授，北京大學西語系教授。一九四四年參加中國民主同盟，後赴北京大學任教。一九四九年後，曾任全國政協常委，民盟中央參議委員會副主任等職。著有《談波德賴爾》、《讀雨果的詩》等。譯著有《感傷的對話》、《淚濺》、《雨果詩選》、《雨果詩抄》、《錯誤的印象》等。

60.鄧初民（一八八九—一九八一）曾名希禹，字昌權，湖北省石首縣人。一九一二年，考入武漢江漢大學。一九一三年，考入日本東京大學法律系。一九一七年，畢業回國。先後在山西太原進山中學和外國語學校任教。一九二五年以後，應聘擔任湖北省立法科大學任教務長。在國共合作期間，先後出任國民黨湖北省黨部執行委員、青年部長，湖北省政府委員、湖北省審判土豪劣紳委員會委員長等職。一九二七年，脫離國民黨進入上海，後執教於暨南大學，同時在法政學院、藝術大學、大陸大學和中國公學兼課。一九三三年，在廣州中山大學、桂林廣西大學和武漢朝陽學院教授中國社會史和政治學。一九三八年，隨朝陽學院遷至成都，任該院政治系主任。一九四一年，加入中國人民救國會，一九四五年，參加中國民主同盟並當選為中央委員兼民主教育委員會副主任。一九四七年赴港，任達德學院政治系主任，同時兼任南方學院教授。一九四九年，由香港進入東北解放區。一九四九年，出席中國人民政治協商會議第一屆全體會議。第二、三、四屆政協常委，全國人大第一、二、三、四、五屆常務委員，山西省人民政府副主席、副省長，華北行政委員會委員，山西大學校長，中國民盟第三、四屆中央委員會副主席，中國政治學會名譽長等職。一九六二年，加入中國共產黨。主要著作有《社會史簡明教程》、《中國社會史教程》、《國家論之基礎知識》、《政治科學大綱》《政治學》、《民主的理論與實踐》、《世界民主政治的新趨勢》等。

61. 翦伯贊（一八九八—一九六八）名象時，筆名林宇、林零、商辛、餞肅端、農疇、陳思遺、太史簡，湖南桃源人，一八九八年生。維吾爾族。一九〇三年，入私塾啟蒙，次年轉入清真小學。一九〇八年，入縣立高等小學堂。一九一〇年，入常德中學預科。一九一二年，升入常德中學本科，一九一六年畢業，考入北京政法專門學校，月餘，轉入武昌商業專門學校。一九一九年畢業，在母校常德中學任英語教員。一九二四年夏，赴美國加利福尼亞大學研究經濟，一九二五年回國。一九二六年七月，入國民革命軍總政治部工作，同時參加中國國民黨。一九二七年一月，以總政治部特派員身分奉命北上，策動山西督軍閻錫山和綏遠督統商震起義。一九三三年春，在天津義租界，以反政府罪名，被義大利駐天津總領事齊亞諾逮捕，後被驅逐出境。一九三四年五月，與覃振赴歐美考察司法，十二月回國。一九三七年五月，在南京加入中國共產黨；九月與呂振羽等發起組織中蘇文化協會湖南分會和湖南文化界抗敵後援會，任常任理事，主編《中蘇半月刊》。一九三九年三月，前往溆浦民國大學任教。一九四〇年二月，離開溆浦赴重慶，任中蘇文化協會總會理事兼《中蘇文化》副主編，又任馮玉祥中國通史教師，曾被國民政府軍事委員會政治部部長張治中聘為政治部名譽委員。一九四六年五月，與周谷城等組織上海大學教授聯誼會，與鄧初民等主編出版《大學月刊》，並在大夏大學任教。一九四七年去香港，任達德學院教授，並與茅盾、侯外廬、千家駒分別主編香港《文匯報》之「史地」、「文藝」、「新思潮」、「經濟」等副刊。一九四九年一月，至河北石家莊附近之李家莊；三月任代表團代表，赴捷克首都布拉格參加擁護世界和平大會。回國後，出席中國人民政治協商會議第一屆全體會議。中華人民共和國成立後，被任命為中央人民政府政務院文化教育委員會和中央民族事務委員會委員，並任燕京大學社會學系教授。一九五二年院系調整後，任北京大學歷史系教授兼主任，後又兼任校黨委委員、副校長，並兼任中央民族學院研究部主任，中國科學院專門委員、哲學社會科學部委員，民族歷史指導委員會副主任委員，中國歷史學會常務理事，中緬友好協會副會長等職；第一、二、三屆全國人民代表大會代表和人大民族委員會委員。兼任《歷史研究》雜誌編委，《光明日報》「史學」副刊和《北京大學學報》（人文科學版）主編。著有《中國農村社會之本質及其歷史的發展階段之劃分》、《殷代奴隸社會研究之批判》、《莊周哲學之辯證觀》、《中國憲政運動的過去與現在》、《論中國歷史上的內亂與外患之關係》、《關於「亞細亞的生產方式」問題》、《論明代海外貿易的發展》、《中國史綱》、《中國歷史概要》（與人合作）、《中國史綱要》等。

62. 潘光旦（一九〇一—一九六七）又名保同，號仲昂，江蘇寶山縣人。一九一三年，江蘇省政府資送北京清華學校。一九二三年，赴美留學，入迪特茅斯大學，一九二四年，獲學士學位；同年入哥倫比亞大學研究院，獲理學碩士學位。返國後歷任吳淞政治大學教務長，東吳大學法律學院預科主任，光華大學社會系主任、文學院院長，暨南大學講師，中國優生學會會長等職務。一九三四年秋，任清華大學社會系教授，後兼清華大學校務委員會委員。一九三七年，任長沙臨時大學教務長。一九三八年，臨時大學改為國立西南聯合大學，任教務長。一九四一年，參加中國民主政團同盟（即中國民主同盟之前身），任民盟中央常委。一九四九年十月任中央人民政府文化教育委員會委員。任第二、三、四屆全國政協委員。一九五七年，被錯劃為右派，後任中央民族學院專門教授。逝世後的一九七九年，右派問題獲得改正。著有《優生學》、《優生概論》、《政學罪言》《人文史觀》、《中國之家庭問題》、《中國伶人血緣之研究》等。

63. 潘大逵（一九〇二—一九九一）四川開縣人。一九二四年畢業於清華學校，次年赴美留學，獲威斯康辛大學法學碩士學位。一九三〇年回國。後任上海法學院、朝陽大學、雲南大學、重慶大學教授。一九三五年，參與組織上海文化界救國會。次年，參加上海各界救國聯合會。一九四三年，加入中國民主政團同盟。後任昆明民主週刊社社長。一九四九年後，歷任西南軍政委員會文教部副部長，四川省第一、四、五屆政協副主席，四川省文史研究館館長，民盟中央常委、四川省委主任委員和中央參議委員會副主任。是第一、五、六、七屆全國人大代表。一九五七年，被錯劃為右派分子，一九八〇年，獲得改正。主要研究西洋史和比較憲法，著有《歐美各國憲法史》、《中國憲法史綱要》、《近代思潮》等。

64. 劉王立明（一八九六—一九七〇）女，原姓王，名立明，婚後隨夫滬江大學校長劉湛恩姓劉。安徽太湖人。一九一六年，留美攻讀生物學。回國後成為我國早期婦女參政運動的宣導者之一。她領導中華婦女節制協會，開展婦女職業教育和興辦婦女福利事業。先後在上海、香港、重慶、成都、廣元等地，創辦婦女職業學校、婦女文化補習學校、婦女工藝生產社、婦女賑濟工業社等。抗戰前，在上海創辦了專為單身婦女解決食宿困難的女子公寓，在江灣設立婦孺教養院，收容大批流離失所的婦女兒童。抗戰期間，又在四川敘府和重慶分別創辦湛恩難童教養院和勝利托兒所，並負責主持梅園難民救濟所。一九三八年，日本特務暗殺了劉湛恩，她繼續從事抗日運動。一九四四年，加入中國民主同盟，並當選為中央委員，與李德全等人發起組織了中國婦女聯誼會。一九四六年，與陶行知等人宣導成立中國人權保障委員會，陶去世後，接管會務。人民共和國成立後，任第一、二、三、四屆全國政協委員，全國婦聯常委，民盟中央委員，中華婦女節制會會長，世界婦女節制會副主席等職。一九五七年錯劃為右派，逝世後的一九七九年，右派問題獲得改正。

65. 劉清揚（一八九四—一九七七）女，回族。天津人。一九一一年，就讀於直隸女師，參加了中國同盟會在天津的祕密組織。一九一九年，發起成立天津女界愛國同志會，選為會長。後參加覺悟社。一九二〇年，同張申府去法國勤工儉學，一九二一年，加入中國共產黨。一九二三年回國，在廣州、上海、北平組織愛國婦女團體。一九二四年創辦《婦女日報》，任總經理，鄧穎超等為編輯。出席在莫斯科召開的共產國際第五次代表大會。一九二七年脫黨。一九四四年，在重慶加入中國民主同盟，任民盟中央委員和婦女委員會主任。一九四九年後，歷任政務院文化教育委員會委員、全國婦聯副主席、中國紅十字會副會長等職。第一、二、三屆全國政協委員，第四屆全國政協常委，河北省政協副主席。第一、二、三屆全國人大代表。一九六一年重新加入中國共產黨。

66. 葉篤義（一九一二—二〇〇四）安徽安慶人。畢業於燕京大學政治系。一九四四年加入民盟，後任民盟中央委員、宣傳部副部長。一九四九年後，任法律出版社社長，政務院政法委員、副祕書長，全國人大憲法修改委員會副祕書長。一九五七年，被錯劃為右派。一九七九年，獲得改正。任第六、七、八屆全國政協常委，民盟中央常委、副祕書長、中央副主席兼祕書長。晚年加入中國共產黨。

67. 穆欣（一九二〇—）原名杜蓬萊。河南扶溝人。一九三七年，加入中國共產黨。一九三八年，在呂梁山抗日根據地創辦《戰鬥報》。一九四〇年，參與創辦《抗戰日報》（後稱《晉綏日報》），任通訊採訪部主任。一九四六年後，任新華通訊社特派員、解放軍第四兵團分社社長、雲南分社社長、志願軍第三兵團農宣傳部部長兼新華分社社長。一九五六年後，歷任中共中央高級黨校新聞教研室主任，《光明日報》副總編輯、總編輯，外文發行出版局副局長兼人民畫報社社長、總編輯。擔任第三屆全國人大代表、第三屆全國政協委員。著有《續范亭生平》、《陳賡大將》、《穆欣通訊選》、《王震傳》、《述學譚往——追憶在光明日報十年》等。

68. 薩孟武（一八九七—一九八四）名本炎，字孟武。福建福州人。一九一二年留日，入成城中學三年。一九二一年，入京都帝國大學法學部政治系，獲法學士學位。一九二四年回國。在上海以譯書、撰文為生。期間在大夏大學兼課。一九二七年，加入國民黨政治部宣傳處，任編輯科科長。一九二八年，在南京中央軍校任編輯部主任，上校銜。一九三〇年，在南京中央政治學校行政系任專職教授。一九四六年—一九四八年，赴廣州擔任中山大學法學院院長。到臺灣後，任臺灣大學法學院院長。曾當選立法委員，任中國國民黨中央評議員等職。

69. 謝冰心（一九〇〇—一九九九）原名謝婉瑩。一九一一年，入福州女子師範學校預科學習。一九一四年，就讀於北京教會學校貝滿女中。一九一九年，入燕京大學學習。一九二三年，畢業即赴美留學，專事文學研究。後從事寫作，成為著名兒童文學家。一九二六—一九三六年，在燕京大學任教。一九四九—一九五一年，曾在東京大學新中國文學系執教。一九五一年回國，歷任中國民主促進會中央名譽主席，中國文聯副主席，中國作家協會名譽主席、顧問，中國翻譯工作者協會名譽理事等職。著有《超人》、《繁星》、《分》、《南歸》等文學作品，譯有《先知》（敘利亞作家凱羅．紀伯倫）等。

70. 羅亦農（一九〇一—一九二八）又名善揚，字慎齋，敬齋，號振綱，又號覺，化名趙先生，林穀子，一農，李漢樵，俄名布哈諾夫。湖南湘潭人。一九一六年，考入智益學校。一九二〇年八月，參加中國社會主義青年團。一九二一年赴蘇聯，入莫斯科東方勞動大學學習；同年轉入中國共產黨，並任旅俄支部委員。一九二五年回國，在廣州任中共中央任粵臨時委員會委員，後任中共江浙區委書記。一九二七年四月，參加中共第五次全國代表大會，被選為中央委員。後任中共江西省委書記、任湖北省委書記。八月，中共「八七」會議被選為中央臨時政治局委員。九月，任中共中央長江局書記。十一月，選為中央政治局委員，常務委員，後任命為中共中央組織局主任。一九二八年四月十五日，在上海被逮捕；旋被引渡給淞滬警備司令部。四月二十一日被殺害。

71. 羅叔章（一八九八—一九九二）湖南省岳陽人，女。一九三一年畢業於暨南大學政治經濟系。長期在安徽、江蘇、婆羅洲、印尼、上海等地從事教育事業，執教於中等學校。一九三四年參加中國共產黨。一九三五年，上海婦女界救國會成立，任理事。一九三七年，參加中國抗戰將士會工作，任戰時兒童保育委員會直屬第一保育院院長、中國婦女聯誼會常務理事、中國經濟事業協進會常務理事。一九四五年，加入中國民主建國會，後任上海人民團體聯合會常務理事、重慶第一藥品生產合作社經理、哈爾濱裕昌源麵粉廠經理、東北醫藥公司經理。一九四九年，出席中國人民政治協商會議第一次全體會議。中華人民共和國成立後，歷任中國民主建國會第一至四屆中央常委兼祕書長、第五屆中央顧問，政務院財經委員會委員，全國婦聯常委、生產部副部長，中央人民政府委員會辦公廳副主任，中國人民保衛世界和平委員會委員，全國工商聯第三、四屆常委、副主任委員、第五屆副主席，勞動部副部長、食品工業部副部長、輕工業部副部長、第一輕工業部副部長，全國人大常委會副祕書長、辦公廳副主任，全國政協副祕書長等職。一九八八年，被推舉為全國工商聯第六屆執委會名譽副主席。是第一、二、三屆全國人大代表，第三、四、五、六屆全國人大常委會委員，第一、二、三屆全國人大代表資格審查委員會委員，第五屆全國政協委員。

72. 羅涵先（一九二三—）江蘇淮陰人。上海法學院肄業，曾任《工商新聞》編印部主任。一九四四年，加入中國民主同盟，後被選為第一屆中央委員。一九四九年後，歷任中國人民銀行總行研究室專員、農業出版社副總編輯、《中國農業年鑑》主編、中國農業經濟學會常務理事、國務院農村發展研究中心特約研究員、山東農業幹部管理學院教授。民盟第二、三屆中央委員和第四、五屆中央常委，民盟第六屆中央副主席。第四、五屆全國政協委員，第六、七屆全國政協常委兼副祕書長。著有《高利貸資本》、《中國農村的經濟變革》、《中國農村發展社會學》。

73. 譚丕模（一八九九—一九五八）號披朦，湖南祁陽人，就讀北京師範大學。一九二七年，因反日被捕入獄。次年，北師大畢業，任《新晨報》社論撰述。後轉入教育界從事教學科研工作。一九三七年，加入中國共產黨，曾任湖南省委宣傳部長等職。與呂振羽等創辦塘田戰時講學院。後在民國大學、桂林師院任教。一九四七年因張畢來、楊榮國教授逮捕，也受到嚴密監視。一九四九年，就教於湖南大學並擔任系主任、兼民盟湖南支部委員。一九四四年重新入黨。一九五三年，在院系調整中回到母校北京師範大學任教。一九五八年十月十七日，參加中國文化代表團出訪阿富汗、阿拉伯聯合共和國的時候，飛機在蘇聯楚瓦什共和國上空失事遇難。

PEOPLE 350

這樣事和誰細講

作　者—章詒和
主　編—李濰美、莊瑞琳
特約編輯—辰穹
美術編輯—翁翁・不倒翁視覺創意
責任企劃—曾秉常
董事長
發行人—孫思照
總經理—莫昭平
總編輯—林馨琴
出版者—時報文化出版企業股份有限公司
10803台北市和平西路三段二四〇號三樓
發行專線—（〇二）二三〇六六八四二
讀者服務專線—〇八〇〇二三一七〇五
（〇二）二三〇四七一〇三
讀者服務傳真—（〇二）二三〇四六八五八
郵撥—一九三四四七二四時報文化出版公司
信箱—台北郵政七九~九九信箱
時報悅讀網—http://www.readingtimes.com.tw
電子郵箱—history@readingtimes.com.tw
法律顧問—理律法律事務所　陳長文律師、李念祖律師
印　刷—盈昌印刷有限公司
初版一刷—二〇〇九年十一月十六日
定價—新台幣三五〇元
⊙行政院新聞局局版北市業字第八〇號

國家圖書館出版品預行編目資料

這樣事和誰細講 / 章詒和著. -- 初版. -- 臺北市：
時報文化, 2009.11
面；公分. -- (People叢書 ; 350)

ISBN 978-957-13-5119-3(平裝)

1. 知識分子　2. 傳記　3. 中國

782.238　98019442

Printed in Taiwan
ISBN 978-957-13-5119-3

時報悅讀俱樂部】會員邀請書

要！我要加入【時報悅讀俱樂部】

選書方式：任選時報出版單書定價600元以下好書

相同書籍限2本，每次至少選2本以上（含）

信用卡請款通過後，立即免運費寄出贈品及選書

免費宅配或郵寄到府

下是我的個人基本資料：

輕鬆卡（入會）＄2800　　□VIP（入會）＄4800

輕鬆卡（續會）＄2500　　□VIP（續會）＄4500

名：＿＿＿＿＿＿＿＿＿＿＿＿＿＿＿＿＿＿＿＿

別：□男　□女　　婚姻狀況：□已婚　□未婚　　生日：民國＿＿年＿＿月＿＿日（必填）

分證字號：＿＿＿＿＿＿＿＿＿＿＿＿＿＿＿＿（會員辨識用，請務必填寫）

書地址：□□□　＿＿＿＿＿＿＿＿＿＿＿＿＿＿＿＿＿＿＿＿＿＿＿＿＿＿

絡電話：（O）＿＿＿＿＿＿（H）＿＿＿＿＿＿＿手機：＿＿＿＿＿＿＿＿＿＿

-mail：＿＿＿＿＿＿＿＿＿＿＿＿＿＿＿＿＿＿＿＿＿＿＿＿＿＿＿＿＿＿

（我們將藉此通知您最新的重要選書訊息，請填寫能夠確定收到信函的信箱地址）

讀偏好（請填1.2.3順序）：□文學□歷史哲學□知識百科/自然探索□流行/語文□漫畫
□生活/健康/心理勵志□商業

※我選擇的付款方式：

. □劃撥付款　劃撥帳號：19344724　戶名：時報文化出版公司

（請直接至郵局填寫劃撥單，並在劃撥單上註明您要加入的會員卡別、金額、贈品及個人資料，包括：姓名、地址、聯絡電話、生日、身分證字號）

. □信用卡付款

信用卡別 □VISA　□MASTER　□JCB　□聯合信用卡

信用卡卡號：＿＿＿＿＿＿＿＿＿＿＿＿＿＿有效期限西元＿＿＿年＿＿＿月

持卡人簽名：＿＿＿＿＿＿＿＿＿＿＿＿＿＿（須與信用卡簽名同字樣）

統一編號：＿＿＿＿＿＿＿＿＿＿＿＿＿＿＿

※如何回覆

傳眞回覆：塡妥此單後，放大傳眞至（02）2304-6858 時報悅讀俱樂部24小時傳眞專線

●時報悅讀俱樂部讀者服務專線：（02）**2304-7103**

週一至週五AM9:00~12:00　PM1:30~5:00